国家科技情报体系能力研究

赵柯然　王延飞◎著

科学技术文献出版社
SCIENTIFIC AND TECHNICAL DOCUMENTATION PRESS
·北京·

图书在版编目（CIP）数据

国家科技情报体系能力研究 / 赵柯然，王延飞著. —北京：科学技术文献出版社，2023. 9（2026. 1 重印）

ISBN 978-7-5235-0386-7

Ⅰ.①国… Ⅱ.①赵… ②王… Ⅲ.①科技情报工作—研究—中国 Ⅳ.①G255.51

中国国家版本馆 CIP 数据核字（2023）第 117212 号

国家科技情报体系能力研究

策划编辑：梅 玲 责任编辑：王 培 责任校对：张永霞 责任出版：张志平

出 版 者 科学技术文献出版社
地 址 北京市复兴路15号 邮编 100038
编 务 部 （010）58882938，58882087（传真）
发 行 部 （010）58882868，58882870（传真）
邮 购 部 （010）58882873
官方网址 www.stdp.com.cn
发 行 者 科学技术文献出版社发行 全国各地新华书店经销
印 刷 者 北京虎彩文化传播有限公司
版 次 2023 年 9 月第 1 版 2026 年 1 月第 3 次印刷
开 本 710×1000 1/16
字 数 247千
印 张 17.25
书 号 ISBN 978-7-5235-0386-7
定 价 68.00元

前　言

国际科技贸易博弈的严峻形势给中国科技情报界敲响了警钟。历史和现实均说明一个事实：国家和民族发展所遇到的困难和挑战，需要体系应对；而体系应对所需要的则是体系能力。在发展和安全统筹兼顾的国家战略制定和执行过程中，对情报、情报事业和情报体系能力进行深入思考，是中国情报学者不可回避的义务。

纵观我国的科技情报事业发展史，1956 年在周恩来总理的指示下，《1956—1967 年科学技术发展远景规划纲要》中第 57 项规定明确提出了“要迅速、系统地把我国科技情报工作开展起来”[①]，我国的科技情报事业在西方的严密封锁中发展成长起来，并为国家的经济建设和科技发展做出了贡献。随着信息技术的发展，大数据从底层开始重塑人们对数据的认知，推动情报研究范式和情报工作方式迎来了全新变革，“烟囱式”的孤立情报体系与单一分散的情报能力已然不能满足国内外复杂环境与全科学范式的要求。我国科技情报体系整体效能还不强，情报力量和资源分散、重复、低效的问题还没有从根本上得到解决，暂时难以适应科学技术及决策的综合化趋势。国家战略决策和国家安全发展需要“一体化的国家战略体系和能力”，时至今日，军事、公安、科技、经济等各类情报体系虽然形成了一定的规模、结构和模式，各类系统的情报活动也各具特色，但因体制限制、认知差异、分工归属不同等原因，长期处于各自为政的分离与松散状态，尚未形成整体性情报服务和综合性情报能力，在面对重大事件、重要领域、跨国合作、跨学科研究的情报支持时仍显露出不足之处。

情报能力是实现情报事业发展目标所必备的条件，直接影响着情报工作的

---

① 中国科学技术信息研究所 . 甲子辉煌：中国科学技术信息研究所成立 60 周年纪念 [M]. 北京：科学技术文献出版社，2016：1–2.

效率和效果，国家科技情报体系能力是运用体系观念对情报能力做出的解读，最终通过在情报工作和情报成果中的运用表现出来。在情报工作的任务情境中表现为实现“全谱扫描、敏锐研判、前瞻预警、醒早眺远”的情报体系感知、刻画和响应能力；在情报成果中体现为将上述能力融入国家科技项目管理和创新研发过程的每一个环节，在“追赶答疑、跨越选评、覆盖前瞻和引领预警”等方面发挥出对国家科技决策的保障作用。

信息迷雾是影响正确决策的信息氛围。它的存在尽管增加了情报整序工作的难度，但也为研判情报对象行为主体的意图提供了重要线索。从长远来看，信息迷雾的产生与发展必将长期对情报体系能力的建设构成挑战，情报前瞻感知和情报刻画积累必会成为破解信息迷雾问题的主要抓手。

科技情报学术研究与科技情报实践有着紧密的联系，学术表现突出的情报机构往往在业务工作方面亦表现出较强的能力。情报理论研究成果内容立足于情报工作的基本使命，着眼于情报分析的核心业务，源于实践的理论往往能够在发展中实现对现实的超越，可以通过发现和预见来指导或引领情报实践，亦可起到存储经验的作用，有利于科技情报实践能力在继承中培养发展。情报科学读书会便是这样一个将情报学术研究与实践紧密结合的交流平台，主要由在京的科技情报、国防科技情报、竞争情报等科研院所和高校的专家学者自发组织。读书会年度主题从赛博空间（2012 年）、大数据（2013 年）、情报分析（2014 年）、跨界与批判性思维（2015 年）、融（2016 年）转换到了“治与智”（2017 年）、“悉与析”（2018 年）、“不确定性”（2019 年），再到近年来的“信息迷雾”（2020—2021 年）和“回鉴与预见”（2022 年），情报研究思辨特色显著，所秉持的平等、分享和“悦读”理念让人感受情报学术底蕴的醇厚悠长。

本书是国家社会科学基金项目“创新驱动战略的情报保障研究”的成果之一，感谢陈美华博士、苏鹏等课题组成员开展的先期专题探索！感谢评议专家的包容与支持！感谢科学技术文献出版社各位编辑老师的辛苦付出！

目　录

图表目录

第 1 章

国家科技情报能力解读的研究基础

情报能力是实现情报事业发展目标所具备的条件和水平，直接影响着情报工作和情报活动的效率和效果。姚维范[①]结合我国科技情报事业创建 30 周年的经验，将情报能力视为情报工作能否满足现代社会需求的标志之一。美国国防部（DOD）将“情报能力”[②]（Intelligence Capability）定义为：通过组合多种手段来执行任务的本领，以便在特定标准和条件下实现期望效果。情报能力问题是一个涉及情报收集、存储、加工、传递的复杂问题，情报资源、情报人员、情报机构、用户联系渠道、情报发展政策都是影响情报能力的重要因素。

1.1 情报能力构成

1.1.1 情报信息工作能力

基于情报信息工作流程来构建情报能力体系是一种比较常见的思路。美国情报界（US Intelligence Community）至今仍使用经典情报循环[③]（Intelligence

---

① 姚维范 . 论强化情报能力 [J]. 情报学报 , 1986, 5(Z1): 231-237.

② Operation of the joint capabilities integration and development system[EB/OL].(2007-05-01)[2018-11-11].https: //www.dau.mil/cop/e3/_layouts/15/WopiFrame.aspx?sourcedoc=/cop/e3/DAU%20Sponsored%20Documents/CJCSM%203170.01C.pdf&action=default.

③ US Intelligence Community. Intelligence cycle[EB/OL].[2018-04-01].https: //www.intelligencecareers.gov/icintelligence.html.

Cycle）来阐述情报工作的流程，包括规划、收集、处理、分析和递送5个环节。美国参谋长联席会议（Joint Chiefs of Staff）情报部直接依据工作流程将“情报”描述为包括“收集、处理、利用、分析和递送信息或已完成的情报所涉及的组织、能力和过程①”，体现出情报能力和情报工作流程不可割裂的关系。卢泰宏②③作为我国情报能力研究的先驱者，认为社会情报意识（对应社会情报需求）和社会情报能力（对应社会情报服务结构）两者存在“供需”关系，并将社会情报能力分为社会吸收能力、储存能力、处理能力、利用能力和供给能力5个方面，认为情报能力对产品技术研发能力和管理决策能力有支持和制约作用。中国国防科技信息中心车玉梅④基于情报和信息之间的关系，将情报能力阐述为获取、分析、加工处理和应用信息，从中产生情报并提供给特定用户的能力，即“信息+情报能力=情报”，并基于从情报产出到利用的过程将情报能力分解为信息获取能力、情报分析能力和情报服务能力。本书结合情报工作流程框架，探讨情报收集、情报组织、情报分析、情报服务各个环节的情报感知能力构成（表1.1），以实现为情报体系赋能的最终目的。

表1.1　情报工作各环节感知能力构成

情报工作流程	感知能力构成
情报收集环节	情报选题前瞻性预测能力
	情报源感知能力
情报组织环节	跨信息环境的情报融合能力
	情报单元之间语义关联发现能力
	情报单元之间语义关联呈现能力

① Joint Publication 2.0[EB/OL].(2013-10-22)[2018-04-01].https: //www.jcs.mil/Portals/36/Documents/Doctrine/pubs/jp2_0.pdf.

② 卢泰宏.社会的情报意识和社会的情报能力[J].情报科学，1983(6): 1-7.

③ 卢泰宏.企业素质与情报能力[J].企业经济，1983(11): 14-16.

④ 车玉梅.对提升基层科技情报单位情报能力的思索[J].现代情报，2009, 29(3): 162-164.

续表

情报分析环节	情报内容解析能力
	情报内容预测能力
情报服务环节	用户情报需求感知能力
	情报表达效用判断能力

在国家安全视角下，张家年和马费成[①]在 Francois Brouard 安全 / 监测双功能循环模型的基础上，结合国家科技安全情报过程及国家科技安全情报能力构建模型，认为我国科技安全情报能力主要包括情报机构的规划能力、技术预见能力、情报处理能力、情报分析能力、情报决策支持能力等。计宏亮、赵楠等[②]通过对现有国防科技情报体系面临的发展困境进行框架分析，并与智库进行对标研究，在厘清国防科技情报研究工作生命价值链的基础上，采用系统工程的方法，提出一种"两层，八要素"的国防情报研究能力分析框架。其中，"两层"指机构内部的情报研究体系（微观层）和整个国防科技情报研究的协作体系（宏观层）。"八要素"包括情报需求、产品服务、文化、组织架构、人才、资金、知识和基础设施。该研究将国防科技情报研究所面临的困境视为一个系统性的问题，采用系统分析、微观宏观结合的研究思路，非常清晰地呈现出情报能力分析框架的层次性。

也有学者根据情报机构的某项具体业务或某个情报活动领域对情报能力进行分析。例如，在竞争情报领域，N. Bulger[③]提出集成情报能力（Integrated Intelligence Capabilities）的概念，将集成竞争情报定义为来自"情报池"（Intelligence Pools）的多种洞察力的整合，通过不同功能区域和学科协作来全

① 张家年，马费成 . 国家科技安全情报体系及建设 [J]. 情报学报，2016, 35(5): 483–491.

② 计宏亮，赵楠，綦珊珊，等 . 构建智库型国防科技情报研究能力体系的探索 [J]. 情报理论与实践，2017, 40(7): 6–10.

③ BULGER N. The evolving role of intelligence: migrating from traditional competitive intelligence to integrated intelligence[J].The international journal of intelligence, security, and public affairs, 2016, 18(1): 57–84.

面了解市场现状和可能的未来状态。这种集成情报工作的最终结果是提出影响政策的关键决策方案，为组织提供获得竞争优势所需要的建议，这种集成情报的正式框架被称为集成情报协同模型（Integrated Intelligence Synergy Model）。虽然在前文说明中，竞争情报能力研究在内容上与本研究关联不算密切，但N.Bulger集成情报能力的思想与本研究中的能力体系观念有一定的契合度。在反恐情报领域，安璐、吴燕珠和李纲①结合情报能力理论和反恐情报理论对反恐情报信息工作能力的概念进行界定，并识别出反恐情报信息工作能力体系的三类构成要素，包括支撑要素、业务流程要素与目标要素。从情报价值链视角构建反恐情报信息工作的能力体系框架，涉及国家层面的宏观调控能力、组织层面的资源建设能力及情报链处理能力3个方面，对本研究在体系能力的构建方面有所启发。

1.1.2 情报人员能力

很多学者将情报人员的能力构成和培养视为提升整体情报能力的关键。D. Moore等②认为，早先情报分析的注意力大多集中在情报上，很少关注情报生产的基本要素——分析师，以及情报分析师获得成功需要的核心能力，这些核心能力主要包括情报分析师的特质（对动态分析文化的价值观、标准和信念的描述）、技能（专业知识或熟练程度）、基本能力（沟通能力、团队合作能力和思考能力）与知识（图 1.1）。多年后，D. Moore③重新审视新时代的情报能力要求，将情报分析能力视为情报专家最基础的能力，认为情报专家除了分析能力之外还应具备灵活计划能力、线索发现能力、证据关联能力、理解分享能力等，从情报分析师到情报专家的变革，体现了大数据时代对情报能力的新要求。

---

① 安璐，吴燕珠，李纲．反恐情报信息工作能力的体系框架研究[J]. 图书馆学研究，2018(17): 68–76.

② MOORE D. Species of competencies for intelligence analysis[J]. American intelligence journal, 2005(23): 29–43.

③ MOORE D. Sensemaking: a structure for an Intelligence Revolution[M]. Washington, D. C. : US Government Printing Office, 2013.

R. Heuer 和 K. Pherson 分别将认知心理能力①和批判性思维能力②视为情报人员不可或缺的能力构成。

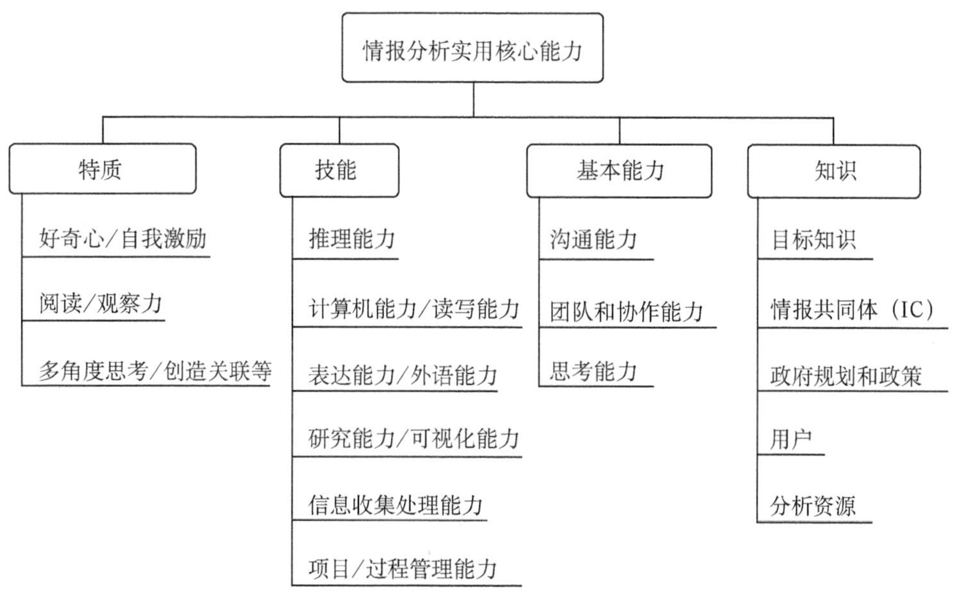

图 1.1　情报分析师核心能力

（资料来源：MOORE D, KRIZAN L. Core competencies for intelligence analysis at the National Security Agency[J]. Bringing intelligence about: practitioners reflect on best practices, 2003: 95–131.）

李晓松、吕彬③认为，科技情报人员综合能力指数主要由理论水平、情报捕捉能力、研究能力和身心素质等要素构成。张家年④在工程师素质结构基础上，

---

① MOORE D, KRIZAN L. Intelligence analysis: does NSA have what it takes? [J]. Cryptologic quarterly, 2001, 20(2): 1–33.

② PHERSON K, PHERSON R. Critical thinking for strategic intelligence[M]. Washington, D. C. : C Q Press, 2016.

③ 李晓松，吕彬 . 科技情报人员成长过程模型研究 [J]. 情报理论与实践，2015, 38(1): 23,26,34.

④ 张家年 . 大数据环境下情报工程师的素质结构与培养模式 [J]. 图书情报工作，2016, 60(1): 12–18,25.

结合情报工作的特点，将情报工程师的素质结构划分为知识结构、能力结构、意识和道德3个维度，其中，能力结构包括基本能力、专业能力、创新能力、社交与管理能力4个方面。梁春华、刘红霞[①]基于麦克利兰冰山模型和中国航发沈阳发动机研究所的长期情报工作实践，将情报专业人才能力素质划分为情报知识结构、情报专业技能、情报基础能力和情报职业素质4个维度。王琳[②]将科技情报研究人员的能力培养视为科技情报研究工作的重中之重，认为科技情报人员必须具备“博而精”的知识结构且要多专多能，将情报信息能力、外语能力、计算机能力、情报信息意识能力和组织协调能力视为科技情报人员的基本能力，其中，情报信息能力包括对情报信息的熟知、快速获取、分析评估和加工转换能力。

1.2 情报能力评价

1.2.1 机构情报能力评价

R. David[③]根据情报活动的4个层面——战略层面（Strategic Level）、运作层面（Operational Level）、战术层面（Tactical Level）、技术层面（Technical Level），结合不同层面的情报工作基本流程——规划（Direction）、收集（Collection）、分析（Analysis）、递送（Disseminate）的具体要求，构建了情报能力的评估矩阵（表1.2）。在示例矩阵中，每个框都有两个不同的等级评估或标记，顶部标记关于传统（已有）情报能力，括号中关于评估能力的提升空间，即是否还有可能做什么或通过什么方式提升情报能力。该矩阵可以应对美国情报能力评价中，因过分强调技术情报能力，对人力情报能力和开源情报能力关

① 梁春华，刘红霞．Π型情报专业人才能力素质的再探讨[J/OL]. 情报理论与实践，2019(3):12-16[2019-02-10].http: //kns.cnki.net/kcms/detail/11.1762.G3.20181016.1054.008.html.

② 王琳．网络技术背景下科技情报人员的专业能力培养研究[J]. 江苏科技信息，2019, 36(3): 19-21.

③ DAVID R. A critical evaluation of US national intelligence capabilities[J].International journal of intelligence and counter intelligence, 1993, 6(2): 173-193.

注不足而造成的能力不平衡问题。

表 1.2　情报能力评估矩阵

项目	规划	收集	分析	递送
战略层面	C（D）	B（C）	C（F）	D（F）
运作层面	C（D）	D（F）	B（C）	B（C）
战术层面	D（F）	C（D）	D（F）	D（F）
技术层面	B（C）	B（C）	C（D）	B（D）

资料来源：DAVID R. A critical evaluation of US national intelligence capabilities[J]. International journal of intelligence and counter intelligence, 1993, 6(2): 173–193.

湖南省科学技术信息研究所联合中国科学技术信息研究所共同组成课题组①，经过对 10 家企业的实际调研，构建面向技术创新的企业信息情报能力成熟度诊断模型。该模型基于对企业技术创新中信息流动的分析，归纳出企业信息情报能力由内部信息共享能力、外部信息获取能力、创新信息分析能力和创新信息应用能力等 4 个维度构成，最终形成的企业信息情报能力成熟度诊断模型包括 4 个级别：第一级，混沌阶段，不规范；第二级，萌芽阶段，规范；第三级，发展阶段，有效。第四级，成熟阶段，高效。具体模型指标如下（表 1.3）。

① 史敏，刘素华，李维思，等．面向技术创新的企业信息情报能力成熟度诊断模型研究 [J]. 图书情报工作，2013, 57(24): 106–111.

表 1.3　企业信息情报能力成熟度诊断模型指标

<table>
<tr><th>维度层</th><th>权重</th><th>指标层</th><th>维度层</th><th>权重</th><th>指标层</th></tr>
<tr><td rowspan="4">内部信息共享能力 A1</td><td rowspan="4">0.187</td><td>信息意识 B1</td><td rowspan="4">创新信息分析能力 A3</td><td rowspan="4">0.271</td><td rowspan="2">分析方法与工具 B9</td></tr>
<tr><td>信息机构与人员 B2</td></tr>
<tr><td>信息平台 B3</td><td>信息识别 B10</td></tr>
<tr><td>信息共享制度 B4</td><td>信息关联 B11</td></tr>
<tr><td rowspan="4">外部信息获取能力 A2</td><td rowspan="4">0.187</td><td>信息渠道 B5</td><td rowspan="4">创新信息应用能力 A4</td><td rowspan="4">0.355</td><td>战略规划应用 B12</td></tr>
<tr><td>采集方法 B6</td><td>新技术研发应用 B13</td></tr>
<tr><td>环境监测 B7</td><td>新产品开发应用 B14</td></tr>
<tr><td>信息积累 B8</td><td>外部协同创新应用 B15</td></tr>
</table>

资料来源：史敏，刘素华，李维思，等．面向技术创新的企业信息情报能力成熟度诊断模型研究 [J]. 图书情报工作 ,2013,57(24):106-111.

杨春静和程刚[①]依据指标体系得出的科学性原则、系统性原则、可行性原则、定量与定性相结合原则和综合性原则，构建了科技情报知识服务能力评价的指标体系，包括知识服务资源、知识服务人员、知识服务内容、知识服务方式方法、知识服务技术和平台、知识服务效果 6 个一级指标，22 个二级指标。

北京市科学技术情报研究所吴晨生团队在情报 3.0 的时代背景之下，结合知识集成智能服务目标和科技情报服务流程，从工程技术视角构建了包括情报资源保障能力、情报交互能力、情报分析判断能力、情报协同服务能力的情报 3.0 科技情报服务能力体系 4 层 RIAC 模型[②]（Resource-Interact-Analysis-Coordination）。该团队采用问卷调查法、德尔菲法、层次分析法、灰色数学统计法等在该模型基础上进一步构建了包含 4 个一级指标、10 个二级指标、20 个

① 杨春静，程刚．科技情报机构知识服务能力评价体系研究 [J]. 情报理论与实践，2017, 40(7): 43-49.

② 李辉，张惠娜，侯元元，等．情报 3.0 时代科技情报服务能力研究：基于工程技术视角的服务能力四层结构模型 [J]. 情报理论与实践，2017, 40(3): 1-4.

三级指标的科技情报服务能力的评价指标体系①（表 1.4）。

表 1.4　科技情报服务能力评价指标体系

一级指标	二级指标	三级指标
情报资源保障能力	主体创新能力	情报人员知识水平
		情报人员持续学习能力
	情报基础建设	情报网络建设程度
		情报资源拥有程度
	情报管理机制	管理制度与流程的科学性
		情报资源配置与整合能力
	情报采集能力	情报采集范围的全面性
		情报采集的实时性
情报交互能力（知识通信能力）	语义互通能力	领域本体模型建设情况
		本体概念算法的合适性
	知识路由	异网互联能力
		通信控制能力
情报分析判断能力	分析算法	算法的有效性
		算法的先进性
	模型构建	模型的系统性
		模型的适用性
情报协同服务能力	情报服务产品	情报产品的丰富性
		情报产品的价值
	情报服务技术	情报服务流程的协同性
		情报服务的时效性

资料来源：李辉，侯元元，张惠娜，等．情报 3.0 背景下科技情报服务能力评价指标体系构建 [J]. 情报理论与实践 ,2017,40(6):67–71.

① 李辉，侯元元，张惠娜，等．情报 3.0 背景下科技情报服务能力评价指标体系构建 [J]. 情报理论与实践，2017, 40(6): 67–71.

1.2.2 人员情报能力评价

我国科技情报早期研究者采用模糊数学概念，提出对科技情报业务人员能力考核的定量化思路，以探讨情报人才的科学化管理。余学林[①]提出科技情报业务人员能力考核的10项指标，分别是学历、业务工作资历、业务工作年限、协同工作能力、中文表达能力、外语能力、独立工作能力、知识广度及捕捉信息的能力、技术业务水平和工作成就。上海交通大学朱雪平[②]从系统评价的观点，提出“广义业务能力”的概念，从发展的眼光看待个人业务能力。其可以用两个函数式表示：①广义业务能力 = 业务能力^{l}× 成绩^{m}/ 资历^{t}（l是业务能力的权重，m是成绩的权重，t是资历的权重）；②广义业务能力 =l× 业务能力 +m× 成绩 −t× 资历。其运用模糊数学中的二元对比平均法建立了科技情报工作人员广义业务能力的评价指标体系（表1.5），以便通过对科技情报工作人员的业务能力进行评价，更好地调动广大科技情报工作人员的积极性，合理地使用人才。

表1.5 科技情报工作人员业务能力评价指标体系

<table>
<tr><th>一级指标</th><th>二级指标</th><th>三级指标</th></tr>
<tr><td rowspan="6">业务能力</td><td>应变能力</td><td>自学能力、开拓创新能力</td></tr>
<tr><td>再现能力</td><td>书面表达能力、口头表达能力</td></tr>
<tr><td>信息能力</td><td>获得信息能力、加工信息能力、使用信息能力</td></tr>
<tr><td>决策能力</td><td>预测能力、分析能力、判断能力</td></tr>
<tr><td colspan="2">管理能力</td></tr>
<tr><td colspan="2">操作能力</td></tr>
<tr><td rowspan="2">成绩</td><td colspan="2">管理研究成绩</td></tr>
<tr><td colspan="2">实际工作成绩（年度工作量）</td></tr>
</table>

① 余学林．科技情报人员业务能力考核定量化初探 [J]. 情报学刊，1985(6): 4–6.

② 朱雪平．科技情报工作人员业务能力的定量评价 [J]. 情报科学，1987(2): 65–70.

续表

一级指标	二级指标	三级指标
资历	学历	
	工作年限	

资料来源：朱雪平 . 科技情报工作人员业务能力的定量评价 [J]. 情报科学 ,1987(2):65–70.

D. Moore① 在提出情报分析师核心能力构成的基础上（基本能力、技能、知识），将情报分析师的经验级别分为初级、中级和高级 3 个层级，将情报分析产品分为描述型、说明型、诠释型和评估型 4 种，构建情报分析师能力评估（表 1.6）。表中的 ABCD 分别代表需要的能力层级（A > B > C > D），该评估表结合情报分析师的经验级别、情报分析的种类来对情报分析师的能力进行评定，可以较为清晰地勾勒出所需情报分析师的能力形象，鼓励情报分析师向更高能力层次迈进。

表 1.6　情报分析师能力评估

情报分析师能力			情报分析层级			
			描述型	说明型	诠释型	评估型
基本能力	交流		D	A	A	A
	思考	信息整序	A	A	A	A
		推理	D	A	A	A
		模型认知	D	C	A	A
	团队合作		D	C	A	A

① MOORE D, KRIZAN L, MOORE E. Evaluating intelligence: a competency-based model[J]. International journal of intelligence and counterIntelligence, 2005, 18(2): 204–220.

续表

情报分析师能力			描述型	说明型	诠释型	评估型
			情报分析层级			
技能	批判性推理		A	A	A	A
	基本素养		A	A	A	A
	计算机素养		A	A	A	A
	可视化能力		D	C	B	A
	表达	说	A	A	A	A
		叙事能力	A	A	A	A
		写	A	A	A	A
	外语能力		A	A	A	A
知识	目标	文化	A	A	A	A
		语言情境	A	A	A	A
		经济	D	C	A	A
		地理	D	C	B	A
		政府结构	D	C	B	A
		历史	D	C	B	A
		军事	D	C	B	A
		技术	D	C	B	A
	情报界		B	A	A	A
	政府规划和政策		B	A	A	A
	用户要求		D	C	A	A
	分析资源		D	C	B	A

资料来源：MOORE D, KRIZAN L, MOORE E. Evaluating intelligence: a competency-based model[J]. International journal of intelligence and counter intelligence,2005,18(2):204-220.

1.3　情报能力建设

1.3.1　情报能力建设思路

我国在 20 世纪就开始了对情报能力建设提升的探讨，无论这些观点现已被践行或者不再适宜，都具有重要的回顾意义。姚维范[①]将情报能力概括为情报报道能力、情报检索能力、情报提供能力 3 个方面，并提出应通过开展用户研究、发展专业化情报机构、加速计算机系统建设、扶持“情报中间人”、宏观政策指导、微观放松搞活等措施强化我国的情报能力。施荣[②]结合传统情报工作在网络环境下面临的挑战，提出要基于网络环境培养情报能力，包括情报分析研究工作平台建设和情报人员向复合型专家发展。R. Vitiello[③]将情报流程、动态信息共享、伙伴关系和职业发展培训视为强化情报能力的关键因素。

基于服务的情报能力建设。国外关于情报服务方面的能力建设，主要围绕情报服务者与决策者的关系进行探讨。从决策者的角度来看，面对不断变化的环境，他们的需求也在发生变化，难以明确地表达出来；决策者经常面临信息超载，甚至有时面临矛盾的信息，影响决策者的判断，导致其难以对科学信息做出及时有效的回应[④⑤]。针对这个问题，E. McNie[⑥]引入科学信息供应与用户需求协调（RSD）的概念来探索科学信息生产与决策者使用之间的关系，提出改善情报服务能力，通过扩充替代方案、明确选择、增强决策能力以帮助决策者

---

① 姚维范 . 论强化情报能力 [J]. 情报学报 , 1986, 5(Z1): 231–237.

② 施荣 . 基于网络环境的情报研究工作及其能力建设 [J]. 现代情报 , 2006(3): 133–135.

③ Intelligence capability assessment results[EB/OL].[2018–09–30].https: //www.dhs.gov/sites/default/files/publications/CBP%20–%20Intelligence%20Capability%20Assessment%20Results.pdf.

④ SABATIER P. The acquisition and utilization of technical information by administrative agencies[J].Administrative science quarterly, 1978, 23(3): 396–417.

⑤ CULLEN P, COTTINGHAM P, DOOLAN J, et al. Knowledge seeking strategies of natural resource professionals[EB/OL]. (2001–04–01) [2022–08–13]. https://www.academia.edu/2578211/Knowledge_seeking_strategies_of_natural_resource_professionals.

⑥ MCNIE E. Reconciling the supply of scientific information with user demands: an analysis of the problem and review of the literature[J].Environmental science & policy, 2007, 10(1): 17–38.

做出满意的判断。E. Wyk、D. Roux① 等通过对科学管理人员和科研人员的访谈，认为决策者与科技信息生产者在文化背景方面存在鸿沟，可以通过提升任务目标分析能力和知识信息分享能力来弥补该方面的缺陷，进而实现情报能力的提高。国内对情报服务能力建设的探讨相对直接，彭辉、刘剑锋② 将情报信息服务体系的能力需求概括为信息服务管理能力、信息服务应用能力、信息服务支持能力、信息服务交互能力和信息服务传输能力 5 个方面，最终提出能力建设的构想，即以任务为驱动，实现情报信息精准服务能力；以代码为方式，实现情报信息高效服务能力；以模型为支撑，实现情报信息智能服务能力；以效果为衡量，实现情报信息增值服务能力。

基于技术的情报能力建设。信息和通信技术的不断发展与应用为情报收集、处理、分析和传播等方面带来了巨大的影响，成为情报界面临的最紧迫的挑战之一，情报界和决策者的关系也由此发生变化，当有太多其他信息可用时，情报的价值受到质疑，官方情报和“商业情报”的关系明显紧张③。M. Degaut④ 认为，情报界和专业情报人员不会变得无关紧要，开源情报也不会完全取代传统情报，甚至决策者对情报处理和分析的需求也会增加，情报界应该抓住机会重塑自身，提高吸收新的动态技术的能力，调整将产品递送给政策制定者的流程和方式等。彭靖里、可星和李建平⑤ 运用社会学中的“结构－能力”分析方法，从情报学角度定义“技术守门人”概念，认为技术守门人具有对信息／知识的感知能力、

① WYK E, ROUX D, DRACKNER M, et al. The impact of scientific information on ecosystem management: making sense of the contextual gap between information providers and decision makers[J]. Environmental management, 2008, 41(5): 779–791.

② 彭辉，刘剑锋，王树根，等. 情报信息服务发展现状及体系能力需求 [C]// 中国指挥与控制学会. 第二届中国指挥控制大会论文集（上）. 北京：国防工业出版社，2014: 506–509.

③ BARGER D. Toward a revolution in intelligence affairs[EB/OL].[2018–10–21].https: //apps.dtic.mil/dtic/tr/fulltext/u2/a448571.pdf.

④ DEGAUT M. Spies and policymakers: intelligence in the information age[J].Intelligence and national security, 2016, 31(4): 509–531.

⑤ 彭靖里，可星，李建平. 情报学视角下的守门人角色及技术情报能力建设 [J]. 情报理论与实践，2015, 38(8): 11–15.

广泛搜集能力、专业识别能力和吸收传递能力，并提出“自发型”和“导向型”两种基于守门人机制的技术情报能力形成途径，在此基础上提出培育情报能力的措施，包括建设“信任—学习—创新”三位一体的情报文化，完善转职与兼职相结合的技术情报人才体系，构建以技术守门人为中心节点的人际情报网络，优化企业组织层级结构和管理信息支持系统。

国家安全视角下的情报能力建设。国外大多数情报研究是围绕国家安全进行的，对国家安全的保障能力几乎是情报能力的必备要求[①②]。在我国，随着总体国家安全观的提出，引发了情报学者对国家安全背景下情报能力的进一步思考认识。张家年和马费成[③]认为，国家科技安全情报工作在以下方面存在问题：国家科技安全法制领域不完善，情报意识和情报思维缺乏，情报和反情报能力不足，国家核心科技人才队伍的情报工作没有引起重视。在此基础上，其表明我国科技安全情报能力体系建设的迫切性，应该提升国家科技战略规划的前瞻性和预见性能力，建设国家科技安全情报和反情报处理能力，培育国家科技安全情报素养。杨国立和李品[④]在总体国家安全观背景下研究情报工作的转型与深化，将加强情报工作能力培训视为完善情报工作管理的重要措施和构建总体国家情报工作体系的重要因素，认为情报行动主体的情报工作能力培育需要理论知识的持续供给、实践知识的充实和云计算、数据库技术对信息（数据）基础设施的支撑，并指出培育情报工作能力需要注意充分借鉴智库建设和智库产品生产经验，加强情报工作的职业化建设，以及加强情报工作理论与方法研究。

体系观念下的情报能力建设。国外研究者主要围绕整个情报体系的能力提升进行探讨，这与很多国家有明确且相对完善的情报体系有很大的关系，主要

① LOWENTHAL M. A disputation on intelligence reform and analysis: my 18 theses[J]. International journal of intelligence and counter intelligence, 2013, 26(1): 31–37.

② WALSH P. Intelligence and intelligence analysis[M]. London: Routledge, 2011.

③ 张家年，马费成 . 国家科技安全情报体系及建设 [J]. 情报学报，2016, 35(5): 483–491.

④ 杨国立，李品 . 总体国家安全观背景下情报工作的深化 [J]. 情报杂志，2018, 37(5): 52–58,122.

通过调整情报体系（如美国情报界）内的组织结构设计[①]或实现情报体系内的信息共享[②]来提高整个情报体系的能力。在我国，情报体系还没有明确的规范，李阳和孙建军[③]认为，中国情报学发展与实践工作经历了体制驱动的维系探索阶段、信息化驱动的有限供给阶段，而今进入了情报体系整体协调与综合能力提升阶段，提出了“体能”同构的思想（图 1.2），强调凭借以情报整体性为核心的新理念，在“军民融合”大情报交互框架下实现全领域的“一网打尽”。

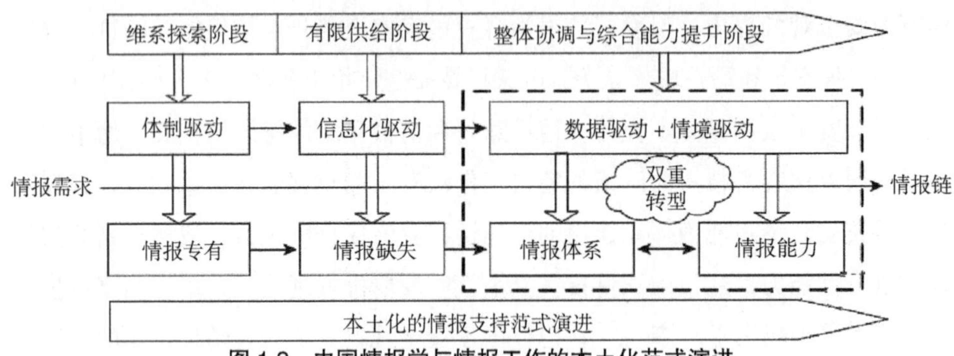

图 1.2　中国情报学与情报工作的本土化范式演进

（资料来源：李阳，孙建军．中国情报学与情报工作的本土演进：理论命题与话语建构[J]．情报学报，2018，37（6）：631-641.）

1.3.2　情报分析师能力培育

21 世纪初期，面对互联网的发展，很多学者开始了对情报分析师培育方式的思考。F. Hughes 和 D. Schum[④]认为，没有已知的机制可以使“学院派”的情

① HAMMOND T. Why is the intelligence community so difficult to redesign? smart practices, conflicting goals, and the creation of purpose - based organizations[J]. Governance, 2007, 20(3): 401–422.

② TRAVERS R. Waking up on another September 12th: implications for intelligence reform[J]. Intelligence and national security, 2016, 31(5): 746–761.

③ 李阳，孙建军．中国情报学与情报工作的本土演进：理论命题与话语建构 [J]. 情报学报，2018, 37(6): 631–641.

④ Top ten needs for intelligence analysis tool development[EB/OL]. [2022–08–13]. https://www.academia.edu/4065594/Top_Ten_Needs_for_Intelligence_Analysis_Tool_Development.

报分析师立刻变成“熟练工”，至少无法通过讲座，或者抽象的课堂学习来改变。情报分析师所承担的挑战性任务要求在某主题领域里进行深入分析，重点突出，主要通过辅导和教学两种模式。情报专家 J. Cooper① 提出，美国情报界可以采用“智力中间件”（Intellectual Middleware）的方式，将资深情报分析师视为“导师”以建立与“学徒”之间的互动，来传递产生情报洞察力的经验。D. Goleman② 基于当时的网络技术环境，认为分析师培育应当更重视解决问题的能力，而不是向他们灌输解决问题的方案，软件工具无法代替更有经验的分析师。中国国防信息中心陈钧、曹宽增③ 提出，通过高等学校开展正规专业教育、情报研究部门开展研究生教育、在职人员到高校进修、进修短期专项培训、函授教育、电视与广播教育、网络远程教育等具体的教育方式来培养情报研究人员的素质和能力。从上述研究中，我们可以感受到国内外学者关于情报分析师培育的分歧，我国主要依托于授课的形式来培训情报分析师，而国外更提倡融入情报实践以增强情报分析师的能力。

U. Bar-Joseph 和 R. McDermott④ 认为，如果反复尝试和改革情报体系都未能取得成功，则意味着体系内某些个体通过创造性和及时性的方式准确感知和应对威胁的能力，可能受到人类处理信息时可预见偏差的限制。所以，情报组织和机构应当更加关注情报人员的人格特征，以及情报分析师在招聘、培训和晋升方面的开放程度，这样会更利于有效的情报改革。

近年来，关于情报分析师能力培育的探讨主要集中在对在学情报分析师和在职情报分析师的差异上，主张采用更有针对性的方法进行培育。美国国家委

① COOPER J. Curing analytic pathologies: pathways to improved intelligence analysis[EB/OL].[2018-10-23]. https: //apps.dtic.mil/dtic/tr/fulltext/u2/a500058.pdf.

② GOLEMAN D. The world questions of edge 2005 edge[EB/OL].[2018-10-23].https: //www.edge.org/q2006/q06_5.html#goleman.

③ 陈钧，曹宽增 . 对情报研究人员的素质和能力要求以及情报研究人员的培养 [J]. 情报理论与实践，2005(1): 100-103.

④ BAR-JOSEPH U, MCDERMOTT R. Change the analyst and not the system: a different approach to intelligence reform[J].Foreign policy analysis, 2008, 4(2): 127-145.

员会（US National Research Council）[①]在《情报分析：行为和社会科学基础》中将新入职的情报分析师能力培育视为提高美国情报界整体分析水平的重要举措。美国情报界新入职情报分析师的"新"是对于情报界来说的，这些分析师曾在美国最好的教育机构接受过最好的情报分析训练，表现出优秀的分析能力。因此，对这些新入职情报分析师能力的培育，侧重于培养他们对美国情报界目标、任务、要求、分析专业领域的理解，以充分发掘他们的潜在能力。S. Marrin[②]从资深情报分析从业者能力的角度进行探讨，认为这一类人员仍然需要跨越学术和实践之间的鸿沟，因为他们在长期的分析工作中建立了分析习惯，很少再进行关于如何改进自己分析流程和分析产品的思考，从而忽略了能力的提升。S.Marrin对情报分析师"教育"和"培训"做了区分，认为"教育"为长期情报能力提升奠定了基础，"培训"是对短期工作能力的改善。W. Chang 和 P. Tetlock[③]从情报分析师培训的角度，认为现有的培训主要关注常见的认知偏差，试图通过结构化的分析技术来纠正这种偏差，这种培训方式基于 20 世纪中叶对心理学的理解，侧重于对过度自信和思维僵化问题的检查，但是忽略了信心不足和过度波动等认知心理问题。W. Chang 和 P. Tetlock 提出了一种新的方法，建议在培训中采用科学验证的内容，并定期对培训进行测试以避免制度僵化、产生新的教条；鼓励分析师正确认识培训指南，将其作为提高情报分析准确性的手段，而不是目的本身。王琳[④]认为，针对在学专业人员和在职专业人员应采取不同的培养政策，才能提高现实科技情报人员能力，同时又能培养未来的高素质接班人，从根本上解决科技情报人才缺失问题，并提出情报课题培养法、短期专项

① US National Research Council. Intelligence analysis: behavioral and social scientific foundations[M]. Washington, D. C: National Academies Press, 2011: 24–25.

② MARRIN S. Improving intelligence analysis: bridging the gap between scholarship and practice[M]. London: Routledge, 2012.

③ CHANG W, TETLOCK P. Rethinking the training of intelligence analysts[J].Intelligence and national security, 2016, 31(6): 903–920.

④ 王琳 . 网络技术背景下科技情报人员的专业能力培养研究 [J]. 江苏科技信息 , 2019, 36(3): 19–21.

培养法、机制建构培养法、多种数据库联合培养法、模块化培养法和集体孕育法，共 6 种能力培养方法。

1.3.3　智库情报能力建设

新型智库和情报机构有很大的相似性，我国情报机构是“出对策”的主力军，有“出思想”的优秀历史传统，也有“出声音”的潜质，具备进行智库转型的基础条件，情报机构应当抓住契机重新认识自身的使命担当，积极进行服务转型与创新。因此，有关智库情报能力建设的研究亦对本研究主题有参考借鉴作用。将智库和情报能力结合起来进行探讨，是我国情报能力研究的特色主题，国外虽有关于智库能力方面的评价和研究，但很少与情报能力相结合。张家年[①]认为，智库能力通过影响力来体现，智库能力体系是智库在不同层面上变现出来知识创新、思想创新、问题解决和决策服务的能力，并从强化智库信息和情报能力、提升战略环境态势感知能力、增强思想和知识的生产能力、完善沟通和传播能力与培育智库创新能力等方面提出了我国智库能力体系建设方案。陈成鑫和曾庆华[②]从情报研究视角探讨情报研究与智库研究的关联和差别，指出提高新型智库情报能力和情报保障能力，需要加强情报需求的感知能力、动态情报收集能力、情报分析能力、情报平台的知识服务能力及加强组织建设等。杨云[③]从情报视角探究新型智库建设问题，通过文献调研，从提高智库的情报收集和获取能力、情报分析和融合能力、智库情报产品传播能力和智库产品监督能力 4 个方面探讨强化我国智库情报能力的途径。

---

① 张家年 . 情报视角下我国智库能力体系建设的研究 [J]. 情报资料工作 , 2016(1): 92–98.

② 陈成鑫 , 曾庆华 . 情报研究视角下智库情报能力建设路径 [J]. 图书情报工作 , 2018, 62(21): 105–111.

③ 杨云 . 大数据环境下科技智库战略情报研究 [J]. 数字图书馆论坛 , 2018(4): 35–39.

1.4 情报能力研究

国内外情报能力研究取得了一定数量的成果，为国家科技情报体系能力解读和研究奠定了基础。

1.4.1 情报能力研究目标

从文献情况可以看出，在情报研究和情报学中谈情报能力，是一个不算新鲜但非常重要的议题。虽然研究者对情报能力的具体内容和表现有不同的理解，但对于情报能力的研究意义已达成共识。从总体目标来看，情报能力研究主要通过能力来衡量实现情报事业发展目标所具备的条件和水平，寻求提升情报工作效率和改善情报活动效果的解决方案。从研究目标出发，情报能力研究主要可以概括为“两个角度，三个方面”，“两个角度”分别是情报工作角度（机构）和情报人员角度，“三个方面”则是情报能力构成、情报能力评价和情报能力建设（培育），希望得到关于情报能力的概念，寻找情报能力评价的方法工具，生成情报能力建设（培育）的方案举措。

1.4.2 情报能力研究设计

根据已有文献，可以简要将情报能力研究概括为理论型（Conceptual）研究和实证型（Empirical）研究，具体研究角度和研究思路如表 1.7 所示。从国内外研究设计差异来看，国内研究者多进行理论探讨，国外研究者多基于实践经验进行总结。从研究者的背景差异来看，高校情报学者探讨研究的角度相对多样，情报机构研究者与实践结合得相对紧密。

表 1.7 研究现状评价——研究设计

	情报能力构成	情报能力评价	情报能力建设（培育）
研究角度	情报流程 情报需求 情报和信息关系	情报流程 情报活动 成熟度诊断	情报服务 技术手段 体系构建

续表

	情报能力构成	情报能力评价	情报能力建设（培育）
研究角度	情报赋能 国家安全 专业修养	情报服务 情报业务 情报人员	国家安全 智库转型 情报分析师
研究思路	系统分析 理论思考 模型分析	矩阵分析 层次分析 问卷调查 模型分析 德尔菲法 数学统计	实践经验 案例分析

1.4.3　情报能力研究发现

在情报能力构成方面，虽然国内外不同研究者的研究视角和表达方式不同，但总体来看，依然可以通过细化情报工作流程和情报人员能力来将各个方面总结在一起（表 1.8）。情报信息工作能力包括情报需求识别能力、情报任务规划能力、情报信息获取能力、情报信息处理能力、情报信息分析能力、情报递送能力。情报人员能力包括情报人员特质能力、情报人员交互能力、情报人员知识能力和情报人员技术能力。情报能力评价是情报能力建设的重要依据，情报能力建设的措施可以总结为情报观念更新、情报服务优化、情报技术革新、情报体系建设、情报机构向智库转型、情报人员教育培训等方面。

表 1.8　研究现状评价——研究成果（能力构成）

	能力构成方面总结	能力表述汇总
情报信息工作能力	情报需求识别能力	需求分析能力、用户情报需求感知能力等
	情报任务规划能力	综合规划能力、选题前瞻预测能力等
	情报信息获取能力	信息收集能力、信息获取能力、情报源感知能力等
	情报信息处理能力	存储能力、跨信息环境的情报融合能力、情报单元之间语义关联发现能力、情报单元之间语义关联呈现能力等

续表

	能力构成方面总结	能力表述汇总
情报信息工作能力	情报信息分析能力	情报分析能力、情报内容解析能力、情报内容预测能力等
	情报递送能力	情报决策支持能力、供给能力、情报利用能力、情报服务能力、产品服务能力等
情报人员能力	情报人员特质能力	身心要素、情报意识等
	情报人员交互能力	沟通能力、团队合作能力、社交能力、协调能力等
	情报人员知识能力	知识结构、知识水平、理论水平等
	情报人员技术能力	专业能力、专业技能、研究能力、基本能力、基础能力、对情报信息的熟知获取分析转化能力等

1.4.4 情报能力研究启发

研究内容几乎覆盖情报能力各个要素，但是整体性分析相对较少。从表 1.8 可以看出，虽然研究者对情报能力要素的术语表达没有达成一致，但从总体上看，对构成情报能力要素的各个方面都有所探索，为本研究积累了丰富的素材，表明了采用文献研究方法的可行性。很多学者设置情报能力的综合指标，算是从整体上对情报能力进行分析评估，在指标选取和权重设置上，多采用专家打分计算的方式，具有一定的合理性和有效性。然而，指标体系可以表明专家对能力要素重要程度的认识，却无法传达出专家对能力的深刻见解，还需要配合整体性分析才能真正形成对情报能力建设培育的有效依据。

研究角度较为丰富，但是理论基础相对薄弱。情报能力与情报工作实践表现较为密切，很多情报能力的研究者本身就具有丰富的实践经验，基于实践中的某个活动或环节，拓展了丰富的研究角度，如情报工作流程角度、情报需求角度、情报服务角度、情报教育角度、情报培训角度等。但是，这些角度未能与理论基础深入结合，难以形成真正的研究视角，大量文献停留在对现在工作的总结描述，或展现出对未来能力建设的构想，缺乏相应的理论支撑，没有使研究更加深入，无法对实践形成指导作用，导致研究的价值被忽略或低估。

部分文献在研究理念或研究方法上,展现出体系观念,但未能将“体系”和“能力”深入结合进行探讨。国外研究大多把情报体系作为情报能力的研究背景，这与很多国家已经建立了明确且相对完善的情报体系有很大的关系，试图通过情报体系内的协调完善来实现整个情报体系能力的提高。在我国，对情报体系还没有明确的规范，以往大多将情报体系和情报能力分开来谈，例如，虽然有学者提出情报能力体系建设的紧迫性，但主要针对能力的全面构成或将情报体系和情报能力并列而谈。本研究希望在前人基础上，进一步将情报体系和情报能力紧密结合。

第 2 章

国家科技情报能力的体系观

情报能力体系观即通过体系（系统）的观念对情报能力相关要素进行解读，最终形成关于情报体系能力的认识。本章结合情报能力体系观的提出背景，以社会系统理论、动态能力理论和生态系统理论为基础来诠释情报能力体系观的主要内容，探寻情报能力体系观的存在意义。

2.1　情报能力体系观的提出背景

2.1.1　国家科技情报需求

2.1.1.1　服务于国家的情报特征

美国官方曾对“国家情报”（National Intelligence）和“部门情报”（Departmental Intelligence）做出过区分，“国家情报”指涉及多个部或局，超出任何一个部的单独能力，覆盖了国家政策与国家安全宽广领域的，经过融合的部门情报[①]。马德辉等[②]认为，国家情报是“一个超越政治、军事、外交、安全、执法、经济、科技等单一领域情报活动的基本范畴，以国家情报体系情报活动的一体化为主

① National security council intelligence directive 3 (NSCID3)[EB/OL].(1948-01)[2018-03-02]. https: //history.state.gov/historicaldocuments/frus1945-50Intel/ch9.

② 马德辉，黄紫斐．美国《国家情报战略》的演进与国家情报工作的新变化、新特点与新趋势 [J]. 情报杂志，2015, 34(6): 1-4, 11.

体架构，以服务于国家安全治理和国家社会经济发展为总体目标，对数据信息进行规划指导、搜集、整理、分析、传递、服务决策的一项基础工作”。包昌火等[①]认为，“进入 21 世纪，面对国家安全和社会发展的新形势和新挑战，中国情报工作和情报学应树立总体国家情报观，构建国家情报学说，对国家情报体制、国家情报模式、国家情报战略、国家情报法律等国家情报工作发展的若干基本问题进行全面、系统、深入的研究，发挥情报工作和情报学研究在国家安全和社会发展重大决策中的智库和神经系统的作用。”

关于“国家情报”的概念有多种表述，但是都强调了“国家情报”的超部门性，跨领域性、体系化和为国家服务的特征，这些特征进一步明确了国家情报体系能力研究的意义。

2.1.1.2　国家科技情报需求转变

科技进步和创新在经济发展、社会进步、民生改善和国家安全中的重要支撑引领作用是毋庸置疑的。简要地说，科技情报工作本身就是最大限度地满足科技进步和创新发展的需要，为科学技术决策提供信息依据，包括领导决策、科技管理、技术引进、生产部署、技术攻关、科研设计等方面，涉及层次也较为广泛，可以说是上至国家安全发展大政方针，下至科研人员研发中具体数据的支持。在国家科技情报语境下，借鉴美国情报界（US IC）对科技情报（STI）的定义，科技情报一般指对国内外科技研发和应用能力的系统研究与分析，其产品可预警科技发展和能力前沿，引导未来科技研发能力的发展方向[②]。

2016 年 5 月 30 日，习近平总书记在全国科技创新大会、两院院士大会、中国科学技术协会第九次全国代表大会上指出：“实现‘两个一百年’奋斗目标，实现中华民族伟大复兴的中国梦，必须坚持走中国特色自主创新道路，面向世界科技前沿、面向经济主战场，面向国家重大需求，加快各领域科技创新，

① 包昌火，马德辉，李艳 . Intelligence 视域下的中国情报学研究 [J]. 情报杂志，2015, 34(12): 1-6,47.

② Report of the national commission for the review of the research and development programs of the US Intelligence Community[EB/OL].[2018-09-30].https: //www.intelligence.senate.gov/sites/default/files/commission_report.pdf.

掌握全球科技竞争先机[①]”。该讲话指出了科技创新的三大方向，也体现出科技情报需求的3个变革。

第一，从科技情报需求向科技创新需求转变。长期以来，了解科学和技术的发展态势一直是科技情报工作的重点。经过多年的发展，我国的科技情报工作已从早期的国外科技文献的翻译报道，发展到利用论文和专利等文献数据资源绘制科学地图和专利地图等形式，能够以更加生动、丰富的形式展示科学技术发展的规律与态势[②]。随着创新驱动发展战略的实施，我国开启了建设世界科技强国的征程。我国的科技发展“由过去的跟跑为主，逐步地转向更多领域中的并跑和领跑，科技进步贡献率由52.2%提高到57.5%[③]”。因此，我国的科技情报工作也不再局限于对国外先进科技态势的报道，而转向对我国科技发展创新的支撑。

第二，从具体科技管理向宏观科技战略需求转变。决策是人们进行判断、做出抉择的智力活动，决策行为依仗信息支持。决策的本质是一个信息处理的过程，信息在决策流程中表现为不同的形态。由于决策活动通常在信息不完备的情况下进行，因而以解决信息的获取和认知困难为己任、以利用信息支持决策为目标的情报工作就显得尤为重要。将决策支持作为情报保障的核心内容反映出对情报“用于解决决策过程中信息不完备问题”这一本质作用的理解和认识。在国家实施创新驱动发展战略的大背景下，国家科技情报需求已经从单纯围绕科技自身发展的具体管理问题，转向更为宽广的战略决策领域，是国家政策、基础设施建设、人才培养措施、科技信息安全等一系列要素的综合作用。

第三，从任务响应向前瞻预警需求转变。改革开放走过40多年，中国社会发展取得巨大成就，综合国力和国际地位显著提升，当下，中国与世界的关系

① 习近平指出科技创新的三大方向[EB/OL].(2016-06-07)[2018-04-13].http://www.most.gov.cn/yw/201606/t20160607_126000.htm.

② 徐峰，姚长青．新时期我国科技创新情报需求转变的分析与思考[J].情报工程，2016，2(3):8-13.

③ 中国科技创新由跟跑为主，逐步转向并跑、跟跑[EB/OL].(2018-03-10)[2018-05-13].https://www.ithome.com/html/it/350488.htm.

已经站到了一个新的历史起点。从经济上看，普华永道发布的《世界 2050》[①]（*The World in 2050*），预测了 2050 年世界经济秩序的变革，并基于购买力评价（PPP）指出中国 GDP 已超越美国并将成为世界第一经济体。从科技发展上看，以人工智能技术发展为例，根据斯坦福最新发布的《2018 年度人工智能指数报告》[②]（*Artificial intelligence Index：2018 Annual Report*），中国 AI 追赶速度惊人，AI 的论文数量位居第二（占 25%），2016 年被引次数比 2000 年提高了 44%。在经济力量和科技发展的迅速变革中，可以参照学习的情况越来越少，情报的需求与外界变化产生的不确定因素同步增长，因此，对情报的需求不再局限于对科技发展规律与态势的总结和预测，不再满足于对特定任务的及时回答，而需要对更多未知不确定性因素的前瞻预警。

2.1.2 国家科技情报治理

情报能力体系观是在国家科技情报治理这个大环境下提出和践行的，国家科技情报治理通过对情报组织、情报人员、情报活动、信息资源等一系列要素进行协调，为情报体系能力建设提供了保障。

2.1.2.1 科技情报治理概念界定

20 世纪 90 年代以来，在西方学术界，特别是在政治学、经济学和管理学领域，“治理”（Governance）一词非常流行。随着全球化时代的来临，金融、资本、产品、市场、技术、信息和劳动力等全球性流动空前，带来了社会经济生活、政治生活和文化生活的革命性变化。西方“治理”研究是全球化时代对公共部门管理改革的回应，并已成为社会科学的一种新的范式[③]。围绕治理的定义，西方学者有诸多探讨，全球治理理论的创始人之一詹姆斯·罗西瑙（J. Rosenau）

① The world in 2050[EB/OL]. (2017-02-01) [2018-05-15]. https: //www.pwc.com/gx/en/world-2050/assets/pwc-the-world-in-2050-full-report-feb-2017.pdf.

② Artificial intelligence index: 2018 annual report[EB/OL]. [2018-09-12]. https://hai.stanford.edu/sites/default/files/2020-10/AI_Index_2018_Annual_Report.pdf.

③ JESSOP B. The rise of governance and the risks of failure: the case of economic development[J]. International social science journal, 1998, 50(155): 29-45.

将“治理”定义为[①]：在没有强权力的情况下，各相关行动者克服分歧、达成共识，以实现某一个目标。该定义强调治理依赖共同目标的协商与共识。英国纽卡斯尔大学罗茨教授（R. Rhodes）从6个层次分别明确了作为最小国家的管理活动、作为公司管理、作为善治、作为社会控制体系、作为自组织网络的“治理”含义[②]，并在10多年后将广泛运用的“治理”概括为一种理论，总结为一种新的统治过程，一种新的有序规则条件，一种新的管理社会方法[③]。在关于治理的各种定义中，全球治理委员会的定义具有很强的代表性和权威性。该委员会于1995年发表了一份题为《我们的全球伙伴关系》[④]的研究报告，对“治理”做出了如下界定：治理是各种公共的或私人的个人和机构管理其共同事务的诸多方式的总和。它是使相互冲突的或不同的利益得以调和并且采取联合行动的持续的过程。“治理”有4个特征[⑤]：第一，治理不是一整套规则，也不是一种活动，而是一个过程；第二，治理过程的基础不是控制，而是协调；第三，治理既涉及公共部门，也包括私人部门；第四，治理不是一种正式的制度，而是持续的互动。

虽然治理理论仍旧在发展之中，还不算完全成熟，但它打破了社会科学中长期存在的两分法传统思维方式，即市场与计划、公共部门与私人部门、政治国家与公民社会、民族国家与国际社会，它把有效的管理看作是两者的合作过程[⑥]。治理观点对理论的贡献并不在于因果关系分析这个层次，它也并不为我们提供一种新的规范理论。它的价值在于，它是一种组织框架，“可以提供一

---

① ROSENAU J, CZEMPIEL E. Governance without government: order and change in world politics[M]. Cambridge: Cambridge University Press, 1992: 5.

② RHODES R. The new governance: governing without government[J].Political studies, 1996, 44(4): 652–667.

③ RHODES R. Understanding governance: ten years on[J].Organization studies, 2007, 28(8): 1243–1264.

④ Commission on Global Governance. Our global neighborhood: the report of the commission on global governance[M]. Oxford: Oxford University Press, 1995: 2–3.

⑤ 俞可平 . 治理和善治 : 一种新的政治分析框架 [J]. 南京社会科学 , 2001(9): 40–44.

⑥ 俞可平 . 治理与善治 [M]. 北京 : 社会科学文献出版社 , 2000: 14.

种语言和一个参照系借以考察现实”[①]，从而根据此框架寻求对变化中过程的了解。

P. Walsh[②] 在对美国情报界（US IC）未来领导力的探讨中，将“情报治理”（Intelligence Governance）作为构成有效情报框架至关重要的方面，并将其定义为“关于情报流程领导力、设计、评估、有效协调、合作和整合的一系列属性和原则”，认为情报治理具有外部和内部的维度，有效的情报治理依赖于健全的组织领导力来整合核心情报流程和关键情报活动，以帮助情报组织或情报界以响应性、有效性、适应性和可持续性的方式面对变化了的安全环境。赵冰峰[③]将情报治理一体化和情报领域国际化、情报体系网络化视为中国情报事业的三大战略转型方向，并认为国家的情报治理表现出鲜明的策略特征，不同的国家制度和国情现实具有不同的情报治理特性。

综上所述，治理理论为情报事业管理提供了一套新的概念框架。本研究认为，情报治理融合了政治学、经济学、管理学与情报学领域的相关理论基础，是采用治理的理念对情报事业管理问题进行探讨的过程，是对情报组织、情报人员、情报活动、信息资源等一系列要素进行协调的方式的总称，有利于情报体系能力的实现。

国家科技情报治理是国家情报治理的子集，是实施国家情报治理的过程中对科技情报相关组织、人员和信息资源进行管控的措施和制度的总称。国家科技情报治理着眼于保证和完善国家科技情报事业的健康发展，既是国家科技创新发展的重要保障条件，也是国家情报治理体系建设的必要组成部分。对国家科技情报治理的研究既是情报学术探索的重要议题，也是国家科技事业和科技情报事业建设中不可或缺的管理内容。有关国家科技情报治理的研究关切是随着国家科技情报事业的建设发展而逐渐强化起来的。

① 格里，斯托克，华夏风．作为理论的治理：五个论点 [J]. 国际社会科学杂志，1999(1): 19–30.

② WALSH P. Making future leaders in the US intelligence community: challenges and opportunities[J].Intelligence and national security, 2017, 32(4): 441–459.

③ 赵冰峰．我国情报事业面临的环境变革、战略转型与方法论革命 [J]. 情报杂志，2016, 35(12): 1–5.

2.1.2.2 科技情报治理相关内容

（1）信息治理

信息治理（Information Governance）是信息资源管理的重要内容。2004年，英国国民健康服务组织（National Health Service，NHS）A. Donaldson 和 P. Walker[①] 科学地介绍了该组织进行信息治理的 HORUS 模型，即安全、保密地保存信息；公平、有效地获取信息；准确、可靠地记录信息；有效、道德地使用信息；合法、恰当地分享信息。2008 年，经济学人智库[②] 从信息经济学的角度将信息治理视为一种企业内部的框架和机制，规定了如何对信息进行控制、获取和利用，以确保企业信息管理项目顺利进行。2010 年，Gartner 分析师 D. Logan[③] 认为信息治理是对决策权利的具体规范和问责框架，以鼓励在评估、创建、存储、使用和删除信息时令人满意的行为。信息治理包括相关流程、角色、标准和指标，以确保信息的有效和高效利用，从而帮助组织实现既定目标。2013 年，英国国家信息治理委员会[④]（National Information Governance Board）在 NHS 的基础上，将信息治理定义为组织机构对信息和数据进行管理的方式，涵盖了对信息进行收集、获取、使用、回收的要求和标准，确保组织机构和信息供应商以合法、安全、有效、高效、公众信任的方式处理信息。还有一些学者基于信息技术、信息活动、信息过程等视角对信息治理进行描述，并提出相应的治理途径，最终成果体现为政策、原则、标准、流程等顶层设计项目。

信息治理不仅包含传统的记录管理，涉及信息生命周期、组织信息管理、

---

① DONALDSON A, WALKER P. Information governance-a view from the NHS[J].International journal of medical informatics, 2004, 73(3): 281-284.

② Economist Intelligence Unit. The future of enterprise information governance[R].London: The Economist Intelligence Unit Limited, 2008.

③ LOGAN D. What is information governance? and why is it so hard? [EB/OL]. [2018-02-19]. http: //blogs.gartner.com/debra_logan/2010/01/11/what-is-information-governance-and-why-is-it-so-hard/.

④ Information: to share or not to share? the information governance review[EB/OL].[2018-02-19]. https: //www.ed.ac.uk/files/imports/fileManager/Caldicott%20Guardian_InfoGovernance_accv2%20pdf.pdf.

组织业务流程的各个阶段，也涵盖信息安全和保护、法律合规性、风险管理、隐私等多个议题，在信息时代与互联网治理、商业智能、大数据、数据科学等有着密切的联系。

（2）数据治理和大数据治理

信息治理和数据治理是两个较为相近的概念，其差别主要是由“信息”和“数据”这两个核心关键词的不同决定的。信息治理基于信息社会较为广泛的问题来定义，而数据治理重点采集不同来源的实际数据元素进行研究[①]。各类数据研究机构和专家学者基于 IT 治理[②]、数据资产管理[③]、数据质量管理[④]等视角对数据治理进行过阐述。例如，IBM[⑤] 将数据治理定义为一种质量控制过程，用于在管理、使用、改进和保护组织信息的过程中添加新的严谨性和纪律性规则，并认为有效的数据治理可以通过促进跨组织协作和结构化决策来提高公司数据的质量、可用性和完整性。DGI[⑥] 将数据治理简要定义为对数据相关事务的决策和权限的执行，进一步来说，数据治理是定义和管理人员、流程和技术战略的业务实践，以确保整个组织中有价值的数据资产得到正式的管理和保护。

在大数据治理的诸多理解中，S. Soares[⑦] 的定义获得较多的认同，其认为可

① GUETAT S, DAKHLI S. The architecture facet of information governance: the case of urbanized information systems[J]. Procedia computer science, 2015(64): 1088–1098.

② WEBER K, OTTO B, ÖSTERLE H. One size does not fit all: a contingency approach to data governance[J]. Journal of data and information quality (JDIQ), 2009, 1(1): 4.

③ GRIFFIN J. Data governance: the key to enterprise data management[J].Information management, 2008, 18(9): 27.

④ WENDE K. A model for data governance–organising accountabilities for data quality management [EB/OL]. (2007–12–05) [2022–08–13]. https://www.researchgate.net/publication/44939125_A_Model_for_Data_Governance_–_Organising_Accountabilities_for_Data_Quality_Management.

⑤ IBM. The IBM data governance council maturity model: building a roadmap for effective data governance[EB/OL].(2007–10–01)[2018–01–13].https: //www–935.ibm.com/services/uk/cio/pdf/leverage_wp_data_gov_council_maturity_model.pdf.

⑥ Data Governance Institute (DGI). Definitions of data governance[EB/OL]. [2018–01–13]. http: //www.datagovernance.com/adg_data_governance_definition/.

⑦ SOARES S. Big data governance: an emerging imperativc[M]. Boisc: Mc Prcss, 2012.

以将大数据治理看作广义信息治理计划的一部分，即通过对目标进行调整，制定大数据优化政策、隐私保护政策与数据变现政策。大数据治理是一个多维度的概念体系，需要从目标、权利层次、治理对象及解决的实际问题 4 个方面来解析[①]。也有学者认为，大数据治理是相关人员或机构为了应对大数据时代带来的困难与威胁，进而运用相关技术工具对大数据进行管理、整合、分析与挖掘的行为。大数据治理概念主要涉及治理的理念、主体、客体、工具和目标 5 个要素[②]。大数据治理与信息治理密切相关，信息治理的工具、平台对大数据治理具有一定的适用性，但由于大数据的多样性，需要更多类型、更具多样性的数据管理工具和平台[③]。大数据治理实践主要包括数据治理战略、方法、政策、标准，大数据应用的人员、技术、流程，大数据领域业务管理、价值案例、项目测度等[④]。

信息治理、(大)数据治理都是情报治理需要关注的内容。从概念层次上看，信息治理和(大)数据治理多是中观层次和微观层次，而情报治理相对宏观(表 2.1)。本研究无意再次辨析情报和信息的具体差别，而是将“情报”这一术语视为信息在某种社会工作语境下的一种呈现，可以“信息”之名，行“情报”之实，最终目的是情报体系能力的实现。

① 郑大庆，范颖捷，潘蓉，等．大数据治理的概念与要素探析 [J]. 科技管理研究，2017, 37(15): 200–205.

② 梁芷铭．大数据治理：国家治理能力现代化的应有之义 [J]. 吉首大学学报：社会科学版，2015, 36(2): 34–41.

③ 安小米，郭明军，魏玮，等．大数据治理体系：核心概念、动议及其实现路径分析 [J]. 情报资料工作，2018(1): 6–11.

④ 张宇杰，安小米，张国庆．政府大数据治理的成熟度评测指标体系构建 [J]. 情报资料工作，2018(1): 28–32.

表 2.1　情报治理、信息治理与（大）数据治理

	定义来源	层次	理论视角	实践方式	目的
信息治理	英国国民健康服务组织	中观层次	组织业务	HORUS 信息治理模型	适当管理并尽可能改进适用于 NHS 信息处理的标准，以便最大限度地利用可获得的资源
	经济学人智库	中观层次	信息经济	企业级信息治理战略框架和执行机制	企业信息管理顺利进行
	Gartner	中观层次	组织战略	信息治理责任框架	确保信息的有效和高效利用，从而帮助组织实现既定目标
	英国国家信息治理委员会	微观层次	信息生命周期	信息治理框架和工具	确保以合法、安全、有效、高效、公众信任的方式处理信息
数据治理	DGI	中观层次	数据资产管理	定义和管理人员、流程和技术战略的业务实践	确保整个组织中有价值的数据资产得到正式的管理和保护
	IBM	微观层次	数据质量管理	数据质量控制过程	通过促进跨组织协作和结构化决策来提高公司数据的质量、可用性和完整性
大数据治理	S. Soares	中观层次	广义信息治理	制定数据优化、隐私保护与数据变现的政策	实现大数据价值的最大化，且最大限度地降低风险
	梁芷铭	微观层次	技术工具应用	对大数据进行管理、整合、分析并挖掘价值的行为	应对大数据带来的种种不安、困难与威胁
情报治理	本研究	宏观层次	情报管理（治理理念）	对围绕情报产生的社会关系进行管理和协调	应对复杂综合性问题，满足前瞻预警决策需求，实现情报系体系能力提升

2.2 情报能力体系观的理论基础

2.2.1 社会系统理论

德国社会理论家尼克拉斯·卢曼（N. Luhmann）是当代社会系统理论的创始人。在他的整个学术生涯中，卢曼总结了人类历史上一切与“系统”相关的研究成果，并结合现代社会文化发展特征进行改进，因此，卢曼所提出的社会系统理论，不仅涵盖近现代自然科学、社会科学关于“系统”研究的最新成果，还涉及西方文化中哲学和人文社会科学角度对于“系统”探索的理论观点，以及人们从最广泛的日常生活经验中所总结的通俗“系统”概念，这都为他的社会系统理论奠定了最牢固和最坚实的基础。从 20 世纪 70 年代起，近 30 年对于社会系统理论的研究，使卢曼成为当代社会系统理论最杰出的代表①。

众所周知，现代社会学中的系统理论与自然科学系统理论具有密切的关系。社会科学所使用的系统论及相关方法论，大多以自然科学中的逻辑理性为原则，采用归纳和演绎推理的传统方法，应用从具体到一般又从一般到具体的化约抽象过程及类推方式，试图寻找适用于相同领域的稳定的普遍法则。社会系统理论重点强调社会系统中各个层面的关系和过程的重要性。卢曼看到了各种系统的相互独立性及社会系统相比自然系统的“极端复杂性”和“自我反思性”，一方面凸显各个系统的高度独立性，强调各个系统诸多内在因素之间相互关系的极端复杂性及其和周围环境各因素之间的紧密关联性，使各系统独立的本质特性不但依赖于系统本身各内在因素的复杂自律性，而且也依赖于内在因素和环境各因素之间的复杂关系；另一方面，凸显社会系统内维持自身发展的“自我指涉性”及立足于其上的“自我分化性”，同时强调了社会系统重复一般系统特性的本质，从而使社会系统不再从个人相互关系的观点进行观察，走上了超越传统人文主义观点的新型社会系统观的研究道路②。

社会系统理论认为，系统总是依据本身的需要去对待和处置其环境复杂性。

---

① 高宣扬 . 当代社会理论 [M]. 北京 : 中国人民大学出版社 , 2017.

② 高宣扬 . 鲁曼社会系统理论与现代性 [M]. 北京 : 中国人民大学出版社 , 2015: 15–16.

卢曼深入研究社会系统的运作过程，看到了它运作的复杂性及其自我生产性。系统之所以运作，不是因为它是系统，而是因为它内在的基本功能的相互自我参照。系统脱离开功能的自我运作，就是抽象的、空洞的和无生命的系统。但是，反过来，社会系统中诸多基本功能的自我运作，也不是在它自我封闭条件下进行的，而是在与其环境的复杂关系中，通过系统内各功能之间的相互协调和自我参照，以及某种“尽可能简单化”的程序，将系统与其环境的上述复杂关系对系统各功能自我运作的影响和干扰尽可能地减少，以达到使本系统各功能的自我运作实现自我生产的目的[①]。此外，卢曼还进一步看到社会系统本身的多重性及其各自的独立性。社会系统并不是一种单一的同质系统，而是由一系列不同层次和具有不同自律性的独立系统构成。社会中有社会，社会外还有社会，就如同系统中有系统，系统外还有系统一样。社会各系统的非同构性，使它们之间形成“系统—环境”关系。

卢曼的社会系统理论受到申农信息论和维纳控制论的启发，在图书情报领域具有应用的基础。靖继鹏、马费成、张向先等学者编著的《情报科学理论》[②]一书将社会情报系统管理理论视为情报科学的管理学基础之一。该书认为，“所谓社会情报系统是泛指具有覆盖全社会规模的所有情报系统的总称”，并指出“良好的社会情报管理系统需具备以下条件：第一，建立一个国际性的统筹组织；第二，制定一套使情报整体化的集成规则；第三，建成一个四通八达的通信网络系统；第四，开发出存储量巨大的数据库；第五，有一批高水平的情报技术专家队伍”。有学者依据卢曼社会系统理论中的“沟通”“双重偶然性”“自我参照性”“自我去分化”等概念，结合图书馆的建设及社会情况，构建了图书馆系统理论的简单纲要，并以此作为图书馆对社会现代性的回应和对新图书馆学五原理（存在原理、动力原理、动态过程原理、关键因子原理、实践主体原理）的融会贯通[③]。国家行政学院程萍[④]利用该理论中的全社会功能分化思想，

① 高宣扬 . 鲁曼社会系统理论与现代性 [M]. 北京 : 中国人民大学出版社 , 2015: 18–20.

② 靖继鹏 , 马费成 , 张向先 . 情报科学理论 [M]. 北京 : 科学出版社 , 2009: 180.

③ 温新瑞 . 系统理论：一个现代性的图书馆纲要 [J]. 情报资料工作 , 2007(4): 22–25.

④ 程萍 . 从卢曼理论看科技人才评价 [J]. 评价与管理 , 2012, 10(2): 76–77.

探讨了科技创新人才的评价思路，认为“在基本实现功能分化的全社会系统中，科技系统必须依照自身特有的规律运行，其他子系统在提供服务的同时，不能随意干扰科技系统的自治和自我形塑”，全社会系统功能分化、重塑的过程，决定了科技人员必须承受转型期造成的评价压力。

卢曼的社会系统理论对本研究有以下指导借鉴。

第一，卢曼的社会系统理论是将自然科学研究“系统”理论成果运用于人文社科的典范，对本研究有极大启发作用。当代整个系统理论是从自然科学的系统理论发展而来，因此，早期的社会科学中的系统理论难免存在从自然科学“生搬硬套”的现象，忽略了人类文化发展史上系统观的全面形成和演变过程。例如，生物学系统模式强调系统的生命特征，将系统内各因素相互关系的运作当成最重要的生命动力，将系统视为具有自我生产和自我参照能力的统一整体单位。卢曼在此基础上认识到，对于社会系统的自我参照和自我生产来说，最重要的是社会系统中的“意义”因素及其在自我生产过程中的作用。与“意义”相关联，是社会系统的重要特质。情报生态的理念便来自生物学领域生态概念和情报这一社会系统的结合，在探讨情报系统自组织、自我发展完善机制时，不能硬套自然生态中的要素，更要关注“意义”对该系统的影响。

第二，卢曼完成了从“局部 / 全体”模式到“自我差异化”的转折，强调环境与系统的复杂关系。立足于传统系统论中的“整体 / 部分”二元对立模式，总是将系统放在系统与其本身各构成部分的相互关系中加以考察，不但过低估计环境的复杂性，也过低估计系统本身对环境反应能力的“敏感性”。情报系统难以完全实现自组织自发展的一个很大的原因，就是情报系统是为其外部决策者服务的，外部环境和政策因素对其施加了非常大的影响。在关于情报治理的探讨中，不仅需要关注情报机构间的关系处理和协调，还需要把情报系统视为一个整体，考察这个整体与决策者和外部环境间的复杂关系。情报治理正是情报系统面对这种环境复杂性时进行的一种有利选择，促使情报系统强化自身的内在结构，使其内部各因素间的相互关系更紧密地协调起来，完成系统自身的再生产和更新。

第三，卢曼吸收借鉴了帕森斯系统功能的基本观点，并从根本上重新阐释了系统和功能的关系，在一定程度上论证了本研究的意义。帕森斯从系统推演出功能，认为功能只是保证社会系统结构持续运作的某种社会过程和动力条件。但卢曼不同于帕森斯，他认为系统之所以运作，是因为其内在基本功能的相互自我参照，认为系统脱离开功能就会变成抽象的、空洞的、无生命的系统。系统是因为其功能而存在的，情报系统的存在与其决策支持的功能有脱不开的联系，因此，本研究将情报能力视为一个系统（体系）便具有一定的研究意义。

2.2.2　动态能力理论

动态能力概念的诞生及理论构建与战略管理和信息技术发展有密切的关系。20 世纪 80 年代，波特竞争理论主导着战略管理研究范式，然而，随着信息时代的到来，面对充满易变性、不确定性、复杂性、模糊性的经营环境，原有的诸如资源基础观、战略冲突观之类的静态视角[①]，难以对企业在这样的环境下如何有效地获取和保持竞争优势做出充分的解释，动态能力理论（Dynamic Capability Theory）便诞生在这样一个背景之下。1994 年，美国经济学家、战略管理学家大卫·蒂斯（D. Teece）首次将动态能力明确定义为“企业保持或改变其作为竞争优势基础能力的能力”[②]，D. Teece 将“动态能力”视为竞争优势的来源，以强调在以前的战略视角中没有加以关注的两个关键层面：“第一，‘动态’一词指的是环境不断变动的特征；但市场时机非常重要，就需要有特定的战略反映，创新步伐是加速的，但未来竞争和市场属性难以确定。第二，‘能力’一词强调的是战略管理对内外部组织技能、资源和适应环境变化的功能进行合理采纳、整合和再分配方面所扮演的关键角色。[③]”动态能力理论提供了一个将现有概念和实证知识进行整合，以便发挥作用的框架。

① 黄培伦，尚航标，王三木，等．企业能力：静态能力与动态能力理论界定及关系辨析 [J]. 科学学与科学技术管理，2008(7): 165-169.

② TEECE D, PISANO G. The dynamic capabilities of firms: an introduction[J].Industrial and corporate change, 1994, 3(3): 537-556.

③ 多西，蒂斯，查特里．技术、组织与竞争力：企业与产业变迁透视 [M]. 上海：上海人民出版社，2007: 156-157.

随后，该理论不断发展完善，诸多学者基于本土化管理情境对动态能力的构成进行探索。D. Teece 本人把动态能力分为构建能力、整合能力和重构能力 3 个维度①，又在 2007 年提出了新的理论框架，将其具体解释为感知机会和威胁的能力，捕捉机会的能力及增强、整合、保护和必要时重构企业显性或隐性资产以维持竞争的能力②。I. Prieto 从知识观视角把动态能力分为知识创造、知识整合和知识重构 3 个维度③。我国南开大学王菁娜和冯素杰④基于知识管理视角提出关于动态能力的四维度划分方法，将动态能力分为感知能力、吸收能力、整合能力及创新能力。清华大学曹红军等⑤将动态能力划分为信息利用能力、资源获取能力、内部整合能力、外部协调能力与资源释放能力 5 个维度。

随着动态能力理论的发展，对动态能力的探讨不再局限于企业的范畴，而成为探讨组织机构能力发展的一种思路。例如，聂峰英⑥将动态能力理论应用于图书馆服务创新，基于知识管理过程构建图书馆动态能力框架模型，认为动态能力是图书馆在知识需求、数据技术和用户需求的大环境驱动下获取、转化、应用图书馆内外部知识资源以快速响应环境变化的能力，强调能力转化为效力的过程。动态能力不再局限于任何一种核心能力，而是处理组织能力结构的最高层，更具抽象性，使得组织机构在面对变化的外部环境时，能够快速整合、

---

① TEECE D, PISANO G, SHUEN A. Dynamic capabilities and strategic management[J].Strategic management journal, 1997, 18(7): 509–533.

② TEECE D. Explicating dynamic capabilities: the nature and micro foundations of (sustainable) enterprise performance[J]. Strategic management journal, 2007, 28(13): 1319–1350.

③ PRIETO I, EASTERBY-SMITH M. Dynamic capabilities and the role of organizational knowledge: an exploration[J]. European journal of information systems, 2006, 15(5): 500–510.

④ 王菁娜，冯素杰 . 知识管理视角下的动态能力构成维度研究 [J]. 科学管理研究，2009, 27(6): 71–75.

⑤ 曹红军，赵剑波，王以华 . 动态能力的维度：基于中国企业的实证研究 [J]. 科学学研究，2009, 27(1): 36–44.

⑥ 聂峰英 . 基于知识管理过程的图书馆动态能力模型构建 [J]. 图书情报导刊，2018, 3(10): 53–58.

建立和重构其内外资源和技能，迅速形成新的竞争优势。C. Wang 和 P. Ahmed[①] 认为，动态能力产生的结果是“能力的发展”，可形成新的、与环境适应的组织二期能力。

动态能力是一个抽象的概念，在其概念解析中，围绕“动态”二字产生了 3 组关键词，即“变化”、“整合、建立、重构”和“竞争优势”。而情报也是在充满变化的复杂环境条件下，对决策者提供支持以实现在竞争中取得优势。由此可见，动态能力对情报能力的研究具有一定的启发作用。

2.2.3　生态系统理论

在生态学的理解中，系统（System）是最根本的概念，1935 年，英国生态学家坦斯利[②]（A. Tansley）首次提出了生态系统的概念，并将其视为地球表面上自然界的基本单位。美国学者 M. Bookchin[③] 借鉴生态学中从简单性到复杂性的辩证发展，提出社会生态学一词。生态学与信息科学有着密切的联系，在此基础上形成了“信息生态学”研究体系。靖继鹏、张向先和王晰巍[④]在《信息生态学的研究进展》一文中指出，信息生态学“是一门运用生态学的理论和方法研究信息生态系统的构成、特征、运行机制和发展规律的学科。通过分析研究信息生态系统中的信息人、信息与信息环境之间的各种关系，以实现信息生态系统的平衡和健康发展”。关于信息生态系统，学界的观点尚未统一，娄策群[⑤]以“信息生态系统理论及其应用研究”为题获批国家社科基金项目，将信息生态系统理解为由多个信息要素相互联系、相互作用构成的有机整体，是社会生态系统的重要组成部分，具有信息流转、信息共享等社会功能。信息生态

---

① WANG C, AHMED P. Dynamic capabilities: a review and research agenda[J]. International journal of management reviews, 2007, 9(1): 31–51.

② TANSLEY A. The use and abuse of vegetational concepts and terms[J]. Ecology, 1935, 16(3): 284–307.

③ BOOKCHIN M. Social ecology versus deep ecology[J]. Socialist review, 1988, 88(3): 11–29.

④ 靖继鹏，张向先，王晰巍 . 信息生态学的研究进展 [M]// 情报学进展（第十一卷）. 北京：国防工业出版社，2016: 1–26.

⑤ 娄策群 . 信息生态系统理论及其应用研究 [M]. 北京：中国社会科学出版社，2014: 34–38.

只是一个比喻式的概念①，意在利用“生态”这一比喻培育新的思想和理论，它是指由一个特定区域环境中的人、时间、价值和技术所组成的一个系统，是整体系统中的知识存在②。

生态观念常用于应对复杂巨系统问题，自组织、自适应等生态发展特征行为在本研究语境里，则是依靠体系能力来实现。运用生态理念来探讨情报治理和情报能力，存在 4 种关系意识，即存在与生长、多样与进化、生存与贡献、共享与共赢，反映了要素、发展、关联等系统分析的关切点，顾及意识主体的辩证互动要求，诠释出现代情报工作的模式，奠定了情报治理生态观的认识基础。可对这 4 种关系意识做如下解读。①存在与生长。“存在”意指情报治理的对象和方法制度要素，这些要素既可以被概略表述为情报对象、情报过程、情报方法、情报机构、情报人员、情报教育和情报制度等，也可以被继续细化分解。“存在”意识在情报治理中的体现就是要全面考察相关的对象和要素。情报治理生态观中的“生长”指的是情报治理重视动态变化。动态扫描、前瞻预警是情报工作常态，情报任务对象、情报工作环境和情报资源条件等处在变化之中，是否研究及能否适应这些变化可以作为情报治理中考察情报工作体系生长状况的评估依据。②多样与进化。“多样性”是健康生态系统的一个重要特征。多样性的物种相互依存，相互影响，维系着自然界的生态平衡，保证了生态系统的健康发展。“兼听则明”则从情报研究的核心——决策分析的机制上对信息分析环境的多样性做出肯定。“进化”是生态系统的正常属性，生物进化的缘由。既可通过“优胜劣汰、物竞天择”进行宏观概括，又可以利用基因工程进行微观解析。在创新驱动战略的情报保障视野中，思想文化里的基因成分——“模因”（Meme）处在以态势感知、信息报导、信息构建、决策支持和决策代理为标志的情报分析 5 个级别③中至为关键的第三级上，既是信息构建的产品，也是情报产品靓丽生命的绽放形式。③生存与贡献。“生存”是指情报机构、

① 张福学 . 信息生态学的初步研究 [J]. 情报科学 , 2002, (1): 31–34.

② 朱永海 . 信息系统演进述评及其发展趋势：兼论信息生态论的内涵演变 [J]. 情报理论与实践 , 2008(4): 631–636.

③ 杜元清 . 情报分析的五个级别及其应用意义 [J]. 情报理论与实践 , 2014, 37(12): 20–22.

情报业务和情报事业进步发展的可持续。在决策情报保障过程中，情报成果难以运用普通的经济分析手段进行投入产出定量评估，决定着情报机构或团队未来发展前景的体制规划和财政预算等与领导者对于相关机构或团队履行情报职能情况的主观感受及预期有直接关系，可持续发展所需的条件有着较大的不确定性。“生存”意识是管理者要保证情报事业发展所需的物质条件和精神条件，争取营造能够与情报重要性相当的可持续发展环境。“贡献”是指情报机构和情报人员无论在何种环境条件下均应保证情报产品可靠稳定的供给。情报工作对智力密集和长期系统积蓄有较高的要求，耐心细致的工作作风是情报成果智慧体现的必要条件。“贡献”意识在情报治理中的体现则是情报机构和情报人员坚守理想信念，不受或少受环境变化的消极影响，冷静做好前瞻预警工作。④共享与共赢。“共享”是情报协同的基本手段，情报机构基于情报业务的合作往往从数据、信息或情报共享开始。合作是现代情报治理中的经常性议题，“共享”则是信息交流所采用的一个主要形式。“共享”意识在应对情报资源的海量、多源和专业性问题上是必不可少的。“共赢”是情报合作能够良性发展的基本保证，唯有在“共赢”的认知基础上，参与情报业务的各有关方才会有意愿进行交流与合作，才会更多地将治理分析视角置于超出自身领域界限的战略大格局中，在国家情报治理的生态建设中形成砥砺奋进的合力。

2.3　情报能力体系观的主要内容

审视情报能力体系观的含义可以借鉴情报分析常用的关联关系探索方法，树立重要特殊关系意识。在本研究中，运用体系观解读情报能力，主要包含对 4 种关系意识的理解，分别是个体与体系的关系、结构与功能的关系、静态与动态的关系、生长与环境的关系，分别对应前文中的理论基础（图 2.1）。其中，个体与体系的关系是体系观中最基本的关系，也是其他 3 种关系的解读基础。

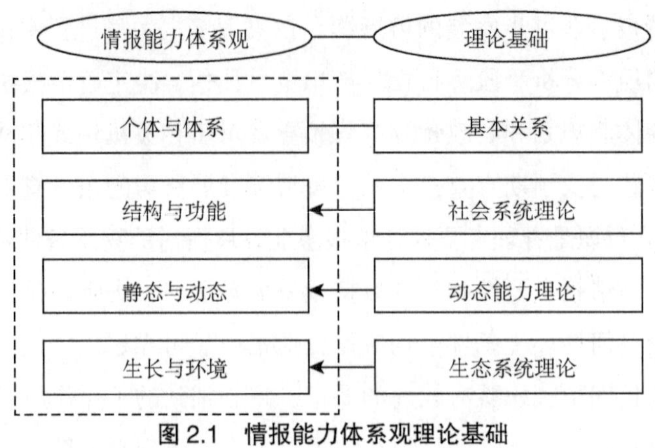

图 2.1　情报能力体系观理论基础

2.3.1　个体与体系把握

情报能力体系观，从字面上看，包含了两种对“个体”与“体系”关系的理解：①“情报能力个体”和“情报能力体系”，以“情报能力”为主语，前者指能力的某个方面，后者指能力的全部方面；②“情报个体能力”和“情报体系能力”，以情报组织机构为主语，前者指个体情报机构所具有的能力，后者指情报机构体系（整体）所具有的能力。在本研究的语境下，希望实现让情报机构体系拥有完备情报能力这一目标，因而，“情报能力体系”和“情报体系能力”具有同一性，形成了“双重个体，完备体系”的特殊关系意识。

个体与体系的关系在情报体系构建中多次被谈及，用来解读情报组织机构布局，通常将情报体系理解为若干个体情报机构（实体）按照某种机制构成的整体。本研究在前人对情报体系解读的基础上，加入了对情报能力的理解。

情报能力体系观中的“个体”，包括两个方面，除了指个体情报机构外，还意指单一、分散的情报能力要素。其中，“单一”可以被理解为情报信息资源、信息技术、情报方法、情报人员等能力构成中的某一项，或在此基础上细化分解的某一项，或完成特定情报任务所需情报能力的某一个方面。“分散”是指这些情报能力要素分布的不平衡，主要表现在两个方面：第一，情报组织机构未能建设全面的情报能力，在某项或某几项情报能力要素方面独具优势或显露劣势，例如，情报机构 A 很早就建立了全面的信息收集机制，但情报分析人员明显不足；第二，完成复杂任务所需的情报能力要素被分散在不同的情报机构之中，个体情报机构能力缺失或能力不足。

情报能力体系观中的“个体”和“体系”之间形成了“双重个体，完备体系”的特殊关系意识，情报能力要素的培养和调配往往需要借助于情报组织机构的协调而实现，具有不可分割的联系，即“双重个体”之间的互动，而这种互动是为了最终“完备体系”的实现，即情报体系拥有完备的情报能力，以情报体系能力应对体系问题。

2.3.2　结构与功能关系把握

情报能力体系观中的结构与功能关系把握，是依据社会系统理论（见第 2.2.1 小节）对情报“双重个体”组配机制和情报体系目标实现关系的解读，是情报体系能力的运用方式和价值体现。

根据卢曼的观点，系统是因为其功能而存在的，系统的运作取决于其内在基本功能的相互参照。情报能力体系观中的“结构”指的是情报“双重个体”组配方式，即哪些情报机构提供或培养哪方面的情报能力。情报能力体系观中的“功能”指的是整个系统要实现的目标。情报能力体系观中的结构与功能关系意识，从情报任务的角度，是将整个情报体系所要实现的复杂综合性任务目标分解为若干个子目标，再根据完成这些子目标所需的情报能力和个体情报机构所具备的情报能力进行匹配以形成基于任务的体系结构，实现情报体系的功能。从能力建设的角度，体系能力建设的目标是通过个体能力培育和个体情报机构特色相结合来实现的，个体能力要素的培育规划和配置是以通过最小成本获得体系能力最大化为目标，避免盲目投入和“一刀切”式的个体能力建设。

2.3.3　静态与动态关系把握

情报能力体系观中的静态与动态关系把握，主要依据动态能力理论（见第 2.2.2 小节）对情报体系能力的形成和特点进行解读，是情报体系能力的建设依据。情报体系能力具有动态性，体现在是对个体情报能力进行整合、重构和建立之后形成的高层次能力。

情报能力体系观中的“静态”是针对“个体”而言的，情报机构的原所属部门、单位不变，为其所在单位服务的目标不变，日常运作和业务流程继续保持，个体情报能力在所在系统中的功能和建设继续保持。情报能力体系观中的“动态”是在“体系”之中的。①“个体”在“体系”中的视角相对原有状态是变化切换的，个体情报机构在发挥能力的同时，必须站在整个体系的角度来看待问题，需要有大局意识和系统的眼光。以对信息资料的分析简单举例，同样的信息资料，不同单位的情报部门对其进行分析，得到的可能是不同的结果，科技部门下辖情报机构可能关注前沿技术突破，商务部门下辖情报机构可能关注经济发展态势，安全情报部门可能关注安全隐患等，但在科技情报体系的视角下，商务部门下辖情报机构可能需要提供技术的经济价值，安全情报部门可能需要论证技术的安全风险，这都是为了支持国家科技决策。②“个体”在“体系”中的活动和定位是动态变化的，面对每一次的情报体系任务，个体情报机构所承担的任务或者扮演的角色可能是不同的，没有强制固定的搭配，也没有非谁不可的设定，而是根据情境尽可能寻求最佳的组配，情报机构之间形成能力互补，这样既避免了对单个情报机构的过多压力，也增加了整个体系的灵活性和动态性，降低整个体系的风险，有利于突发事件应急。

2.3.4 生长与环境关系把握

情报能力体系观中的生长与环境关系把握，主要依据生态系统理论（见第 2.2.3 小节）对情报体系能力生长潜力与内外部环境之间的关系进行解读，是情报体系能力的可持续发展方向。

情报能力体系观中的“生长”是对情报体系能力自我组织适应和进化的概括，是用生态和发展的观点看待情报体系能力。这里的“生长”既包含每个个体情报组织机构在业务水平、情报能力方面的学习与进步，也包含在体系内部“环境”的影响下，体系内情报组织机构间的相互依存、相互影响关系的健康与平衡，以及面对体系外部“环境”中不断变化的任务对象、资源条件和工作环境所变现出来的适应调整能力。情报体系能力的“生长”是否能适应不断变化的“环境”，成为情报体系能力的考评因素，这种评估是对体系“生长”所表现出的可持续发展潜力的考虑，是绩效考评、产品评估之外的能力考评思路。

2.4　情报能力体系观的存在意义

（1）运用体系观解读情报能力是国家竞争和情报对抗的要求

从国际视野来看，国家竞争的实质是以经济和科技实力为基础的综合国力的较量，现代强国无一不是创新强国、科技强国，国家竞争也早已不是单一要素的比拼。在《国家创新驱动发展战略纲要》[①] 中指出建设国家创新体系，“要建设各类创新主体协同互动和创新要素顺畅流动、高效配置的生态系统，形成创新驱动发展的实践载体、制度安排和环境保障。”

以现代信息化战争为例，随着科技的进步，战争已不同于以往，各兵种各武器之间配合作战，美国最早提出的“网络中心战”思想体现出信息化时代的战争形势，也是“体系作战”的最初版本。这种体系作战即体系与体系之间的对抗，把诸多作战单元、各种作战要素有效集成、整合在一起形成一种新的作战样式，单一武器单个力量的“单打独斗”模式已经失去意义，在拥有完备体系的对手面前，没有体系的支持便显得不堪一击。

在国家层面，情报部门活动的总和遵循国家间冲突伴生规律，与国家安全和国家战略构成周期性互动关系，与国家制度变迁保持一致性，体现出强烈的社会属性和国家属性[②]。美国国防部（DOD）2004[③] 年将“System(s) of Systems”的概念引入其国防系统工程的建设中。“System(s) of Systems”，简称 SoS，是任务导向或专用的系统集合，即将各个组成系统的资源和能力集中在一起，以创建一个新的、更复杂的系统 SoS，SoS 提供的功能和性能比各组成系统的简

① 国家创新驱动发展战略纲要 [EB/OL]. (2016-05-20) [2018-10-21]. http: //www.scio.gov.cn/xwfbh/xwbfbh/wqfbh/33978/34585/xgzc34591/Document/1478339/1478339.htm.

② 赵冰峰 . 我国情报事业面临的环境变革、战略转型与方法论革命 [J]. 情报杂志 , 2016, 35(12): 1-5.

③ Office of the under secretary of defense for acquisition, technology and logistics. memorandum on policy for systems engineering in DoD[R]. Washington D. C.: Pentagon, 2004.

单综合更多①。换句话说，SoS 指由多个组成系统构成的集合，其中每个组成系统都能够独立运行，可以通过交互操作实现额外所需的功能。DOD 将其定义为将独立的有用的多个组成系统整合成一个更大的系统并产生独特能力的系统集合或布局，并建设了虚拟式、协作式、指导式等多种 SoS 形式②。SoS 各组成系统具有操作独立性、管理独立性、发展演化性、地理位置分散且可应对紧急行为③，以协调（非永久）的方式集成系统，从而实现特定目标④。在本研究中，情报体系能力就是这样一个系统能力的集合，对国家安全、国家竞争和体系对抗有着重要的意义。

（2）运用体系观解读情报能力是科技和社会环境发展变化的要求

国家科技情报体系能力具有系统性、功能性和动态性的特征，是应对科技和社会发展环境复杂性、多样性和动态性的必然要求。

国家科技情报体系能力的系统性是对环境复杂性的应对。科技情报体系是为体系外部决策者服务的，外部环境和政策因素对其施加了非常大的影响。根据卢曼的社会系统理论，科技情报体系能力是面对环境复杂性的有利选择，主要表现在，体系能力不再局限于情报体系内行为者的任何一种单一情报能力，可以通过对复杂问题的分析分解，更为紧密地协调组合内部实体的力量进行应对。

国家科技情报体系能力的功能性是对环境多样性的应对。大数据环境带来了人类思维方式的变革，对大数据特性的描述也逐渐扩展为“6V+1C”，其中就包括了“多样性”这一特征，从侧面反映出科技发展环境的多样性特点。当

① SOUSA-POZA A, KOVACIC S, KEATING C. System of systems engineering: an emerging multidiscipline[J]. International journal of system of systems engineering, 2008, 1(1-2): 1-17.

② Systems engineering guide for systems of systems (version 1.0) [EB/OL]. (2008-08-01) [2018-11-11]. https: //www.acq.osd.mil/se/initiatives/init_sos-se.html.

③ MAIER M. Architecting principles for systems-of-systems[J]. Systems engineering: the journal of the international council on systems engineering, 1998, 1(4): 267-284.

④ SO/IEC/IEEE 15288(2015): systems and software engineering — system life cycle processes[EB/OL]. [2018-11-11]. https: //www.iso.org/standard/63711.html.

然，多样性是社会的本质特性，整个社会就是由不同价值取向、不同利益追求、不同存在和生活方式的个人及组织构成的相互联系、相互作用的系统。多样性的科技和社会发展环境自然会催生多样性的任务和需求。国家科技情报体系能力的功能性是建立在多个实体的特性和力量之上的，这种多元组合与协调保证其面对多样性环境时的功能实现。

国家科技情报体系能力的动态性是对环境动态性的应对。动态性是相对于科技情报组织机构在其原有结构中相对稳定的定位和功能而言的。科技和社会环境发展是一种动态变化的过程，国家科技情报能力不是一种固定的能力，而是一种更高层次、更具有抽象性的情报能力，随着灵活的实体能力组合协调机制快速匹配动态环境需求，并且在应对中实现体系自身能力的再生产和更新。

2.5　本章小结

国家情报具有超部门性、跨领域性、体系化和为国家服务的特征，国家科技情报需求正经历着三大转变：第一，从科技情报需求向科技创新需求转变。第二，从具体科技管理到宏观科技战略需求转变。第三，从任务响应到前瞻预警需求转变。国家科技情报治理是国家情报治理的子集，是实施国家情报治理的过程中对科技情报相关的组织、人员和信息资源进行管控的措施和制度的总称。国家科技情报治理着眼于保证和完善国家科技情报事业的健康发展，是国家科技创新发展的重要保障条件。国家科技情报需求转变和国家科技情报治理构成了情报能力体系观的践行背景。

情报能力体系观是在社会系统理论、动态能力理论和生态系统理论基础上提出的。审视情报能力体系观的含义可以借鉴情报分析常用的关联关系探索方法，树立重要特殊关系意识。在本研究中，运用体系观解读情报能力，主要包含对 4 种关系的理解，分别是：个体与体系的关系，结构与功能的关系，静态与动态的关系，生长与环境的关系。运用体系观解读情报能力是国家竞争和情报对抗的要求，是科技和社会环境发展变化的要求。

第3章

国家科技情报体系能力的静态构成

国家科技情报体系能力围绕科技情报而形成，涉及国家、情报组织机构和情报工作3个方面，分别对应着体系能力的目标（治理手段）、情报能力支撑要素和体系能力的运作表现。根据本研究中的情报能力体系观，情报组织机构与情报能力支撑要素即“个体与体系关系意识”中的“双重个体”，鉴于情报能力要素的培养和调配往往需要借助于情报组织机构实现，可将不同类型的情报组织机构视为情报体系能力的来源要素。综上所述，本章结合“静态与动态关系意识”，探讨国家科技情报体系能力“双重个体”静态构成。

3.1 情报能力常规构成

在前人已有研究的基础上，本研究将情报能力从两个层面进行总结，即情报信息工作能力（基于情报工作流程）和情报人员能力（图3.1）。其中，情报信息工作能力包括情报需求识别能力、情报任务规划能力、情报信息获取能力、情报信息处理能力、情报信息分析能力和情报产品递送能力；情报人员能力包括情报人员特质能力、情报人员交互能力、情报人员知识能力和情报人员技术能力。这些都是常规认识下情报能力的构成方面，在本研究的语境下又称为情报能力的常规构成，以便和情报体系能力构成进行区分。

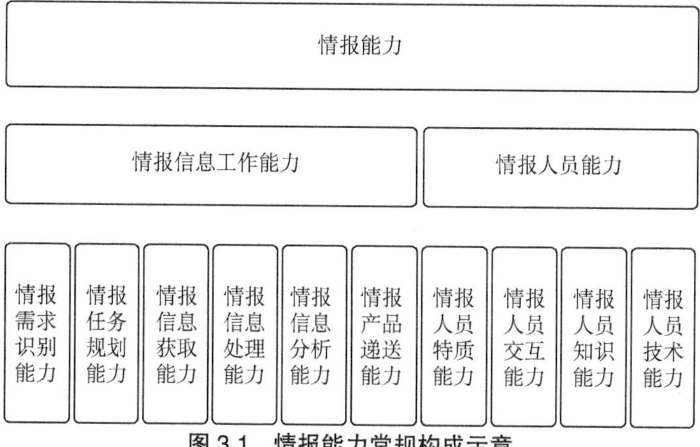

图 3.1　情报能力常规构成示意

3.2　科技情报体系能力支撑要素

情报能力的名称和情报能力的组合方式在不同情境下可能会发生变化，但无论是常规能力还是体系能力，情报能力支撑要素是相对稳定的，没有这些要素的静态构成，科技情报体系能力的探讨和建设便成了空中楼阁。本研究结合科技情报已有研究发现和实践举措，将科技情报体系能力支撑要素归纳为科技信息资源、情报技术手段、专业情报人才和情报工作规范 4 个方面。

3.2.1　科技信息资源

科技信息资源是科技情报体系能力的基础支撑条件，没有充足的科技信息资源，科技情报体系能力则无从谈起。美国最新发布的《国家情报战略 2019》① 中将信息共享和保护视为情报事业的目标之一，认为“任务成功取决于合适的人员在合适的时间获得正确的信息……通过适宜的数据格式和元数据来组织标识信息以提高信息的质量和可用性，有助于向以信息为中心的情报流程（Information-Centered Intelligence Processes）转变”。科技信息资源是各国发

① National intelligence strategy 2019 of the United State of American[EB/OL]. [2019-03-31]. https: //www.dni.gov/files/ODNI/documents/National_Intelligence_Strategy_2019.pdf.

展实践和学术研究关注的重要问题，科技信息资源作为记录科技活动和科学知识的载体，是支撑科技创新和科技进步的重要基础，也是科技情报能力的重要支撑。大数据时代，数据的影响渗透社会发展的方方面面，特别是科学数据，它是国家科技创新发展和经济社会发展的重要基础性战略资源。随着开放运动（OA）的出现，开放数据、开放资源、开源数据等改变着传统科技情报信息资源组织积累的模式。

3.2.1.1 战略目标定位

了解世界上诸多国家和组织有关开放科学数据活动的战略举措，有助于对科学数据共享的目标定位做出诠释。数据共享是经济与社会创新发展的要求条件，也是信息技术应用的必然产物，科学数据是政府主导数据共享的重要内容。

早在 20 世纪 90 年代初，“完全与开放”的数据共享政策便成为美国政府的一项基本国策，旨在通过数据的流动和应用来激励经济的发展，从而保证其在信息时代科技和综合国力的领先。奥巴马政府曾推出“大数据研究与开发计划”，指出要充分利用大数据技术，并将科学研究、环境保护、生物医药研究、教育及国家安全等领域划定为重点突破的对象①。2009 年 12 月，奥巴马政府科学技术政策办公室（OSTP）启动 Public Access Policy Forum② 以探讨关于改善对联邦资助研究成果的公共获取，随后又对公共资助的研究成果（如学术期刊文章中的研究成果）获取问题征集公众的意见，重点关注于 3 个领域：实施问题、特点和技术（如数据格式、检索技术等）、管理问题。2013 年 2 月，奥巴马政府 OSTP 主任 J. Holdren 提交名为《增加联邦资助科学研究成果获取》③④ 的政策

---

① Big data initiative—white house[EB/OL]. [2018-08-10]. http: //www.whitehouse.gov/sites/default/files/microsites/ostp/big_data_press_release_final_2.pdf.

② OSTP public access policy forum[EB/OL]. [2018-10-21]. https: //obamawhitehouse.archives.gov/administration/eop/ostp/library/publicaccesspolicy.

③ Increasing access to the results of federally funded scientific research[EB/OL]. [2018-09-24]. http: //www.whitehouse.gov/sites/default/files/microsites/ostp/ostp_public_access_memo_2013.pdf.

④ Update on increasing access to the results of federally funded scientific research[EB/OL]. (2016-09-27) [2018-10-21]. https: //www.arl.org/storage/documents/mm16fall APPC-Sheehan-Final.pdf.

备忘录（2016 年更新），主张公民应该轻松获得由他们纳税支付的科学研究成果。该备忘录的内容包括：政策原则（联邦资助科学研究的直接成果可用于公众、工业和科学领域，成果包括同行评审的出版物和数字数据）；机构公共获取计划（Agency Public Access Plan）；科学出版物公共获取的目标；科学数据（数字形式）公共获取的目标；Public Access Plan 实施；一般规定。

各个联邦机构分别依照该备忘录制定了本机构的公共获取计划（详见附录 A《美国公共获取计划进展概览》）。以美国国家航空航天局科学技术信息项目（NASA Scientific and Technical Information Program，NASA-STI①）为例，该计划帮助 NASA 通过信息分享避免重复研究，对 NASA 的任务和研究目标提供支持，确保美国在航空航天相关行业和教育领域保持领先地位与竞争优势。NASA-STI 将 STI 的范围设定为包含并传递基础 / 应用科学、技术及相关工程研发结果（数据分析、事实、所得结论）的论文、摘要、期刊论文、演示文稿等，在全球范围内收购对于 NASA 和美国至关重要的科技信息，并完成对 NASA 科技信息相关内容的收购、处理、存档、发布和传播。

欧盟科学数据高级专家组于 2010 年 10 月向欧盟委员会提交了一份报告，讨论如何使欧洲受益于不断增长的科学数据。报告指出，到 2030 年，科学数据信息化基础设施应支持对数据的无缝访问、利用、再利用和信任，并提出了实现该发展愿景的六大行动计划，包括建立“合作数据基础设施”的国际框架、利用新方法来测量数据价值等②。欧盟于 2012 年发布了《全球科研数据基础设施：大数据的挑战》，指出下一代全球科研数据基础设施将面临两个主要挑战：一是有效并高效地支持数据密集型的科学研究；二是有效并高效地支持多学科 / 跨学科的科学研究。报告针对全球科研数据基础设施愿景提出了 11 条建议，例如：未来科研数据基础设施必须使科学生态

① NASA scientific and technical information program[EB/OL]. [2018-10-21]. https://www.sti.nasa.gov.

② Riding the Wave. How Europe can gain from the rising tide of scientific data[EB/OL]. [2018-11-23]. https: //www.fosteropenscience.eu/content/riding-wave-how-europe-can-gain-rising-tide-scientific-data.

系统成为可能；在设计全球科研数据基础设施时，应该适当考虑科学组织的各个组成方面及可能面临的冲突和紧张关系；必须培养新的专业人才等①。2013 年 6 月，欧盟颁布了对 2003 年版《公共部门信息再利用》指令的修订文件（DIRECTIVE2013/37/EU），要求公共部门提供透明、公平的信息再利用服务，扩大立法适用范围，使其延展至图书馆、博物馆和档案馆。此外，欧盟地平线 2020 计划（Horizon 2020）工作组所发布的 2016—2017 工作计划，把开放获取的领域扩展到对研究数据的开放，并详细规定了研究数据共享的条件②。

英国内阁办公室 2013 年 10 月颁布《国家信息基础设施（第一次迭代）》③，明确提出要建设英国国家信息基础设施，目标是建立一个重点明确、动态更新的数据清单，并配套设置与该清单相关的数据识别程序、动态维护更新机制、质量标准等，要求政府各部门明确数据开放的重点④。与 20 世纪 90 年代美国 NⅡ计划主要关注互联网、云计算等硬件设施不同，英国 NⅡ计划的核心内容聚焦于数据基础设施。2015 年 3 月，颁布《国家信息基础设施实施文件》⑤，明确 NⅡ是政府持有的、最具战略重要性的数据管理框架，并提出安全、以用户为中心、妥善治理、可靠性、可维持性、灵活性、连接性和可用性，共 7 个原则。

日本安倍内阁于 2013 年 6 月正式公布了“创建最尖端 IT 国家宣言”的新 IT 国家战略，强调在 2013—2020 年期间，以发展开放公共数据和大数据为核心。2016 年 5 月，日本内阁会议通过了《科学技术创新综合战略 2016》，提出

① GRDI 2020-a vision for global research data infrastructures[EB/OL]. [2018-11-29]. http: //www.grdi2020.eu/Repository/FileScaricati/e2b03611-e58f-4242-946a-5b21f17d2947.pdf.

② Work programme 2016-2017: horizon 2020[EB/OL]. [2018-11-13]. http: //ec.europa.eu/research/participants/data/ref/h2020/wp/2016-2017/main/h2020-wp1617-intro_en.pdf.

③ National information infrastructure: first iteration[EB/OL]. [2018-11-13]. https: //www.gov.uk/government/publications/national-information-infrastructure/national-information-infrastructure.

④ 李重照，黄璜 . 英国政府数据治理的政策与治理结构 [J]. 电子政务，2019(1): 20-31.

⑤ The National Information Infrastructure (NII) implementation document[EB/OL]. (2015-03-25) [2018-12-02]. https: //assets.publishing.service.gov.uk/government/uploads/system/uploads/attachment_data/file/416472/National_Infrastructure_Implementation.pdf.

在 2020 年之前，将充分利用大数据来促进新产业的发展，将分散在政府、企业、个人中的信息以共享的形式汇总起来，建设产业界、政府和科研机构都可以利用的数据库①。

3.2.1.2　开放数据质量标准

数据质量是科学数据开放共享的基本前提，科技信息资源共享必须解决信息质量最优化、共享程度最高效等实质问题，才能实现共享信息的价值②。为保证数据质量及数据共享的实质性效果，对数据质量实施前端控制及整个生命周期的控制是国外政策的基本思路③。以 OECD（经济合作与发展组织）制定的《公共资助研究数据获取的原则与指南》④为例，OECD 要求：数据质量标准应咨询科研人员明确建立；获取或复制的数据集应与原始数据建立链接，以便对数据集的有效性和误差进行鉴定；改善数据利用和引用实践。

数据质量的控制通常是与数据标准相联系的，包括元数据标准、数据技术标准和数据管理标准。例如，我国的基础科学数据共享服务平台建设分为数据服务层、数据网络层和数据发布层，每层都设有相应的标准规范。数据服务层，包括服务指导规范、网站建设规范；数据网络层，包括主题库建设指导规范、专题库建设指导规范、元数据规范系列、接口规范系列；数据发布层，包括资源加工指导规范、建库技术指导规范和质量规范系列。英国《国家基础设施实施文件》中提出，设置专门的委员会对数据进行管控，并有以下规定：公开记录当前数据结构、最终数据结构，告知用户数据结构和记录的更改，以开放的

① 张昊元．日本公布科技战略草案集中建设可共享型数据库 [EB/OL].[2018-11-23].http: //world.huanqiu.com/exclusive/201604/8809375.html.

② 宋立荣，李思经，赵伟．我国科技信息资源共享中信息质量管理机制探讨 [J]. 科技管理研究，2011, 31(10): 174-179,196.

③ 温芳芳．国外科学数据开放共享政策研究 [J]. 图书馆学研究，2017(9): 91-101.

④ OECD principles and guidelines for access to research data from public funding[EB/OL].[2018-11-24].http: //www.oecd.org/sti/sci-tech/38500813.pdf.

格式发布，所有 NⅡ开放数据必须同时包含元数据和数据 API 等 ①。

3.2.1.3 科学数据采集方式

科学数据采集方式主要包括两个方面：第一，政府采集科学数据以建立开放数据平台；第二，科研人员自主将科学数据加入开放数据中。在美国 DATA.GOV 的建设中，联邦政府依照 2013 年开放数据政策，在保证数据隐私和安全的前提下进行数据采集，该平台不直接托管数据，而是在集中的位置聚合有关开放数据资源的元数据，当某开放数据资源满足所需的格式和元数据要求时，DATA.GOV 团队就可以直接从它的收集源获取，每隔 24 小时就在 DATA.GOV 平台上同步该数据源的元数据，针对开放数据的联邦政府数据、联邦地理数据和非联邦数据在具体要求上有所不同 ②。当然，科研团队也可以与 DATA.GOV 团队直接沟通协商。

3.2.1.4 科学数据开放平台

科学数据开放共享离不开网络平台建设和系统建设，包括用户咨询服务系统、科学数据搜索引擎、资源与服务注册系统、数据服务监控统计、数据管理与发布等一系列工具。美国的科学数据开放平台有 3 种类型，即联邦政府开放数据平台、政府各机构开放数据平台和专门的科学数据开放平台。在 OSTP 政策备忘录发布的同年 5 月，总统行政办公室和行政管理预算办公室（OMB）发布了主题为《开放数据政策——将信息变成一种资产》的备忘录 ③，美国的开放数据平台 DATA.GOV④（图 3.2）就是根据该备忘录的条款建立起来的。该平台诞生于 2009 年，截至 2017 年 6 月，该数据平台大约收集了 238 601 个数据集合，而这一数据在 2021 年 8 月被更新为 310 578 个。

---

① The national information infrastructure (NⅡ) implementation document[EB/OL]. (2015-03-25) [2018-12-02]. https: //assets.publishing.service.gov.uk/government/uploads/system/uploads/attachment_data/file/416472/National_Infrastructure_Implementation.pdf.

② How to get your open data on data.gov[EB/OL]. [2018-10-10]. https: //digital.gov/resources/how-to-get-your-open-data-on-data-gov/#federal-data-with-project-open-data.

③ Open data policy—managing information as an Asset[EB/OL]. [2018-10-10]. http: //www.nsf.gov/attachments/128229/public/OMBMemoOpenDataPolicy.pdf.

④ 美国政府开放数据平台 DATA. GOV[EB/OL]. [2021-08-01]. https: //www.data.gov.

图 3.2　美国开放数据平台（政府）——DATA.GOV

Science.gov① 是通往美国政府科学信息的门户，诞生于 2002 年，是美国科学机构开创性的一项倡议，旨在改善公共基础设施并获取国家的科研信息。该门户网站提供免费获取研究和开发（R&D）结果及来自 13 个联邦机构的科学组织的科学和技术信息。该门户不断更新，随着 2013 年备忘录的提出被纳入美国 Public Access 计划中，成为该计划实施重要的组成部分。Science.gov（图 3.3）使用户能够以多种格式搜索 60 多个数据库，2200 多个网站和 2 亿多页权威联邦科学信息，包括全文文档、引文，支持联邦资助研究的科学数据和多媒体。作为未来发现的基础，Science.gov 致力于提高技术和科学素养，并促进对美国政府科学和技术工作中公共投资结果的更多了解、获取和使用。

图 3.3　美国开放数据平台（科学数据）——Science.gov

① Science.gov—implementation of public access programs in Federal Agencies[EB/OL].[2018-12-03].https: //www.science.gov/publicAccess.html.

在国家一系列开放数据和科学数据共享战略下，美国各联邦机构积极响应，建设各个机构的科技信息开放门户和平台（详见附录 B《美国联邦机构科技信息开放门户 / 平台汇总表》）。以 NASA 为例，NASA-STI 将收集到的科技信息进行组织，建立 NASA 技术报告服务平台（NASA Technical Reports Server，NTRS）[①]（图 3.4）。该平台包含大量著录信息和越来越多的全文文献，并提供公共查询接口（政府人员等 NTRS 注册用户和普通大众拥有不同的访问权限）。

图 3.4　美国开放数据平台（联邦部门）——NASA 技术报告服务平台

3.2.2　情报技术手段

如今，对开源情报技术手段的探索和掌握是科技情报能力支撑的重要内容。开源信息（Open Source Information，OSI）的价值早已得到情报业内的认可，但是随着信息技术的发展，社交媒体和大数据分析彻底改变了开源情报的含义（Open Source Intelligence，OSINT），如何革新情报技术手段以处理这些信息并发现其中的情报价值，成为情报能力的重要探索方向。2011 年，在美国国家情报总监办公室所发布的文件中，OSINT 被定义为“收集利用公开信息生成情报产品，及时递送给提出特定情报需求的用户[②]”。2011 年，美国 DARPA 启动

① NASA technical reports server[EB/OL]. [2018-10-21]. https: //ntrs.nasa.gov/search.jsp.

② U.S. National intelligence: an overview 2011[EB/OL]. [2018-11-25]. https: //www.hsdl.org/?abstract&did=697740.

社交媒体战略传播计划（Social Media in Strategic Communication，SMISC）[①]，认为博客、社交网站和媒体共享技术的普及带来思想的快速传播，DARPA 启动 SMISC 以了解社交网络如何影响当地事件，帮助识别错误信息或欺骗活动，并用真实信息进行对抗，减少对手操纵事件的能力，并将其作为防止战略意外使命的一部分。2018 年，兰德公司（RAND）重新对开源情报进行思考，并提出关于第二代开源情报的构想，H. Williams 和 I. Blum 在报告中指出“开源数据在孤立情况下价值较低，但组合联系起来便有了情报价值；开源信息是可以通过公众人员请求、购买或观察来合法获得的”。[②]

虽然有些情报方法看似很早以前就存在，或者仍然可以采用经典情报流程对其进行划分，但在大数据、人工智能、自然语言处理、机器学习等技术的推动下，其在数量、速度、准确性等方面表现出巨大的变革。中科院文献情报中心杨宁、文奕等人，将适用于情报分析的大数据分析方法归纳为 8 种类型[③]（表 3.1），具有一定的参考价值。化柏林和李广建对智能情报分析系统中的情报分析技术进行研究，认为除了分布式云计算技术、大规模并行计算技术、高维数据关联分析技术、数据可视化展示技术、用户画像与个性化推荐技术等通用大数据技术外，要使情报系统更好地运转，还需要知识获取技术、知识表示与组织技术、自然语言处理技术、人机交互技术及新型计算技术[④]。

---

① Social media in strategic communication[EB/OL].[2018-11-25].https: //www.darpa.mil/program/social-media-in-strategic-communication.

② WILLIAMS H, BLUM I. Defining second generation open source intelligence (OSINT) for the defense enterprise[EB/OL].[2018-12-25].https: //www.rand.org/pubs/research_reports/RR1964.html.

③ 杨宁，文奕，张鑫，等．面向情报分析的普适知识计算平台研究与实现 [J]. 情报理论与实践，2019，42(4):41-44,30.

④ 化柏林，李广建．智能情报分析系统的架构设计与关键技术研究 [J]. 图书与情报，2017(6): 74-83.

表 3.1　适用于情报分析的大数据分析方法

类别	说明	相关方法（技术）
面向统计的方法	通过对某个主题或学科数据进行收集、计算、整理、统计、分析，发现历史活动规律	多维尺度统计、图论算法、主成分分析、因子分析等
面向挖掘的方法	从海量数据中提取有价值的潜在信息，找出信息间的关系等	信息提取、联机分析、关联规则、文本挖掘、图模型分析与挖掘等
面向发现的方法	从数据中鉴别推理出新颖的、有效的、有意义可理解的知识	语义分析、机器学习、深度学习、社会计算、神经网络、知识推理等
面向集成的方法	通过融合不同数据、方法、软件等异构资源，使其成为一个有机的整体	学习分析方法、多远数据融合方法、开源框架及其衍生分析方法等
面向预测的方法	基于已知历史数据，对未来发展趋势、模式或概率进行预测	时间序列分析、多元统计分析、话题演化分析等
面向可视化的方法	利用可视化技术展示数据分析结果，从形象视觉中发现规律并获得科学发现	地理空间分析、知识表示、空间树、统计分析、曲面算法等
面向移动时空的方法	从移动环境的海量时空数据中抽取知识，为基于位置的服务提供决策支持	时空聚类和关联、时空泛化、演化规则发现等
面向知识库的方法	借助已有知识库、专家库等资源，对数据进行定量定性分析，提炼出决策建议	各种实时性数据及工具、统计分析、隐性知识领域等方法

资料来源：杨宁，文奕，张鑫，等．面向情报分析的普适知识计算平台研究与实现 [J]. 情报理论与实践，2019, 42(4):41–44,30.

3.2.3　专业情报人才

专业的情报人才队伍是情报体系能力的重要保障。情报人员专业背景的多样性是适应情报任务跨领域和跨学科特色要求的反映。无论专业背景如何，对情报人员的业务素质培养主要采取两种方式：一是进行正规的情报专业教育；二是进行各种形式的情报业务培训。培养方式可以不同，但是情报人员的核心业务素质组成中都少不了情报意识、工作作风和方法技术。意识养成、作风塑造和方法习得既是情报专业教育传授的内容，也是情报专业教育研究的对象。情报专业特色教育系统所设定的目标存在两个选项：培养职业情报人或者培养情报专业人。两种目标虽然都指向对情报人的培养，但在初衷和落实上还是存在明显不同。情报人是指具有情报意识和必要信息手段，可以进入情报工作领域的人。情报意识和信息手段是情报素养的必要成分。一般说来，对于职业情报人信息搜集、分析和处理的知识学习与运用能力要求较高，情报专业人则以较高的情报素养而有别于非情报专业人士。

情报人员的核心业务能力是情报工作过程中的分析判断能力，这也是情报人员最重要的素质特征。但是，情报人员的情报敏感度、知识结构、知识状态等个体差异会导致各自生产的情报结果相异，甚至对立①。作为情报核心业务的感知实现是建立在情报感知者既有的经验和知识结构基础上的，所以情报工作对于专业人才的质量要求非常高。

3.2.4　情报工作规范

科技情报服务国家科技与社会经济建设，是一项整体性、全局性工作，情报工作规范和政策法规体系至关重要。情报政策法规明确国家情报工作的主要管理依据。例如，美国依宪治国确立了国家情报管理的根本原则，形成一套规模庞大、层次分明的国家情报管理法规体系，分权制衡确立了国家情报管理的根本方式，设立国家情报总监，奉行多元化分权领导下的中央集权②。

科技情报工作规范明确了情报组织机构的设置原则和人事管理的规则，是科技情报体系能力形成的重要依据。科技情报工作规范明确了情报工作的优先顺序、情报活动的组织流程，有利于科技情报工作运作实施。例如，美国多届国会举行过听证会，围绕不同时期科技情报重点问题进行讨论，包括联邦政府科技情报政策与组织机制、技术转移、公共访问与学术研究、科学诚信与透明

① 吴晨生，张惠娜，刘如，等．追本溯源：情报 3.0 时代对情报定义的思考 [J]. 情报学报，2017, 36(1): 1–4.

② 胡荟．美国国家情报法制管理研究 [M]. 北京：时事出版社，2017: 34–39.

度等，探讨了联邦政府科技情报的产生、收集、传播和利用等问题[①②③④]。

3.3 科技情报体系能力来源要素

情报能力支撑要素的培养和调配往往需要借助于情报组织机构实现，换句话说，不同类型的情报组织机构个体是科技情报体系能力支撑要素的来源和提供者（或称情报力量提供者）。在本研究的系统分析中，情报组织机构个体是影响科技情报体系能力来源的重要因素，因此称之为科技情报体系能力来源要素。在我国，随着计划经济转向市场经济时的科技情报机构改革，政府对科技情报机构的管理职能相对削弱[⑤]，科技情报机构呈现出多元分散的布局。例如，原有的中央部委科技情报机构有的成为非营利公益性科研机构，有的成为中介机构，有的并入企业部门或者成为科技型企业。

3.3.1 政府所属科技情报机构

政府所属的情报机构主要包括国家级情报机构和政府部门情报机构两种类型。国家级情报机构是指专门的情报机构，这些情报机构可作为一个独立的政府部门存在，为整个政府和国家提供决策服务。政府部门情报机构主要指政府部门设有情报中心或信息机构，负责部门、地方或行业性管理信息的采集、汇总、统

① From the lab bench to the marketplace: improving technology transfer[EB/OL].(2010-06-10)[2018-02-20].https: //www.gpo.gov/fdsys/pkg/CHRG-111hhrg57177/pdf/CHRG-111hhrg57177.pdf.

② Federally funded research: examining public access and scholarly publication interests[EB/OL].(2012-03-29)[2018-02-21]. https: //science.house.gov/sites/republicans.science.house.gov/files/documents/hearings/HHRG-112-SY21-TTF-FDylla-20120329.pdf.

③ The impact of international technology transfer on American Research and Development[EB/OL].(2012-12-05)[2018-02-21].https: //science.house.gov/sites/republicans.science.house.gov/files/documents/HHRG-112-SY21-20121205-SD001.pdf.

④ Scientific integrity and transparency[EB/OL].(2013-03-05)[2018-02-20].https: //science.house.gov/sites/republicans.science.house.gov/files/documents/HHRG-113-SY14-20130305-SD001.pdf.

⑤ 曾建勋 . 基于国家科技管理平台的科技情报事业发展思考 [J]. 情报学报 , 2019(3): 227-238.

计分析工作，编辑发行各种信息，承担政府网站建设和办公自动化的技术支持等工作。还有些情报机构在此基础上，对信息进行进一步的处理和预测，提供分析报告和决策支持，成为政府部门的参谋部，为政府的宏观调控起到了重要的作用。政府层面的情报机构，其资金来源主要依靠政府支持，政府或所在部门成为其主要的服务对象，其情报产品是政府决策的重要依据和保障，甚至可以转化为政府决策，往往对经济发展和社会进步产生重大影响。

具体来说，政府层面的科技情报力量可以分为 3 种类型。第一，国家科技系统中的情报力量提供者。对于该类情报组织机构来说，拟定国家科技发展战略方针、支持推动国家重大科技决策是其本职工作。以我国为例，主要指科技部的内设机构及直属科技情报相关机构（图 3.5）。

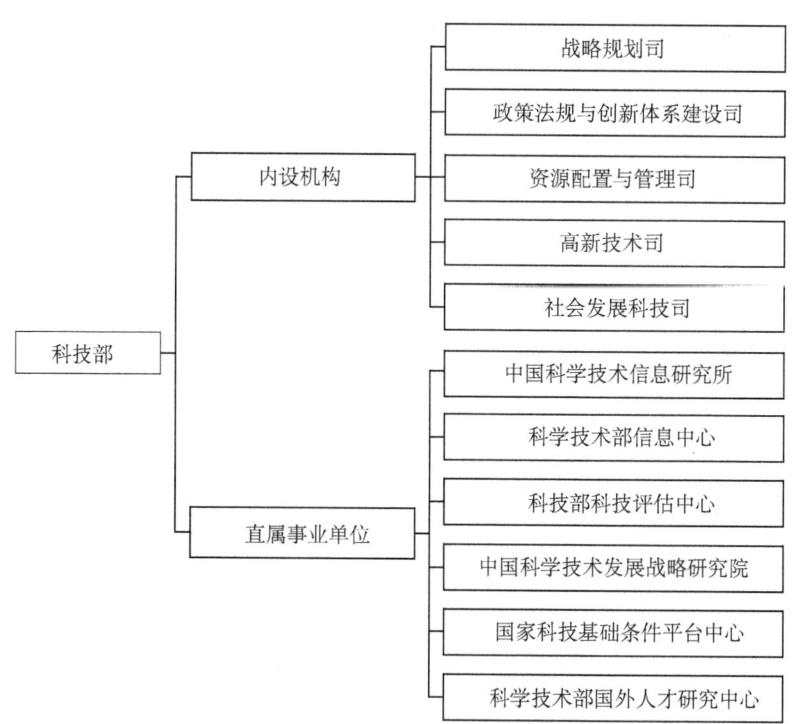

图 3.5　科技部主要科技情报力量分布

（资料整理来源：科技部官网）

第二，国家安全系统中的科技情报力量提供者。该系统往往拥有最高端的情报能力，亦是情报体系最高服务对象，利用科学技术专长来完成涉及国防、国土安全、网络安全、情报和能源安全方面的国家安全任务。在我国，主要包括国家安全机关（安全部、国防部）、公安机关、军队机关等。按照《国家安全法》规定："国家安全机关、公安机关、有关军事机关开展国家安全专门工作"。《国家情报法》规定：国家安全机关和公安机关情报机构、军队情报机构统称为国家情报工作机构，由"中央国家安全领导机构对国家情报工作实行统一领导"。

第三，国家发展系统中的科技情报力量提供者，主要指与国家发展有关的其他（非科技）职能部门所属的情报机构。党的十八大明确指出"科技创新是提高社会生产力和综合国力的战略支撑，必须摆在国家发展全局的核心位置"。科技情报与国家发展存在密切的关系，科技情报对国家发展规划有不可或缺的支撑作用，因此，国家发展系统储备着相当丰沛的科技情报力量。例如，发展改革委及其下属的国家信息中心，工业和信息化部及其管理的国家国防科技工业局，美国商务部国家技术情报服务局（NTIS）等都是重要的科技情报力量提供者。

3.3.2 企业所属科技情报机构

①科技企业情报部门。企业是最重要的科技创新主体，提高科技创新能力必须充分发挥企业的主体作用，企业创新离不开科技情报的支持。科技企业的情报部门在企业科研、技术、管理一系列的科技创新生命周期中，对市场科技需求动态、科技发展动态、企业发展动态、环境动态进行监控（图 3.6），成为重要的科技情报力量提供者。

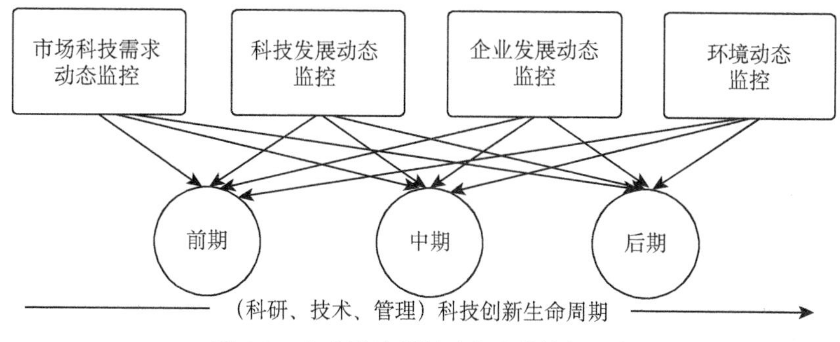

图 3.6　企业科技创新过程中的情报需求

（资料来源：中国化工信息中心《企业科技情报精准获取能力建设——竞争情报[①]》）

②商业科技情报咨询机构。这里所说的商业背景主要是指该类情报机构以营利为目的，按照某种收费标准提供情报服务，大多按照企业方式组建，实行企业管理。咨询机构研究领域较为广阔，涵盖政治、经济等领域的方方面面，提供战略、战术和技术的设计等咨询服务。咨询机构研究方法较为多样，针对具体问题组织研究群体，多采用跨学科、跨部门、跨国界合作研究。咨询机构拥有高素质的研究队伍，对从业人员要求较高，注重队伍结构优化。咨询机构的非政府背景使其往往对问题有着更为客观的感受与清醒的认识，对政策的研究更为公正和客观，可提供不同的声音和更多的智慧，帮助决策者及时做出正确判断。科技情报咨询的内容广泛，涉及科学技术的发展和现状多种课题，包括科技发展战略和科技政策决策咨询、工程项目咨询、一般的科学技术咨询、技术人员培训等。科技情报咨询具有知识密集、技术密集、高度科学性、高度综合性的特征，项目多样化，咨询机构类型多元化[②]。随着信息社会的发展，科技情报咨询机构的服务内容越来越丰富，方法越来越先进，其成果具有一定的延展性，提出一些新的战略理念、评估模型和方法工具，推动着情报事业的发展。

---

① 中国化工信息中心 . 企业科技情报精准获取能力建设——竞争情报 [EB/OL]. [2018-07-07]. https: //max.book118.com/html/2018/0825/8041112061001121.shtm.

② 柯平 . 信息咨询概论 [M]. 北京 : 科学出版社 , 2008: 244-250.

3.3.3 智库及公共情报信息机构

按照智库的主体属性、资助方式、研究领域、运行模式等，有多种分类方式。国际上，根据智库主体的属性可以分为3类[①]：第一，官方机构，隶属于政府部门或由政府任命，如美国的科学咨询委员会、日本的科学技术政策研究所等；第二，半官方机构，同政府没有隶属关系，但从政府获取项目，为政府决策服务，如美国的兰德公司、公共政策研究会、德国的马普学会等；第三，独立机构，即在组织上独立于政府或党派，包括由基金会、大企业资助的思想库和依附于大学的研究机构，如美国的布鲁金斯学会、卡内基国际和平基金会等。

在中国，对照首批国家高端智库建设试点单位，根据智库主体可将智库分为4类：第一，党中央、国务院、中央军委直属的综合性研究机构，该类智库主要服务于政府决策，依赖财政拨款，如国务院发展研究中心；第二，依托大学和科研机构形成的专业性智库，学术基础较好，如清华大学国情研究院；第三，依托中央和国有企业的行业智库，服务于所在企业或部门，专注于技术领域或推动行业发展，如中国石油经济技术研究院；第四，由社会团体组建的社会智库，为非官方智库，面向市场。

科技智库是以科技战略政策研究和科技支撑公共政策制定为主要职能的专业政策研究和咨询机构[②]。科技智库从科学技术影响和作用的角度研究事关全局的重大问题，从科技规律出发前瞻性思考世界科技发展走势，提出咨询建议，开展科学评估，进行预测预见，在国家宏观决策中发挥建设性作用[③]（表3.2、表3.3）。

---

① 王雪，褚鑫，宋瑶瑶，等．中国科技智库建设发展现状及对策建议[J]. 科技导报，2018, 36(16): 53–61.

② 万劲波．智库的基本属性与范畴界定[EB/OL]. (2015–12–11) [2018–07–09]. http: //www.qstheory.cn/science/2015–12/11/c_1117433602.htm.

③ 白春礼．发挥科研优势建设高端科技智库[EB/OL]. (2015–01–29) [2018–07–09]. http: //theory.people.com.cn/n/2015/0129/c40531–26469806.html.

表 3.2　中国科技智库排名

排名	中国科技智库名称
1	中国科学院科技战略咨询研究院
2	中国科学技术发展战略研究院
3	电子科技情报研究所
4	中国科学技术信息研究所
5	中国科学技术协会
6	中国石油经济技术研究院
7	国家智能交通系统工程技术研究中心
8	电力规划设计总院
9	中国工程科技创新战略研究院
10	中国信息通信研究院
	上海科学技术情报研究所

资料来源：上海社科院《2018 中国智库报告》[①]。

表 3.3　全球科技智库排名

排名	智库名称（英文）	简称	智库名称（中文）	国家
1	Max Planck Institutes		马克思普朗学院	德国
2	Samuel Neaman Institute for Advanced Studies in Science and Technology	SNI	塞缪尔尼曼科学技术高级研究所	以色列
3	Institute for Future Engineering（FKA Institute for Future Technology）	IFENG	未来工程研究所	日本
4	RAND Corporation		美国兰德公司	美国
5	Science and Technology Policy Institute	STEPI	韩国科技政策研究所	韩国
6	Center for Development Research	ZEF	德国发展研究中心	德国
7	Science Policy Research Unit	SPRU	科学政策研究所	英国

① 2018 中国智库报告：影响力排名与政策建议 [R/OL].(2019-03-22)[2021-05-10]. https: //ctts.sass.org.cn/2020/0701/c1987a84693/page.htm.

续表

排名	智库名称（英文）	简称	智库名称（中文）	国家
8	Lisbon Council for Economic Competitiveness and Social Renewal（Belgium）		里斯本竞技竞争和社会改革委员会	比利时
9	African Technology Policy Studies Network	ATPS	非洲技术政策研究网	肯尼亚
10	Centre for Studies in Science Policy	CSSP	印度科技政策研究中心	印度
11	Institute for Basic Research	IBR	美国基础研究所	美国
12	Centre for International Governance Innovation	CIGI	加拿大全球治理创新中心	加拿大
13	Consortium for Science, Policy, and Outcomes	CSPO	科学政策成果联合会	美国
14	Council for Scientific and Industrial Research	CSIR	南非科学和工业研究委员会	南非
15	Information and Communication Technologies for Development	ICT4D	英国信息通讯科技发展研究所	英国
16	Center for Security and Emerging Technology		美国安全与新兴技术中心	美国
17	Technology, Entertainment, Design	TED	美国 TED	美国
18	Institute for Science and International Security	ISIS	科学和国际安全研究所	美国
19	Energy and Resources Institute	TERI	能源资源研究所	印度
20	Belfer Center for Science and International Affairs		贝尔弗科学与国际事务中心	美国
21	Technology Policy Institute	TPI	美国技术政策研究所	美国
22	Jigsaw, FKA Google Ideas		谷歌智库	美国
23	Research ICT Africa	RIA	非洲 ICT 研究所	南非
24	Santa Fe Institute	SFI	圣菲研究所	美国
25	African Centre for Technology Studies		非洲技术研究中心	肯尼亚

资料来源：*2020 Global Go To Think Tank Index Report*①。

① 2020 Global go to think tank index report[R/OL].(2021-01-28)[2021-05-09].https: //repository.upenn.edu/think_tanks/18/.

公共情报信息机构主要指高校、科研系统、公共服务系统中的情报信息机构，其资金来源包括政府支持、基金会赞助、企业或个人捐助、高校或科研机构本身的财政收入等，主要面向本校及本机构的科研工作和本地区科技经济发展需求，可提供全方位的情报服务。这些机构往往聚集大量人才，拥有丰富的信息资源，具有不可忽视的科研实力及高质量的研究成果。

3.4　静态构成要素关联分析

本研究采用波特钻石模型（Michael Porter Diamond Model）[①] 来对上述情报体系能力构成要素之间的关联关系进行分析。钻石模型由美国哈佛商学院著名战略管理学家 M. Porter 提出，用于分析说明关键要素是如何形成系统动力、自我强化的钻石体系，进而带动国家竞争优势。这种动力体系会使竞争优势诞生、进化、升级并持续发展。钻石模型以四大关键要素为支撑点，彼此环环相扣，组成动态的竞争模式，对本研究对情报体系能力的静态构成要素分析非常有借鉴意义。情报体系能力、四大能力支撑要素和情报机构之间的关联关系共同形成了情报体系能力静态构成要素的钻石模型（图 3.7）。

首先，四大能力支撑要素之间具有双向联系，环环相扣（图中黑色实线箭头）。科技信息资源是基础中的基础，如果没有科技信息资源的建立，情报体系能力和情报工作都将无从谈起，即便有充足的专业情报人员和先进的情报技术手段，也犹如“无米之炊”。情报工作规范是重要保障，只有重视对过程的要求和管理，才能建立起情报分析所需的信息基础，才能营造出人才汇聚成长的条件，才是情报能力提升的保证。专业情报人员是核心，尽管随着技术的发展，大数据和人工智能带来了情报分析工作的变革，冲击着传统情报研究方法，推动着情报技术手段的革新，也向情报人员提出了更高的要求，但是专业情报人员的地位没有被削弱，仍然是不可替代的核心。

① 波特 . 国家竞争优势 [M]. 北京 : 华夏出版社 , 2002: 66–71.

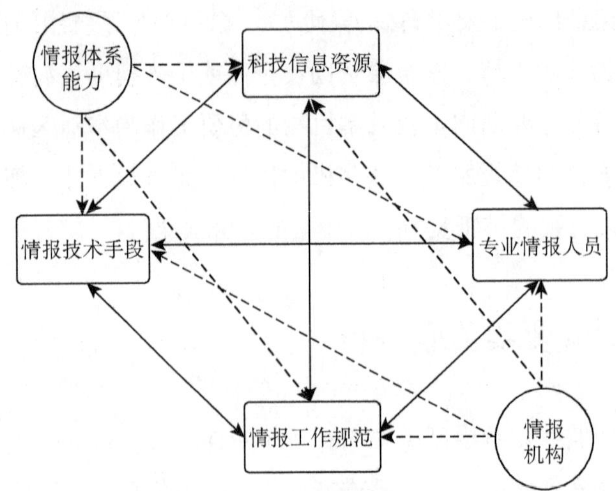

图 3.7　情报体系能力静态构成要素的钻石模型分析

其次，科技情报体系能力是否能够构成且发挥作用，是由情报机构（能力来源要素）和能力支撑要素共同作用匹配的结果（图中虚线箭头）。从静态构成关系上来看，顾名思义，情报能力支撑要素来自情报机构，然而，在实际情况下，情报机构之间的合作和共享却没有那么顺畅，换句话说，这个匹配关系难以天然形成，需要相关制度的推动。

结合政治学、经济学和管理学进行分析，可以看出，位于市场中的情报机构具有较强的独立性，其以营利为目的，为作为客户的决策者提供情报服务，按照市场化方式运作；而位于非市场化科层中的情报组织（主要指组织或单位中的情报机构），会受其所在科层（行政管理体制）的影响，独立性较弱，为领导或相关决策部门提供服务，以满足决策者的情报需求为目的。非市场化科层中的情报组织机构是国家情报管理中的主要对象，然而，这类机构往往面临着市场机制的缺失和科层机制的失灵，在这种情况下便产生了管理困境，甚至由于情报工作本身的特殊性质，这种管理困境反而被放大了，主要表现在以下两个方面。

第一，情报组织与决策者或领导人之间关系微妙。信息不对称有可能导致市场失灵，但是这个问题不仅出现在市场经济里，科层中的决策者或领导人也必须面对信息不对称的问题。在信息不完备的情况下，决策者的认知能力、信息获取能力、表达能力等存在不足，或者受时间、空间、任务等条件的约束，其信息需求难以通过自身直接得到满足，即决策者对信息的能动性缺失，决策者必须向专业的情报组织寻求支持。然而，决策者或领导人需要在认识到自己信息不足的同时维持自己的权力，位于非市场化科层中的情报组织不得不绞尽脑汁尽可能在提供客观真实的专业情报支持的同时考虑到决策者的接受情况和个人偏好。信息不对称问题带来的情报组织与决策者之间微妙的关系，加之情报工作本身与信息密不可分的特殊性，在技术飞速发展、海量信息涌现的大数据时代被无限放大，这种微妙的关系在某种程度上压抑了情报工作的能动性，也增加了情报管理的难度。

第二，情报组织机构之间缺乏合作动力，呈现“烟囱式”状态。根据行为科学相关研究：合作在长期组织里最可能发生；工作群体将致力于创造信任他人会合作的共同信念；互惠是成功的小型工作群体中强有力的规范[①]。通俗来讲，即合作需要较为稳定的组织关系（否则容易中断），相信合作（不合作会受到惩罚），合作可以互相带来好处。在科层中，想对风险规避的个人都能隐藏可以增加风险的行为，似乎不可能订立有效率的合约。情报为决策服务且本身具有竞争属性，可表现为帮助决策者在多个方案中择优选择以获取竞争优势，然而，非市场化科层中的情报组织机构却很少表现出关于自身的强烈竞争意识和行为，合作也不易于展开。这主要是因为，该类情报组织机构难免受到其所在科层的影响，在科层管制之下，同样会面临追求自身利益的上级与下级之间激励不兼容问题。而且，情报活动常发生在信息不完备的情况下，合作存在一定的未知性和风险性，主动合作的困境被放大。

由于实际情况中上述情报管理体制方面的问题，情报机构之间缺乏合作与共享，造成了这些情报能力支撑要素的单一和分散，阻碍了科技情报体系能力的构建。这种情报管理体制方面的欠缺，在本研究语境下被称为科技情报体系能力的动力基础不足。

---

① 米勒. 管理困境：科层的政治经济学 [M]. 上海 : 上海人民出版社 , 2013: 188–189.

3.5 本章小结

情报能力的名称和情报能力的组合方式在不同情境下可能会发生变化，但无论是常规能力还是体系能力，情报能力支撑要素却是相对稳定的，没有这些要素的静态构成，科技情报体系能力的探讨和建设便成了空中楼阁。本研究结合科技情报已有研究发现和实践举措，将科技情报体系能力支撑要素归纳为科技信息资源、情报技术手段、专业情报人才和情报工作规范 4 个方面，其中，科技信息资源是基础中的基础，情报工作规范是重要保障，大数据和人工智能带来了情报分析工作的变革，冲击着传统情报研究方法，推动着情报技术手段的革新,也向情报人员提出了更高的要求,但是专业情报人员的地位没有被削弱，仍然是不可替代的核心位置。国家科技情报体系能力的四大支撑要素之间具有双向联系，环环相扣。政府所属科技情报机构、企业所属科技情报机构、智库及公共情报信息机构是国家科技情报体系能力的重要来源，科技情报体系能力是否能够构成且发挥作用，是由科技情报机构（能力来源要素）和能力支撑要素共同作用匹配的结果，需要充足的国家科技情报能力动力基础才能实现。

第 4 章

国家科技情报体系能力的动力基础

科技情报体系能力是否能构成且发挥作用，是由科技情报机构（能力来源要素）和能力支撑要素共同作用匹配的结果，需要充足的国家科技情报能力动力基础才能实现。国家科技情报体系能力的动力基础是在国家科技安全发展需要的驱动下，基于国家科技情报治理的一系列手段机制，对国家科技情报体系能力实现过程的回答，体现出情报能力体系观中结构与功能的关系。

4.1　国家科技安全发展需求驱动

近现代以来，意大利、英国、法国、德国、美国相继成为世界科技中心。科学与技术关系密切，未来世界科技中心呈现出多中心并进、网络化、全球化等特点[①]。世界科技中心的打造离不开各国政府在科技、教育、人才、资金等方面的政策支持。这一系列国家政策制定都离不开科技情报对世界科技创新发展态势的研判，对前沿科技领域的前瞻，以及对颠覆性关键技术的预警。情报需求的识别是情报工作的起点，也是第一驱动力。

---

① 潘教峰，刘益东，陈光华，等．世界科技中心转移的钻石模型：基于经济繁荣、思想解放、教育兴盛、政府支持、科技革命的历史分析与前瞻 [J]. 中国科学院院刊，2019, 34(1): 10–21.

4.1.1 国家科技发展机遇

国家科技发展机遇需要情报先行，超前布局。历史已经多次证明，每一次科技革命与产业革命都将对世界发展格局产生重大的影响。关于21世纪新科技革命，国内外已经有不少预测研究，2011年，中国科学院中国现代化战略研究课题组收集100多位院士的意见和建议，开展了“第六次科技革命的预测研究[①]”，研究认为16世纪以来世界共发生过5次科技革命（包括2次科学革命和3次技术革命），前4次分别是近代物理学诞生、蒸汽机和机械革命、电器和运输革命、相对论和量子论革命，而中国与这4次革命均失之交臂，使得旧中国国际地位一路下滑。第五次革命是电子技术革命和信息技术革命（又称信息革命），其中，世界信息技术革命大约发生在20世纪后期，由美国国家信息高速公路计划推向高潮。

我国的信息技术革命始于1978年《1978—1985年全国科学技术发展规划纲要》的颁布，第五次科技革命尚未结束，但总体看来，我国在信息技术革命中取得了一定的进展，逐渐改变科技“跟踪者”地位。迈克尔·波特以钻石模型为分析工具，提出任何一个国家的经济社会发展都必须经过要素驱动、投资驱动、创新驱动和财富驱动4个阶段，被誉为“创新驱动理论”[②]，我国正处在“向创新驱动转变”的重要阶段。根据康奈尔大学、欧洲工商管理学院和世界知识产权组织等机构联合发布的《全球创新指数2018》[③]（*Global Innovation Index 2018：Energizing the World with Innovation*），中国排名第17位，比上年名次上移5位，首次进入全球最具创新性的前20个经济体之列（表4.1）。其中，创新投入排名第27位，创新产出排名第10位，将创新者按照收入情况进行组织排序，中国在“中高收入”组居于首位。由此可见，随着创新驱动发展战略的实施，我国开启了建设世界科技强国的征程。我国的科技发展“由过去的跟跑

---

① 何传启．第六次科技革命的战略机遇[M]. 北京：科学出版社，2012: 29–35.

② PORTER M. The competitive advantage of nations[J]. Harvard business review, 1990, 68(2): 73–93.

③ Global innovation index 2018：energizing the world with innovation[EB/OL]. [2018–05–13]. https: //www.wipo.int/publications/zh/details.jsp?id=4330.

为主，逐步地转向更多领域中的并跑和领跑，科技进步贡献率由 52.2% 提高到 57.5%”[①]。因此，我国的科技情报工作也不再局限于对国外先进科技态势的报道，而转向对我国科技发展创新的支撑。

表 4.1　中国在全球创新指数中的排名

年份	创新指数排名	创新投入排名	创新产出排名	创新效率排名
2018	17	27	10	3
2017	22	31	11	3
2016	25	29	15	7

数据来源：*Global Innovation Index 2018*：*Energizing the World with Innovation.*

2018 年，毕马威（KPMG）发布《颠覆性技术创新报告》[②]（*The Changing Landscape of Disruptive Technologies*，又名《全球科技创新报告》），对全球超过 750 名技术产业的领导者进行调查，认为物联网（The Internet of Things，LoT）、人工智能（Artificial Intelligence，AI）和机器人技术（Robotics）将在未来 3 年对全球商业造成巨大的影响。该报告针对中国、印度、日本、美国、英国 5 个国家技术创新及商业化的障碍进行了调研（表 4.2），认为制约技术创新发展的障碍并不是来自技术本身，而是来自政策约束、专家人才匮乏、技术标准缺失、遗留 IT 基础设施等一系列的因素。要消除这些阻碍因素，促进科技创新的顺利进行，必须从宏观的科技战略决策出发。

① 中国科技创新由跟跑为主，逐步转向并跑、跟跑 [EB/OL].(2018-03-10)[2018-05-13]. https: //www.ithome.com/html/it/350488.htm.

② The changing landscape of disruptive technologies[EB/OL]. [2018-05-13]. https: //assets.kpmg/content/dam/kpmg/pl/pdf/2018/06/pl-The-Changing-Landscape-of-Disruptive-Technologies-2018.pdf.

表 4.2　技术创新及商业化障碍

		中国	印度	日本	英国	美国
创新障碍	政策约束	22%	22%	40%	23%	30%
	专家人才	26%	17%	20%	16%	28%
	技术标准	21%	11%	30%	23%	21%
	IT 基础设施	18%	20%	17%	21%	23%
技术创新商业化障碍	消费者习惯	19%	23%	30%	19%	23%
	资金 / 资本获取	22%	23%	13%	18%	27%
	网络安全	19%	14%	20%	21%	27%

资料来源：KPMG 发布的 *The Changing Landscape of Disruptive Technologies*。

注：表中百分数显示的是调查中将该项因素视为主要障碍的比例，只收录较高比例的选项。

从第五次科技革命的核心技术——人工智能来看，根据斯坦福最新发布的《2018 人工智能指数报告》[①]（*Artificial intelligence Index*：*2018 annual report*），中国 AI 追赶速度惊人。从 AI 的论文数量分布来看（图 4.1），中国位居第二（占 25%），第一和第三分别是欧洲（28%）和美国（17%）。中国 AI 论文被引次数也出现极大增长，其中，2016 年被引次数比 2000 年提高了 44%。2018 年，70% 的 AAAI（Association for the Advancement of Artificial Intelligence conference，国际人工智能协会）会议论文来自中美两国（图 4.2）。两国被接收的论文总量相近，中国 265 篇，美国 268 篇。

① Artificial intelligence index：2018 annual report[EB/OL].[2018-09-12].http: //cdn.aiindex.org/2018/AI%20Index%202018%20Annual%20Report.pdf.

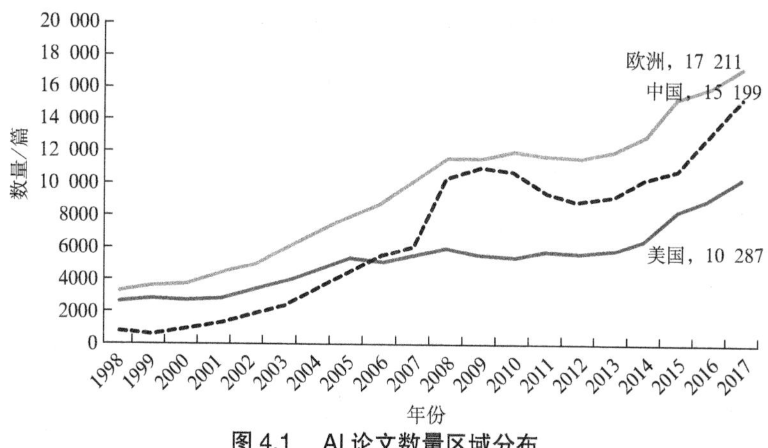

图 4.1　AI 论文数量区域分布

（资料来源：*Artificial intelligence Index*：*2018 annual report*）

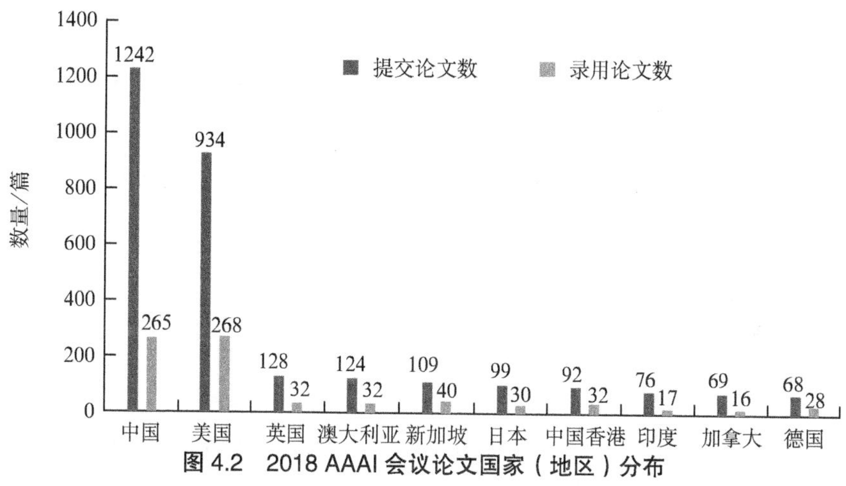

图 4.2　2018 AAAI 会议论文国家（地区）分布

（资料来源：*Artificial intelligence Index*：*2018 annual report*）

第六次科技革命尚未开始，涉及科学和技术的深刻变革，为中国科技发展提供了难得的机遇，必须情报先行，超前布局，争取有利的位置。

4.1.2　国家科技安全评估

国家科技安全需要全面监测，多方研判。科技评估是国家科技情报工作的重要内容，同时，对国家科技发展的评估结果亦是对科技情报体系能力建立的引导力量。项目评审、人才评价、机构评估是科技管理制度中的重要组成部分，其导向是否正确，评估方法指标是否科学合理，对科技发展有着重要的影响。2014 年，国家科技计划管理改革启动，2015 年 1 月国务院正式发布《关于深化中央财政科技计划（专项、基金等）管理改革的方案》，明确要求“建立统一的评估和监管机制”。2018 年，《关于深化项目评审、人才评价、机构评估改革的意见》提出了一系列推进科技评价制度改革的务实举措，科技部政策法规与监督司司长贺德方认为①，本次改革意见是“我国迄今为止发布规格最高、内容最全面、工作部署最系统的一次科研评价改革文件……对科技事业的健康发展起到至关重要的作用。”

科技关乎国家发展与长治久安，是总体国家安全观的重要组成部分，是国家安全体系的基本领域和最新拓展。在当前面对西方发达国家科技优势的威胁、发达国家对我国的技术遏制、科技保密工作不利、科技对国家安全的支持不足等问题时，保障科技安全的任务任重而道远。要通过科技评估工作，不断加强对科技发展的前瞻谋划、方位研判和影响模拟，进一步引领前沿科技、辨清主攻方向、研判颠覆性影响，以进一步驱动科技创新、深化服务改革。

4.2 国家科技情报治理机制保障

国家科技情报治理是国家情报治理的子集，是在实施国家情报治理的过程中对科技情报相关的组织、人员和信息资源进行管控的措施和制度的总称，是实现国家科技情报体系能力的主要途径和推动力量。科技情报体系能力的各个要素需要依据一定的结构机制才能成为一个整体，否则将会陷入混乱，这种结构机制就是通过国家科技情报治理来实现的②，以便集成体系中的各个部分，

① 科技部解读《关于深化项目评审、人才评价、机构评估改革的意见》[EB/OL]. (2018-07-06) [2018-11-05]. https: //www.sohu.com/a/239720567_160309.

② DJAVANSHIR G, ALAVIZADEH A, TAROKH M. From system-of-systems to meta-systems: ambiguities and challenges[EB/OL]. (2012-03-02) [2022-08-13]. https://www.intechopen.com/chapters/30415.

平衡各组成要素之间的行动，实现共同的使命和战略。

4.2.1　国家科技情报治理行为者

国家科技情报治理行为者包括科技情报能力支撑要素（情报力量）的提供者——前文中的科技情报体系能力来源要素（科技情报机构）；国家科技情报治理引导者——情报协调机构；国家科技情报治理中介者——情报科学共同体。分散的科技情报能力支撑要素难以自发形成科技情报体系能力，还需要引导者和中介者发挥作用。国家科技情报治理从结构上来看，是由行为者构成的网络结构。

直观地说，网络情报治理，或称情报治理网络，即对国家情报治理的一种结构性形态的描述。在此借鉴相关文献对这种网络结构所做出的更为精致的界定，其认为"治理网络是指：①相互依赖，但在行动或意见、观点等方面又完全自主的行为者间相对稳定的水平互动；②这些行为者通过协商进行互动；③行为者们在调节性、规范意义、认知结构相同与前景想象共享的框架下进行互动；④在外部机构设定的限度内，行为者间进行自我调节；⑤互动的意义在于公共目的的达成。[①②③]"网络情报治理作为一种独立的结构形式不同于市场结构和科层结构，虽然这些情报机构难免会受到各自所在科层或市场利益的影响，但是在情报治理体系结构中，彼此之间是独立的关系，依靠协商或其他科学手段实现互动，规则和规范维持在最小必要水平，充分利用不同情报机构的优势，提升整个体系面对不确定性问题时的情报能力，以支持国家决策为最终目的。需要说明的是，在国家情报治理体系的网络结构中，行为者的类型具有多样性，行为者之间的关系也是多样化，面对具体的治理任务情境可以依照其能力优势、意愿、利益倾向等进行不同的分类组配，以实现最优协调。在众多行为者中，存在"关键行为者"，处于情报治理体系结构中的重要位置，影响

---

① RHODES R. Understanding governance: policy networks, governance, reflexivity and accountability[M]. Berkshire: Open University Press, 1997.

② SØRENSEN E. Democratic theory and network governance[J].Administrative theory & praxis, 2002, 24(4): 693–720.

③ 杨冠琼 . 国家治理体系与能力现代化研究 [M]. 北京 : 经济管理出版社 , 2018: 49.

着整个治理体系的行动规则。

综上所述，国家情报治理体系呈一种网络状结构，具有以下特征：第一，网络中的行为者在其原有结构中的位置保持不变；第二，在国家情报问题的触发下，行为者通过协商进行互动从而建立关系；第三，“关键行为者”在网络结构中发挥着重要的作用；第四，国家决策是该网络结构的驱动力量；第五，该结构相对稳定，但不是一成不变的，会根据外部环境和决策需求的变化实现适应性变迁。

4.2.1.1 国家科技情报力量提供者

国家科技情报力量提供者主要是指前文中所述国家科技情报体系能力的来源要素，包括政府层面情报机构、企业层面情报机构、智库及公共情报机构等（第3.3节）。这种分类方式明确了情报机构组织的归属，有助于厘清个体情报机构的具体部门职能，适用于国家情报管理体制的构建，但不利于对本研究中“情报治理”的理解。“情报治理”正是在这种情报机构实际组织归属难以打破的情况下，对分散个体情报力量的整合协调。

结合政治学、经济学和管理学，科层和市场往往被看作组织活动的两种主要制度形式，或者说是两个相对的组织状态，可以被看作描述单个独立个体之间相互联系维度上的两个极端（而非完全对立），科层和市场的失灵正是治理理念所产生的重要影响因素。按照情报组织机构所受到的科层和市场机制影响的不同（治理方式的不同），结合情报机构归属，可以将其分为3种类型（图4.3）。

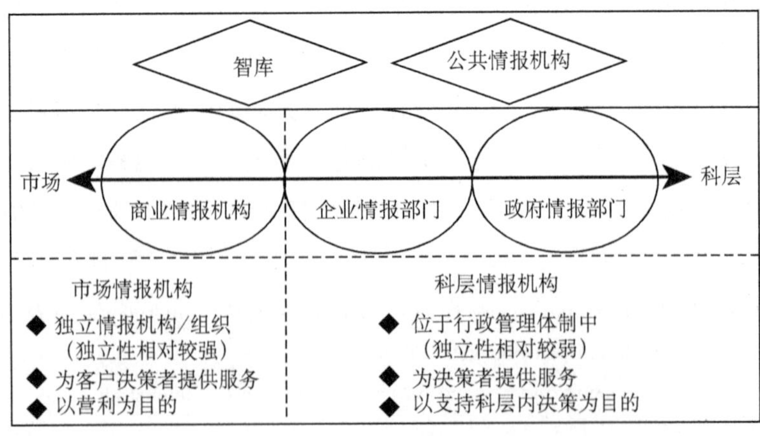

图4.3 市场和科层机制影响下的情报机构分类

第一，市场中的情报组织机构，主要指独立的情报组织机构，如商业化的咨询公司等，其以情报机构的营利为目的，为决策者提供情报保障服务，这类机构按照市场化运作，具有较强的独立性。

第二，科层中的情报组织机构，主要指组织或单位中的情报机构，如国家情报机关、政府情报部门、企业情报部门等。这一类情报组织位于相应的行政管理体制（科层）中，为领导或相关决策部门提供服务，以满足决策者的情报需求为目的，独立性相对较弱。虽然政府和企业的性质差距较大，但是在科层表现上，这两类单位所辖的情报机构具有较为相似的特征。

第三，智库及公共情报机构，这一类情报机构比较特殊，根据其具体的机构归属、资金来源和营利方式，可能会兼具上述两种类型的某些特征。以智库为例，根据《2013 中国智库报告——影响力排名与政策建议》①定义，智库是“以公共政策为研究对象，以影响政府决策为研究目标，以公共利益为研究导向，以社会责任为研究准则的专业研究机构”。从组织形式和机构属性上看，智库既可以是具有政府背景的公共研究机构（官方智库），也可以是不具有政府背景或具有准政府背景的私营研究机构（民间智库）；既可以是营利性研究机构，也可以是非营利性机构。智库在各国经济社会发展和国际事务处理中发挥着越来越重要的作用，智库的发展程度正成为一个国家或地区治理能力的重要体现，有学者认为，智库是新形势下情报机构的转型方向。

4.2.1.2　国家科技情报治理引导者

国家科技情报治理涉及多元主体和大型综合任务，需要有国家科技情报治理引导者来负责组织各级情报力量按照各自的职能分工，相互配合，协调部门与国家需求之间的平衡，主要可分为两种角色。

第一，国家科技情报总体治理机构为常设机构。该机构隶属于国家情报总体治理机构。国家科技情报治理虽然淡化了管理上的强制性和组织机构归属，但仍需要有常设的总体治理机构来进行协调和监督，整合情报力量，响应

① 上海社会科学院智库研究中心 . 2013 年中国智库报告——影响力排名与政策建议 [J]. 中国科技信息 , 2014(12): 22–24.

和理解国家科技情报需求，引导科技情报活动的整体发展方向。以美国为例，美国情报界（US IC）2005年设立国家情报总监办公室（Office of the Director of National Intelligence，ODNI）负责引领美国情报界进行情报整合，打造一个最具洞察力的共同体，使整个团体17个机构同步运作，这种整合是确保国家政策制定者可以从IC获得及时准确的情报以做出明智决策的关键[①]。在国家情报总监办公室内设有负责科技情报的总监助理（The Associate Director of National Intelligence for Science and Technology，ADNI/S&T），直接对国家情报总监负责，协调情报界内所有与科技相关的情报事务[②]。

第二，国家科技情报任务负责机构（人）为灵活机构。该机构隶属于国家科技情报总体治理机构，应对具体的大型国家科技战略决策问题，可根据科学技术的领域，或科技任务流程中各个环节的情况设立，可以是常设部门，也可以是短期指派的负责人。以美国为例，国家情报总监办公室按照国家情报工作的环节设有[③]（自2006年5月执行）负责国家情报收集的副总监（Deputy Director of National Intelligence for Collection，DDNI/C）、负责国家情报分析的副总监（Deputy Director of National Intelligence for Analysis，DDNI/A）、负责国家情报用户的副总监（Deputy Director of National Intelligence for Customer Outcomes，DDNI/CO）和负责国家情报管理的副总监（Deputy Director of National Intelligence for Management，DDNI/M）。

4.2.1.3 国家科技情报治理中介者

以职业协会、科学学会、机构联盟、行业联盟等为代表的情报科学共同体是情报治理的中介协调者。共同体（Community）是社会学中一个重要的概念，

① ODNI: mission, vision and value[EB/OL]. [2018-07-13]. https: //www.dni.gov/index.php/who-we-are/mission-vision.

② Office of the director of national intelligence: intelligence community policy memorandum[EB/OL]. [2018-10-13]. https: //www.dni.gov/files/documents/IC%20Policy%20Memos/2006-01-06IntelCommunityPolicyMemorandum2005-800-1.pdf.

③ Intelligence community directive number1: policy directive for intelligence community leadership[EB/OL]. (2006-05-01) [2018-10-13]. https: //www.hsdl.org/?view&did=14988.

可被理解为“社群”“社区”，最初作为人类群体生活中的两种结合类型之一由德国社会学家滕尼斯[①]提出，后来根据英国思想家鲍曼[②]的理解，亦可泛指社会中存在的、基于主观或客观的共同特征（包括种族、观念、地位、遭遇、任务、身份等）而组成的各种层次的团体、组织，既包括小规模的社区自发组织，也可上升为国家民族的高度，如国家共同体等；既可指有形的共同体，也可指无形的共同体。随着科学的发展，科学家难以孤立地践行自己的使命，必须在各种体制结构中占据一个位置，科学共同体（Scientific Community）借用了共同体的概念应运而生。科学社会学的代表人物默顿[③]发展了对科学的社会结构及运行规律的研究，将科学共同体作为一种社会建制来考察。库恩[④]在探讨科学发展规律时涉及科学共同体的概念，其认为科学发展的常规时期就是在某一种范式支配下的科学共同体活动时期，此时科学共同体成员认识上一致，具有相同的范式。普赖斯、克兰[⑤]等人将研究重点放在科学内部的社会结构与科学知识增长的关系上，通过探索知识在科学共同体中的扩散，研究“无形学院”这一非正式交流群体。

从广义上看，情报科学共同体指的是由全体从事情报研究或情报工作的人员组成的群体，该定义是从共同职业意义出发，将情报同其他领域区分开来，反映了整个情报科学与社会文化环境的相互关系，体现了情报科学的外在社会服务功能；从狭义上看，情报科学共同体又可根据存在方式、组织形式、研究方向等不同角度进行具体分类，如按照共同体的存在方式可以分为实体性情报科学共同体和非实体性情报科学共同体，结合一般科学共同体的组织形式，实体性情报科学共同体包括情报机构、科研院所、情报学会 3 种类型，非实体性情报科学共同体主要指各类情报学派和“无形学院”，对情报科学共同体不同的分类方式体现出对情报科学内部结构的多种认识视角。在科技情报治理中，

① 滕尼斯 . 共同体与社会 [M]. 北京 : 北京大学出版社 , 2010.

② 鲍曼 . 共同体 [M]. 南京 : 江苏人民出版社 , 2003: 1.

③ 默顿 . 社会理论和社会结构 [M]. 南京 : 译林出版社 , 2006.

④ 库恩 . 科学革命的结构 [M]. 北京 : 北京大学出版社 , 2003.

⑤ 克兰 . 无形学院：知识在科学共同体的扩散 [M]. 北京 : 华夏出版社 , 1998.

情报科学共同体以某种纽带聚集了科技情报人才和机构团体，依照共同体的章程促进共同体内的交流、联合与协作，推动科技信息资源的共建共享，可以组织协调共同体成员围绕科技政策、科技发展规划、重大科技决策开展研究，亦可以为发展科技情报事业建言献策。科技情报从业者协会、科学技术情报学会、科技情报机构联盟等都可以成为科技情报治理的中介协调者。

4.2.2 国家科技情报治理机制选择

国家情报治理机制即国家情报治理体系的运作方式，通过一定的方法、方式把国家情报治理体系中的要素有机联系起来，使其相互作用以实现整个情报体系的功能。机制本身含有制度的因素，是相对稳定的制度化的工作原理和方法。

本研究用博弈论中的经典案例——“囚徒困境”来举例说明情报治理中机制的重要性和有效性。囚徒困境是社会合作的基本问题，源于如下情景设定（表4.3）：嫌疑犯A和嫌疑犯B被分别拘留于两个牢房进行审讯，警察为得所需口供，告诉每个嫌疑犯，如果两人都不坦白罪行，因证据不足，每人在关押1年后释放；如果两人都坦白，则各判刑8年；如果两人中一人坦白，另一人拒不坦白，则坦白的人立即释放，不坦白的人判10年。众所周知，囚徒困境反映了个人理性与集体理性的矛盾，理性人的最佳策略是坦白，但当A和B都坦白时，所得的集体结果却不是最佳的[①]。

表4.3 囚徒困境博弈

单位：年

		嫌疑犯B	
		坦白	不坦白
嫌疑犯A	坦白	（-8，-8）	（0，-10）
	不坦白	（-10，0）	（-1，-1）

① 张维迎．博弈与社会[M]. 北京：北京大学出版社，2013: 36–37.

在这里我们不去考虑（囚徒角度）理性和沟通这一复杂的问题，而是将视角转向博弈规则的设定者（警察角度）。事实上，囚徒困境博弈中集体次佳结果源自机制的安排，制定规则的一方成功达到了目的，获得了最理想的效果。如果没有关于“坦白从宽，抗拒从严”这种制度规则上的对比设定，毫无疑问，嫌疑犯 A 和嫌疑犯 B 都必然会选择拒不坦白，因此，不同的制度安排会导致博弈中不同的可能性。情报治理体系中的行为者处在一定的社会政治经济环境中，他们的行为和意愿会受到多种制度相互作用的影响。在设定情报治理机制时，必须考虑到各要素的初始条件、外在参数及治理过程中的干预条件的协调统一，才能实现情报治理体系的有效和谐运转。

机制有多种类型，从功能上来看，可以分为激励机制、制约机制和保障机制，分别有助于调动情报治理体系中行动者的积极性，保证治理活动有序规范进行和为治理活动提供相应的条件。在情报治理的理念中，无论是市场产生的各项机制（经济），还是科层中的行政计划机制（政府），抑或是网络机制（社会），面对相应的情报治理问题，都是可以拿来使用的，国家情报治理始终不可忽视这三者之间的选择与配置性问题，不能将其分割开来。不同的机制之间可以互补，存在两种情况：一种是共时性互补，即在同一时间点实施的不同机制之间的互补；另一种是历时性互补，即在不同时间点先后发生作用的机制间的互补，可涉及机制演化的动态性过程。综上所述，国家情报治理机制采用一种“多元组合、协同互补”的方式。

4.2.3　国家科技情报互动治理

在信息化时代，国家公共决策朝着更加注重沟通和参与的方向转移，世界各国政府逐渐意识到如果缺乏足够的资源整合，政府就无法在缺乏支持的条件下实施和制定政策，体现出政府部门和非政府组织之间的相互依存关系，“互动治理”（Interactive Governance）就是在这样的背景下提出来的[①]。2005 年，

① 臧雷振 . 国家治理：研究方法与理论建构 [M]. 北京 : 社会科学文献出版社 , 2016: 29-32.

学者 J. Edelenbos[①] 首次提出互动治理的概念，通过行为者在决策不同阶段的参与和互动，使决策过程变得更加具有可融入性和强参与度。J. Kooiman[②] 将互动治理定义为由行动主体采取措施来处理治理障碍，并为更优的治理目标寻找新的策略。互动治理有 3 种理想的治理模式：自我治理（Self-Governance）、层级式治理（Hierarchical Governance）和合作式治理（Co-Governance）。其中，层级式治理和合作式治理分别是对科层机制、市场机制的利用，三者在科技情报治理中可有以下应用。

①自我治理。自我治理是社会实体采取必要的方式来发展和维持其自身的地位，以保持与外界社会政治环境的高度相关[③]。在国家情报治理的语境下，“自我治理”有两层含义：从宏观上看，是指整个情报生态系统在治理理念下的自我发展和完善；从微观上看，是指单个情报组织机构作为一个社会实体为实现整个情报生态系统发展所做出的努力。科技情报机构如果不能形成可持续的自我治理能力，国家科技情报治理则无从谈起，当然，仅依靠情报机构的自我治理，也不能完成国家科技情报治理这一复杂问题。

②层级式治理。尽管新的治理理念不断被提出以尝试改变科层带来的弊端，但是科层和层级仍然不可能被消除，根据 J. Kooiman[④] 的观点，在层级式治理中我们与其把科层等级看作与行政相关的管理体制，不如将其理解为一种互动治理活动的层级结构（Structural Level），将这里的“层级”看作一个更为广义上的概念。“层级式治理”的英文有两种常见的形式，“Hierarchical Governance”和“Top-down Governance”，本研究中的层级式治理翻译为“Hierarchical Governance”，将“自上而下”“自下而上”两种方式都视为层级式治理的体现。层级式治理蕴含两个重要的概念，“引导”（Steering）和“控制”（Control），其中，“引导”表明了治理的方向性和目的性，“控制”体

① EDELENBOS J. Institutional implications of interactive governance: insights from dutch practice[J].Governance, 2005, 18(1): 111–134.

② KOOIMAN J. Governing as governance[M].Sage, 2003: 11–24.

③ KOOIMAN J. Governing as governance[M].Sage, 2003: 79.

④ KOOIMAN J. Governing as governance[M].Sage, 2003: 115–131.

现了对复杂不确定性的应对和保障。国家科技情报治理面对的是关系到国家发展与安全的复杂性问题，以及多个行为者在多变社会环境下的互动，如果没有相应的指导机制和控制机制，则难以达到预期的决策支持效果，反而还会造成安全上的隐患。

③合作式治理。简单来说，合作式治理就是采用合作的方式以达到治理的目的。它具有多种形式，按照合作的性质可以分为正式合作治理和非正式合作治理；按照合作的类型和措施可以分为沟通式治理、公私部门伙伴关系（PPPs）治理、共同经营式治理、网络式治理、制度式治理等；按照合作契约的情况可以分为契约式治理和关系式治理。在国家科技情报治理中，可以根据实际情境进行组合和利用。例如，在科技信息资源的共建共享治理中，可以参考借鉴共同经营式治理；在处理政府部门内部情报机构和政府部门外部情报机构间的合作时，可以参考公司部门伙伴关系治理等。

国家科技情报治理所面对的社会环境具有多样性、复杂性和动态性的特点，针对这 3 个特点，自我治理、层级式治理和合作式治理的应对比较如下（表 4.4）。自我治理主要是科技情报机构围绕授权环境、运转能力和战略价值 3 个方面的自身发展和地位的维持，单一的情报机构难以应对复杂性环境问题，但具有较高的灵活性，易于适应动态变化的环境。层级式治理有助于任务协调和分配，可以将复杂的问题拆分成多个子问题来应对，然而僵化的层级灵活性较低。合作式治理中合作的方式和合作的参与者都具有多样性，因而较适用于多样性的社会问题，面对过于复杂的问题，合作协调有可能会出现低效或无明确结果的情况。因此，这 3 种机制各有其适用范围，不是相互替代的关系，而是互补互助的关系。

表 4.4 互动治理模式的社会特性应对比较

		社会环境特性		
		多样性	复杂性	动态性
治理机制	自我治理	中	低	高
	层级式治理	中	高	低
	合作式治理	高	低	中

根据上述国家科技情报治理中的行为者和互动治理机制，可以初步将国家科技情报治理描述为对行为者依照一定治理机制进行互动过程的抽象呈现，通过上述互动治理的自我治理机制、层级式治理机制和合作式治理机制，可以将国家科技情报治理中的各个行为者联系起来，共同发挥作用，最终呈现出一种网络结构（图 4.4），具有“统一归口，层级联动”的特征。第一，该互动建立在各个情报组织机构（情报力量提供者）实现自我治理的基础上；第二，从网络构成的“经线”上看（图中箭头），科技情报治理总机构（情报力量引导者）采用层级式治理模式来引导和调配内外部的情报力量以完成特定的情报工作，各情报机构亦可以利用自己所辖的力量；第三，从网络构成的“纬线”上看（图中弧线），各层级科技情报机构之间亦可以通过合作方式进行整体治理（关系治理 / 契约治理）；第四，不同类型的科技情报共同体是存在于科技情报治理体系网络结构的中介，对情报治理的促成具有重要的作用。

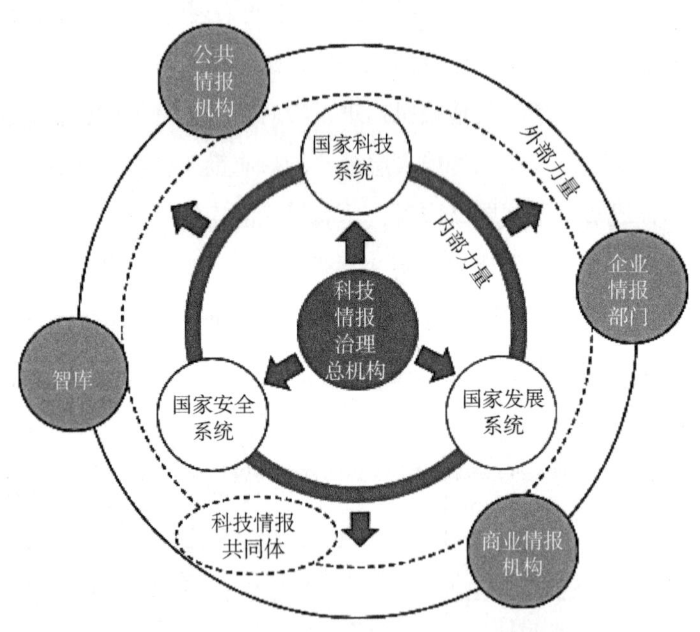

图 4.4　国家科技情报治理行为者网络结构示意

4.3 国家科技情报体系能力实现过程

国家科技情报体系能力实现过程即国家科技情报治理的过程，是一个“微观互动，宏观协调”的过程，是将上述行为者和治理机制放置在具体的科技情报情境下的实施过程，主要包括科技情报机构自我治理、科技信息资源治理和科技情报工作治理 3 个方面的内容。

4.3.1 情报治理过程理念

（1）国家科技情报治理微观互动过程

首先，从微观角度来看，国家情报治理过程是一个国家情报治理体系内多个行为者互动的过程。多个体互动研究途径源于社会学的互动理论与复杂性科学、混沌理论与哈肯的协同学、博弈论，特别是演化博弈论的引进，极大地推动了多个体互动研究途径在不同领域中的扩散。所谓多个体互动研究途径，就是从大量的、异质性的（目的、追求、意愿、利益存在差异的）个体间非线性互动过程、机制等，探索宏观社会现象的生成、维持、强化与变迁，探索将宏观社会现象视为微观个体互动的一种涌现或生成，而不是将其视为外在强加于社会的东西（如相关制度安排、法律传统、文化规范、各种习俗、伦理道德、认知格局或心智模式等），通过研究个体间非线性互动过程、机制的变迁理解宏观社会现象的变迁与过程[①②]。多个体互动不仅是个体间的互动，而且也是不同领域、不同机制、不同过程与不同结构及不同价值间的互动，是一种复杂、多重、相互嵌入的互动，这种互动至少可以分为 3 个层次：个体间互动、个体与结构间互动及结构间互动。

多个体互动是研究治理领域问题的一个重要的途径[③]，它关注稳定性、连

① CILLIERS P. Complexity and postmodernism: understanding complex systems[M]. London: Routledge, 2002.

② STACEY R. Complexity and management[M]. London: Routledge, 2002.

③ KOOIMAN J, BAVINCK M, CHUENPAGDEE R, et al. Interactive governance and governability: an introduction[J]. The journal of transdisciplinary environmental studies, 2008, 7(1): 1-11.

续性与创造性之间关系。任何一个组织或系统，都是稳定性与变迁性、持续性与创新性、衰退与生成、共性与个性间动态作用的系统[①]。在某个时期某种状态下过于强调稳定性必将在未来某个时候面临适应环境变迁的危机，并在这种适应环境变迁中被历史淘汰出局。多个体互动途径探索组织或系统的这种对立性质，将稳定性与适应性变迁保持在一种动态平衡状态，从而有效处理适应性与僵化、复杂性与简单性、自主性与顺从性、一致性与差异性之间的平衡。

根据多个体互动途径或视角，国家情报治理的相关制度或机制上的安排不仅是社会互动过程的结果，也成为行为者解释和采取不同行为从而影响、塑造社会现实、问题与制度安排的媒介。探索国家情报治理体系中的多个体互动过程，就是将情报治理问题的来源、性质和特征，与特定情报治理结构、机制、过程等的主张完全对应起来，以微观个体间的互动为基础，而不是仅从宏观到宏观地讨论国家治理体系与治理能力现代化的推进问题。 多个体互动这一途径能够有效捕捉国家情报治理问题的动态复杂性的内在生成机制，能够发现多个体互动的不同机制如何生成复杂网络，能够透视个体遵循不同行为规范的内化机制，能够理解不同治理机制适应情境，能够发现有效推进国家情报治理的切实可行的措施并提供指导。

（2）国家科技情报治理宏观协调过程

从宏观角度来看，国家情报治理过程是一个对国家情报治理体系内的行为者进行宏观协调的过程。情报问题是一个社会科学问题，这就决定了情报体系不可能像自然科学中的系统一样完全实现自我生产和自我生长，不可能完全像生物学系统一样将系统内各要素相互关系的运作当成最重要的生命动力。情报系统是为其外部决策者服务的，外部环境和政策因素必将对其施加非常大的影响。根据卢曼的社会系统理论，情报系统的存在本就与其决策支持功能有脱不开的联系，这种系统与功能之间的关系，就决定了情报治理问题相对于一般社会科学中公共治理问题的特殊性。因此，国家情报治理过程必须包含参与活动

---

① WEIDLICH W. Sociodynamics—a systematic approach to mathematical modelling in the social sciences[J].Fluctuation and noise letters, 2003, 3(2): 223-232.

的各情报组织上一级领导，甚至更高位领导的组织协调，这种协调对于情报机构或组织来说很可能是一种被动的协同活动。如果没有管理者的宏观协调，那么网络化的协同行动可能就无法形成。在情报体系中，这种能够进行宏观协调的管理者没有能够完成任务，或者缺少行使该职权的管理者，便导致多个情报组织间的协调活动呈现出一种短暂的、突击的形式，而不是常规的形式。因此，国家情报治理即管理者的一种相对稳定、经常性的、自觉性的宏观协调过程，这对于提高整个情报体系的效率和能力都具有重大的意义。

4.3.2　科技情报机构自我治理

本研究借助哈佛大学政府管理学院 M. Moore[①] 所提出的“战略三角形”模型（Moore’s Strategic Triangle）来分析科技情报机构的自我治理模式，主要围绕授权环境、运转能力和战略价值 3 个方面（图 4.5）。

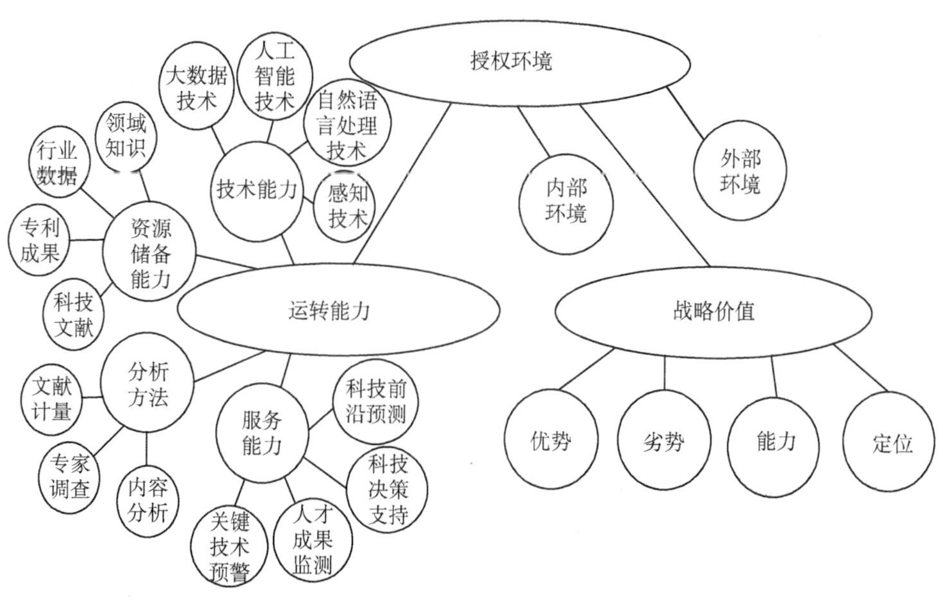

图 4.5　科技情报机构自我治理“战略三角形”模型

① MOORE M. Creating public value: strategic management in government[M]. Cambridge: Harvard University Press, 1995.

第一，从授权环境来看，科技情报机构自我治理，主要是处理内部授权环境与外部情报力量需求（国家科技情报需求）之间的矛盾。授权环境可分为内部授权环境和外部授权环境两个方面。内部授权环境主要指情报机构所在科层结构内的环境，外部授权环境指国家科技情报治理面对的大环境，能够脱离环境完全实现自治的情报机构显然是不存在的。科技情报机构大多是按照其所属部门的职能需求和任务分工构建的，以服务于其所在科层结构的指挥和决策。国家科技情报需求与情报机构所在科层的情报需求并不一定有明确的界线，二者有时共享有时冲突。当然，这里的冲突不是绝对意义上的冲突，更多地表现为思考问题的角度，国家科技情报需求直接从国家利益、国家安全发展着眼，而科层中的科技情报往往从所在科层的视角来解读国家的需求。情报资源和能力是有限的，所以在面对冲突时情报力量的调配和平衡成为必须要考虑的问题。

第二，从运转能力来看，科技情报机构的运转能力是其发展和维持自身地位的重要凭借，也是科技情报力量的来源。包括科技情报机构的技术能力，如大数据技术、人工智能技术、感知技术、自然语言处理技术等；情报机构所掌握的分析方法，如文献计量、专家调查、内容分析等；科技情报机构的资源储备能力，体现在领域知识、行业数据、专利成果、科技文献等方面；科技情报机构的服务能力，表现在对科技前沿的预测、对关键技术的预警、对人才成果的监测、对科技决策的支持等方面。

第三，从战略价值来看，科技情报机构的战略价值是授权环境需求和运转能力进行匹配的结果。科技情报机构自我治理就是要认清自己在内外授权环境下的能力优势与劣势，以明确自己的定位和发展方向。这里的优势与劣势不是绝对的，而是相对于所在环境需求而言的，情报机构所在科层对其要求一般较为全面，而在整个国家科技情报治理的大环境中，面对综合、复杂的目标，对单个情报组织机构的力量需求和任务分配是有所侧重的。

4.3.3 科技信息资源治理

科技信息资源，特别是科学数据，是科技情报体系能力的基础支撑条件。

在科学数据共享生态的建设过程中，分辨出共享活动的重点活跃领域、抓住实现共享的关键技术、适时进行开放选择评估判断，是科学数据共享管理决策的情报保障任务内容。关于科技信息资源共享，很多学者从不同的方面进行解读，包括共享的意愿、机制、措施、技术平台和方法工具等，取得了一定的成果。科技信息资源共享有很多类型，本研究拟从国家科技情报治理的角度对科技信息资源共建共享进行解读。

科技信息资源共建共享可以被理解成多主体之间的合作，合作需要行为成本，且具有一定的利他性，即合作者能够获得合作剩余。我们可以将合作的行为成本理解为情报机构对情报资源共建进行的付出，将获得的合作剩余理解为共享或是对资源的访问获取。情报资源作为一种合作剩余，具有公共产品的属性，高价值却易复制，具有非竞争性和非排他性。那么，就难免出现“搭便车”的行为，较少付出合作成本的人可能获得更高的收益。所以，如果仅仅依赖情报机构的自发自愿选择，就难以完成整个科技情报体系的资源共建共享。那么，合作秩序的建立就必须依赖于强互惠者①（Strong Reciprocity）的出现，强互惠既能引领合作，也能引领利他惩罚。本研究所谓的科技信息资源共建共享，是服务于国家发展与安全的情报体系资源整合，具备了诞生强互惠者的条件。

作为经济学领域的前沿理论，契约治理（Contractual Governance）越来越多地被引入政府公共部门变革的浪潮中。有学者将契约治理定义为②：“通过契约安排，政府与非政府部门（第三部门、私人部门）协商合作，形成多中心的治理网络体系，共同参与管理公共事务，提供公共服务的过程。”契约治理是市场经济理念，体现出层级控制向协商合作的变革。委托代理理论（Principal-Agency Theory）是契约理论的主要内容之一，是建立在非对称信息博弈论基础上，委托人设计最优合约来激励代理人的一种社会契约理论。

如果将契约治理和委托代理理论引入国家科技情报治理的解读中，我们可

① BOWLES S, GINTIS H. The evolution of strong reciprocity: cooperation in heterogeneous populations[J].Theoretical population biology, 2004, 65(1): 17-28.

② 于正伟 . 契约治理：现代政府的治理变革 [J]. 西南交通大学学报（社会科学版）, 2009, 10(6): 103-108.

以将科技信息资源共建共享视为一种缔约双方的互动过程，科技情报治理总机构成为契约中的委托者（P），情报机构成为代理者（A）。委托者通过理解国家科技情报需求进行总体规划，并对各代理者情况进行了解评估，通过建立契约的方式进行协商合作。科技情报治理总机构同时具备了合作中的强互惠者身份，依照契约，通过引领合作和惩罚监督，维持科技信息资源共建共享治理的秩序。代理者可以是单个的情报机构，也可以是以情报共同体为中介的多个情报机构的组合。本研究借鉴 L. Farrell① 基于委托代理理论的契约治理研究，将国家科技信息资源共建共享契约治理划分为行为导向治理和结果导向治理两种类型（表 4.5）。其中，科技信息资源共建是行为导向的，委托方和代理方达成一致目标，对共建过程实施有效监督，尽可能遵守契约规定以期双方利益的最大化，尽量避免因违背契约而受到处罚，在这个阶段，科技情报治理总机构作为委托方所付出的成本较小，主要依照前期规划好的契约实行监督；科技信息资源共享是结果导向的，代理方依照前期契约获取共享资格，并依照规定进行访问或获取资源，由科技情报治理总机构负责采取相关措施来协调共享的公平性，兼顾科技信息资源共享的安全性。

表 4.5　科技信息资源共建共享的契约治理

<table>
<tr><td rowspan="4">行为导向</td><td rowspan="4">资源共建</td><td>各方目标一致程度较高</td><td rowspan="4">委托方成本＜代理方</td></tr>
<tr><td>能够对共建过程实施有效监督</td></tr>
<tr><td>尽可能遵守契约规定以期利益最大化</td></tr>
<tr><td>尽量避免因违背契约而受到处罚</td></tr>
<tr><td rowspan="4">结果导向</td><td rowspan="4">资源共享</td><td>资源协调有效性</td><td rowspan="4">委托方风险＞代理方</td></tr>
<tr><td>资源共享安全性</td></tr>
<tr><td>能够对共享结果实施有效控制</td></tr>
<tr><td>契约倾向以共享结果给予奖惩</td></tr>
</table>

① FARRELL L. Principal-agency risk in project finance[J]. International journal of project management, 2003(21): 547-561.

当然，科技情报资源共享不限于上述信息资源共享形式，不是所有的科技情报资源“共享”都以“共建”为基础，还存在类似于“情报交换”的合作式共享。合作式治理的理念几乎贯穿了国家科技情报治理的各个过程。本研究更关注于在国家科技情报治理总机构引领之下多个体间的整体互动，情报机构两两之间的具体合作博弈不是本研究关注重点。总之，国家科技情报合作式治理离不开以下要点：国家科技情报治理中的合作开展建立在理性认知（信任 / 信念）的基础上，合作的收益和保障机制或多或少会受到权力机制的影响。

4.3.4　科技情报工作治理

①自上而下矩阵式任务分配。治理理念是在传统科层制度不能达到理想效果的背景下提出的，但不是为了消除科层而存在的，科层机制在治理中仍然可以发挥作用。在现实的国家科技情报治理中，科层影响是客观存在且无法消除的。在科技情报任务响应的语境下，科技情报治理可以理解为是在共同目标支持下协调的集体行动。国家科技情报层级式治理是利用等级式行政管理体制（科层）对情报力量加以组织、引导、调控，组建科技情报总体治理机构，从而实现整个科技情报体系基于科技情报任务分配和响应的高效运行，实现统一归口，层级联动。国家科技情报治理中的层级式治理，是对科层机制的利用，采用自上而下的方式对各层级和各部门的情报力量进行引导和协调，而不是对情报机构实体的重新组织管理。这种等级式治理模式，可以借用原有科层的力量，利用国家政府的权威，在科技情报内部力量的调配中发挥更好的作用。国家科技情报治理属于国家情报治理专项治理的范畴，在科技情报任务分配中也有很多专项的模块。矩阵式治理结构是为实现特定政策目标，由纵横两套管理体系组成的方形结构，一套是职能系列；另一套是为完成某一任务而组成的项目系列，纵横两套系统交叉重叠起来组成一个矩阵，又称为“条块结构”[①]。国家科技情报总体治理机构根据特定的国家科技情报任务，统一进行规划，按照任务的内容模块或者科技情报工作流程进行协调

① 臧雷振 . 国家治理：研究方法与理论建构 [M]. 北京：社会科学文献出版社，2016.

分配（图 4.6）。在这种结构下，科技情报治理实践可实现利用各矩阵单元力量，协调各矩阵单元的活动，让职能与情报力量相匹配。这种矩阵式治理结构也相对稳定和静止，能有效聚集情报力量，满足国家科技情报任务需求，有利于对复杂任务的分解简化，情报力量配备能够实现及时到位，实现与当前行政环境的匹配和部门之间的短暂合作。

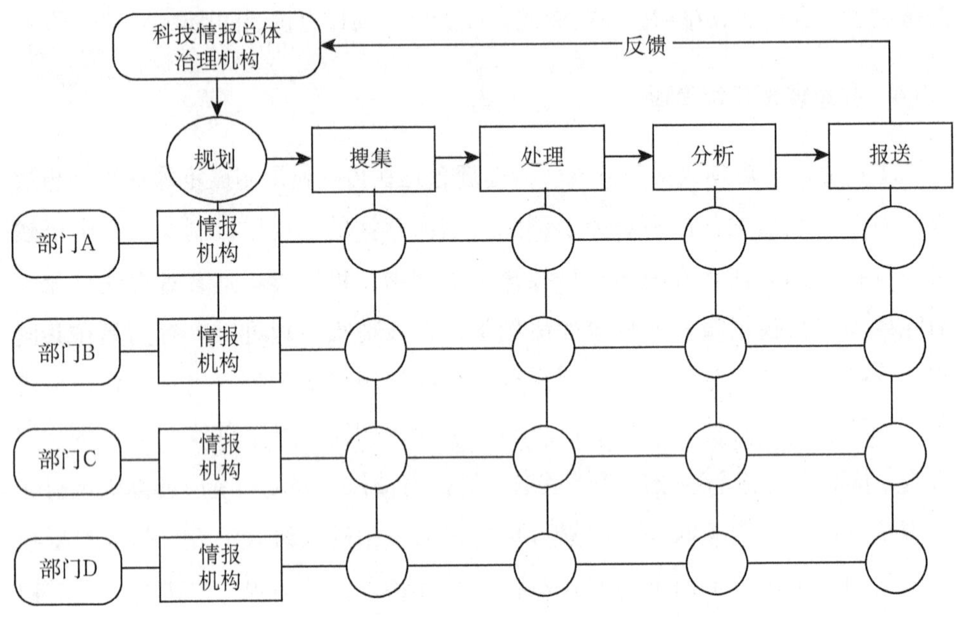

图 4.6　国家科技情报工作治理过程矩阵

②自下而上扫描式全面感知。感知，即客观事物通过感觉器官在人脑中的直接反映；如果从字面上将“感”与“知”拆分，亦可简单理解为由感觉而知道。从认知的角度来看，感官敏感度和认知理解度的不同造成了感知能力的差异。在情报感知的语境下，“感”不再是完全被动的反映，而是专业情报人员主动地综合利用多种方法工具对数据信息进行处理；“知”不再局限于模糊的了解、知道，而是要清楚地理解、评析、展望。情报感知是对情报用户需求、情报对象内容和情报任务组织进行充分认知、解读和表达，以帮助决策者在信息不完备的情况下做出判断，用“减少意外”的形式提供决策支持。

情报感知的实施不是对情报业务流程的简单重组，与传统的以任务响应或目标实现为中心的情报工作流程（情报响应）并不矛盾，而是在信息社会复杂的工作环境下对情报工作理念的调整。将整个情报工作放置在复杂巨系统中进行再梳理，是对“醒得早”“看得远”等情报特色使命的践行。在某种情境下，情报感知可以被看作是实现由“不知—未知”到“知—未知”的跨越过程，成为进行情报响应的先决条件。因此，情报感知是新时期情报工作全局的指导理念，情报响应是传统环境下情报工作的主要内容，二者都是情报工作的重要环节。包昌火老师认为，情报是竞争和冲突的产物，是对组织外部环境变化的感知和响应[①]。“知己知彼，百战不殆”，我国老一辈革命家把我国情报工作的功能定位于“耳目、尖兵和参谋”，其中“耳目、尖兵”是对情报感知的透彻阐释。

科技情报感知治理与科技情报响应治理不同，面对“不知—未知”的问题，难以采用自上而下的层级方式进行任务分配和协调，也几乎不可能事先制定契约，契约治理的方式也是无效的。关系治理（Relationship Governance）起源于 I. Macneil[②] 的关系契约理论，通常被视为一种与正式契约治理相对应的非正式契约治理，通过关系治理（RG）与契约治理（CG）的有效互补匹配可以产生明显优于单一机制的作用效果[③]。关系治理的中心思想是现代契约关系不仅被事前的契约所约束，其内容和方式也会受到双方所在交换过程中的社会关系影响，任何一个契约交换都处在一个从完全个别化到完全关系化的谱系里，关系治理依靠关系双方社会化过程中产生的规范（Relational Norm）来实现义务、承诺和期望。相比较为稳定的契约治理，关系治理更适合于动态变化的未知情况。

科技情报治理采用一种自下而上的方式（图 4.7），科技情报治理总机构相当于感知的大脑神经中枢，而分散在各个位置各个部门的情报机构相当于各

① 张晓军．情报、情报学与国家安全：包昌火先生访谈录 [J]. 情报杂志，2017, 36(5): 1–5.

② MACNEIL I. The many future of contracts [J]. Southern california law review, 1973, 47: 691.

③ POPPO L, ZENGER T. Do formal contracts and relational governance function as substitutes or complements? [J].Strategic management journal, 2002, 23(8): 707–725.

个感官（“耳目”），情报机构发挥自己的特色感知能力对科技环境进行监测、对科技前沿进行预测、对关键技术进行预警、对科技人才进行监控，并将感知的结果反馈给科技情报治理总机构，进行整体性、综合性研判，评估情报价值，匹配国家安全发展决策需求，最终对情报任务进行规划，进入情报响应环节。

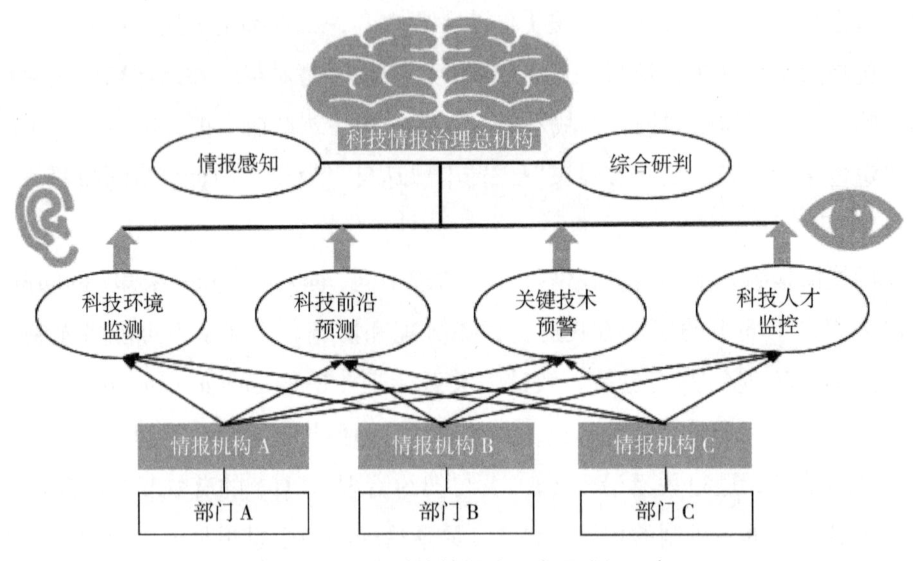

图 4.7 国家科技情报治理全面感知示意

4.4 本章小结

情报需求的识别是情报工作的起点，也是第一驱动力。国家科技发展机遇的把握需要情报先行，超前布局；国家科技安全评估需要全面检测，多方研判。国家科技政策的制定离不开情报对世界科技创新发展态势的研判、对前沿科技领域的前瞻，以及对颠覆性关键技术的预警。

国家科技情报治理从结构上看，是由行为者多方参与构成的网络结构，分散的科技情报能力支撑要素难以自发形成科技情报体系能力，所以还需要引导者和中介者发挥作用。国家科技情报体系能力实现过程即国家科技情报治理的过程，是一个“微观互动，宏观协调”的过程，是将上述行为者和治理机制放置在具体的科技情报情境下的实施过程，主要包括科技情报机构自我治理、科技信息资源治理和科技情报工作治理。其中，科技情报工作治理包括自上而下的矩阵式情报任务分配响应和自下而上的科技情报感知活动，科技情报体系能力的运用最终通过情报工作和情报成果表现出来。

第 5 章

国家科技情报体系能力的运用表现

国家科技情报体系能力最终通过情报工作和情报成果中的运用表现出来，既是一种体系能力，又是一种动态能力，体现出情报能力体系观中静态与动态的关系、生长与环境的关系。

5.1 基于情报工作的运用表现

5.1.1 情报工作任务性质解读

情报工作可以被理解为通过应对各种情报问题来帮助决策者在信息不完备的情况下做出有效判断。情报问题可以被划分为诸多种类，如传统问题和非传统问题、国家问题和跨国问题等。这些问题内容各异，所处情景、任务目标、资源可获得性、完成难度等都不相同，需要组合不同的情报手段来处理应对。社会研究者 H. Rittel 和 M. Webber① 根据解决方案将问题分为“温驯问题”和“棘手问题”两种类型：前者答案明确，可以归纳解决路径举一反三；后者较为模糊不确定，可能与其他问题发生关联，解决方案难以明晰，解决情况无法判断。

① RITTEL H, WEBBER M. Dilemmas in a general theory of planning[J]. Policy sciences, 1973, 4(2): 155–169.

这种分类方式在社会规划和行政管理领域得到应用。管理科学家 D. Snowden[①] 在其知识管理研究中，从对因果关系的认知角度，将问题划分为“有序”和“无序”两种类型。其中，有序问题包括已知问题和可知问题，前者具有独特且确定的因果关系，存在最佳实践解决方案；后者涉及有限且偶然的因果关系集合，可以使用分析简化技术来预测结果。无序问题包括复杂问题和混乱问题，前者涉及广泛且多样的偶然因果关系，较难预测，适合采用感知的方式实时做出应对；后者难以辨别因果关系（如自然灾害），在发生之后需要立即采取行动，将其引至一个相对有序的状态。

所谓情报力量，无外乎是“人”与“物”的组合。本研究受到上述问题分类的启发，从认知的角度，将情报工作人员对解决问题所需素材准备情况的认知状态（知 / 不知）和对素材资源的实际掌控状态（已知 / 未知）相结合，对科技情报工作的任务性质进行解读（图 5.1）。

	素材资源掌控状态	
素材准备认知状态	已知	未知
知	信息服务	情报响应
不知	信息共享	情报感知

图 5.1　情报工作的任务性质解读

①“知—已知”，即信息服务。情报工作人员利用信息资源提供服务以帮助决策者更好地解决实际问题，主要完成的是信息与用户需求的匹配，多采用信息查询、信息检索、信息处理等技术手段。

②“不知—已知”，即信息共享。情报人员或其所在组织对解决某问题所需的信息不了解，但是该类问题存在最佳实践解决方案，所需的信息素材可能

① SNOWDEN D. Complex acts of knowing: paradox and descriptive self-awareness[J]. Journal of knowledge management, 2002, 6(2): 100–111.

已被其他机构所掌握，情报人员可以通过共享的方式获得以节约成本。此时，共享的内容可能是信息资源或以信息为载体的情报产品，需要由情报人员根据具体问题进行加工。信息共享的实现不仅需要技术支持，还要依靠制度保障。

③“知—未知”，即情报响应。情报工作人员根据情报任务目标，在信息不完备的情况下，依照情报流程，制定方案，收集处理信息，实施情报分析，形成最终的情报产品并递送给特定用户以响应其决策需求。情报响应是传统环境下情报工作的主要内容。

④“不知—未知”，即情报感知。情报工作人员面对模糊不确定的问题，难以直接通过简单的分析技术预测结果，且该类问题具有复杂性和前瞻性，没有成功的案例可以参考，对这类问题的感知往往具有重大的意义和价值，甚至可以将情报感知看作实现由“不知—未知”到“知—未知”的跨越过程。情报感知既是新时期情报工作全局的指导理念，也是情报工作的核心环节之一。

根据对情报工作任务的理解，结合前文中国家科技情报治理的手段机制，可以对国家科技情报体系能力基于情报工作的运用表现进行解读（图 5.2），表现出国家科技情报体系响应能力、国家科技情报体系感知能力和国家科技情报体系刻画能力。

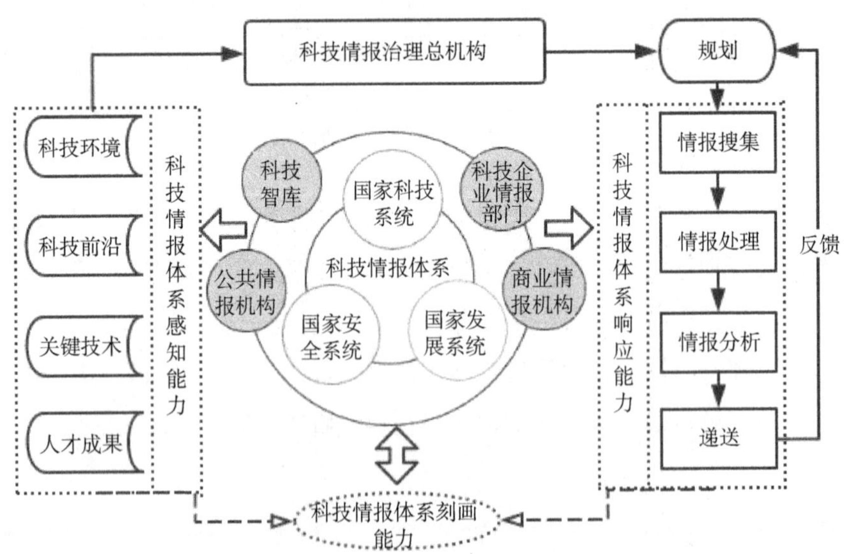

图 5.2 国家科技情报体系能力输出示意

5.1.2 国家科技情报体系响应能力表现

情报响应能力是传统情报工作最基本的能力，科技情报体系响应能力是面对复杂综合性的科技决策问题，以目标为中心进行任务分配，基于情报工作流程对体系内各实体的情报力量进行组织协调的动态整合能力。

美国情报界（US IC）至今仍采用经典的情报循环（Intelligence Cycle）来阐述情报的工作流程，认为可靠精确的情报产品生成是一个活跃的、永不止息的过程，最终目的是为国家安全决策的制定者提供准确可用的信息和动态的解决方案。该情报循环包括 5 个环节[①]（图 5.3a）：①规划——确定需要解决的问题及必须收集哪些信息才能提供正确的答案；②收集——收集不同来源的原始信息，包括信号情报、图像情报、测量特征情报、人际情报和地理空间情报；③处理——将原始信息处理成可用状态；④分析——整合、评估、分析所有可用数据，并将其提炼为最终的情报产品；⑤递送——将情报产品递送给提出任务要求的决策者，包括日常情报、评估情报、预警情报、科技情报、研究情报 5 种类型。决策者根据这些情报产品做出决定，这些决定可能会需要进一步的情报支持，故而再次触发新的情报循环。

经典的情报循环重点关注于情报的响应能力，即根据特定的情报任务目标和需求开展情报工作，在信息不完备的情况下，准确及时地为决策者提供情报支持，在情报业务实践和理论研究中被普遍接受。

美国参谋长联席会议（Joint Chiefs of Staff）情报部自 2004 年开始采用基于行动的情报过程（Intelligence Process）代替经典情报循环，从操作行动层面更加具体地对情报工作进行解读。该机构 2017 年发布的情报系列 JP 2-01 文件将情报过程描绘为 6 个部分[②]（图 5.3b）：计划指导、收集、处理加工、分析生产、分发整合、评估与反馈，并把指挥官的任务和意图视为整个情报行动的基础。

① US Intelligence Community. Intelligence cycle[EB/OL].[2018-11-01]. https: //www.intelligencecareers.gov/icintelligence.html.

② JP 2-01: joint and national intelligence support to military operations[EB/OL].(2017-07-05)[2018-11-02].http: //www.jcs.mil/Portals/36/Documents/Doctrine/pubs/jp2_01_20170705v2.pdf.

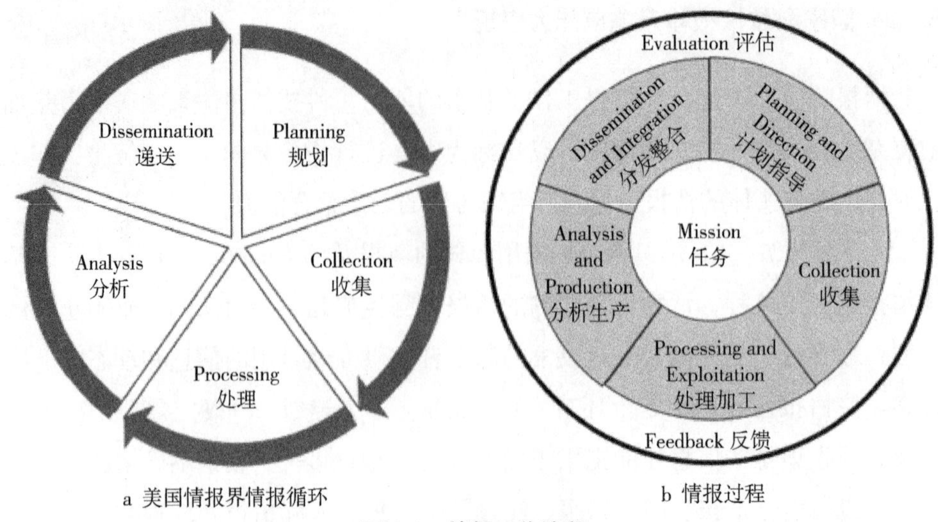

a 美国情报界情报循环　　b 情报过程

图 5.3　情报工作流程

在该情报过程模型中，没有描述每个操作开始或结束的地方，情报行动不是连续的，它们甚至可以同时发生。所有的情报行动都是相互关联的，每一个操作的成功或失败都可能会影响到情报过程其余部分的进展，因此，基于行动的情报过程将评估反馈视为贯穿整个行动的重要内容，根据评估反馈结果及时调整操作以符合情报任务需求。

结合上述两种认可度较高的情报工作流程模型，国家科技情报体系响应能力主要体现在如下方面。

（1）体系规划和递送能力

常规情报响应中的情报规划能力主要指根据任务目标，确定需要解决的问题；根据需要解决的问题，确定解决问题的思路（确定可以帮助解决问题的信息）及安排时间进度的能力。然后，情报人员便可以根据规划实施情报工作流程的其他环节。然而，涉及国家科技安全发展的决策问题大多复杂程度较高且综合性强，难以直接获得问题的解决思路。在国家科技情报治理中，由国家科技情报治理总机构来对问题的解决思路进行充分论证，将复杂问题分解为一定数量的子问题，并依照解决问题所需的情报力量设置子任务，分配协调给各个情报机构。

常规情报响应中的情报递送能力主要是以适宜的形式将满足需求的产品呈现给提出要求的用户。在国家科技情报治理中，除了满足上述常规情报递送能力外，在不存在特殊定密的情况下，在科技情报任务统一归口的基础上（不存在情报机构间的竞争），还可以将（或提出建议）该情报产品提供给其他相关用户，相关用户可能是对该情报产品有需求但未表达的用户，也可能是对该情报产品所提出的方案实现有帮助的用户，以便情报产品价值最大化。

（2）体系收集、处理和分析能力

科技情报体系收集、处理和分析能力的优势主要体现在两点：第一，集中情报力量解决大型问题，有利于提高情报任务的效率和完成度；第二，在每个环节都有多种情报力量的调配方案和补充机制，在一定程度上削弱了任务完成的风险和不确定性。例如，在情报收集环节，除了可以将收集任务分配给多个机构，以减轻每个机构的负担，缩短该阶段的完成时间之外，还可以通过共享的机制利用已有的资源，减少重新收集的成本（表 5.1）。

表 5.1　常规个体能力 vs. 动态体系能力

<table>
<tr><th colspan="2"></th><th>常规个体能力</th><th>动态体系能力</th></tr>
<tr><td rowspan="5">情报响应环节</td><td>规划环节</td><td>确定问题，确定解决思路</td><td>将综合性问题分解为多个子问题，提出解决问题的方向，任务分配</td></tr>
<tr><td>收集环节</td><td>从不同来源收集可靠信息</td><td rowspan="3">整合力量
利用优势
降低成本
保证效率
应对风险</td></tr>
<tr><td>处理环节</td><td>将信息处理至可用状态</td></tr>
<tr><td>分析环节</td><td>整合、评估、分析所有可用信息，提炼最终情报产品</td></tr>
<tr><td>递送环节</td><td>以适宜的形式呈现满足要求的产品</td><td>以适宜的形式呈现满足要求的产品，（建议）将该情报产品提供给其他相关用户</td></tr>
</table>

5.1.3 国家科技情报体系感知能力表现

情报感知能力是建立在对情报用户需求、情报对象内容和情报任务组织进行充分认知、解读和表达之上的预警研判能力。科技情报体系感知能力是将体系内的每个情报实体都视为一个感官，通过对科技情报环境、技术前沿、关键技术、人才成果进行全面扫描和监测，以实现更早预警、更快研判的能力，是对常规情报感知能力进行动态重构的能力。

随着大数据时代技术的发展，网络环境瞬息万变，情报任务日益复杂，加重了情报工作者的负担；同时，情报用户对响应等待的容忍度愈发降低，对情报工作提出了更高的要求。如果情报工作者仅仅止步于对特定任务命题的被动回应，或局限于对部分个人或集体倾向的主动关注，往往会滞后于决策的需要，使情报的有效性和可用性大打折扣。情报必须走在特定任务的前面，“情报先行”的作用才能充分发挥出来。

情报感知不同于以目标为中心的传统情报响应模式，而是需要在明确的任务目标下达之前，对可能有情报价值的感知对象进行长期监控和全面扫描，将扫描的原始结果预处理加工至可理解可利用的状态，在此基础上初步分析感知对象的发展态势，预判感知结果的适用领域及在该领域的价值。这里的“情报感知”既是情报工作全局的指导理念，也是情报工作的核心环节之一。

5.1.4 国家科技情报体系刻画能力表现

情报体系刻画能力是在整个情报体系大量情报感知和情报响应实践的评估和反馈基础之上的一种动态的学习建构能力。通过情报体系刻画可以理解和描绘不同类型的情报用户、需求、任务的特点和雏形，使情报服务的对象和决策支持的范围更加聚焦。

在大数据时代，传统科技情报服务内容与方式无法满足用户对情报服务的要求。于是，很多学者和业内人士进行了探索，提出可以利用大规模数据和技术手段对科技情报服务用户的需求进行分析，并对用户进行画像，这成为情报服务的重要工具，从而更精准地完成科技情报服务推荐工作，实现科技情报产品与用户的对接[1][2]。李阳、孙建军等[3]认为，大数据时代细粒度的科技情报服务是研究重点，基于用户行为细粒度数据的个性化推送服务是新环境下对用户情报需求的深层次挖掘。王益成和王萍[4]提出构建科技情报服务用户动态画像研究框架模型，认为首先可以对用户行为大数据进行采集、分析与处理，并构建用户行为标签库，进而以用户行为标签库为基础对用户进行个体与群体画像，最后预测用户情报需求并进行个性化推送，收集后期用户评价反馈信息，对推送列表中的情报产品是否满足用户需求进行统计分析，进而根据反馈数据重新画像并推送新的服务列表，循环反复直至满足用户的实际需求。由此可见，上述科技情报“用户画像”研究大多基于大数据技术、人工智能技术，依赖科技情报用户的行为数据，这些用户行为大数据可能来自科技情报机构数据库、科技情报机构门户、新媒体平台或者其他情报信息系统；服务的对象是具有一定数量的普通用户。

在国家科技情报服务中，若服务的对象是高层次的决策者，那么，相比普通“用户画像”，有以下不同：第一，从数据量来看，国家科技情报用户数量相对较少，难以形成大规模行为数据，而大数据的特点便在于数据体量巨大，类型繁多；第二，从价值来看，国家科技情报用户的价值和数据价值都比较高，大数据在数据处理理念上更强调相关性而不是因果性，强调效率而不是精确性[5]，而国家科技情报服务于国家发展安全，效率和精确性必须兼顾，是不容有失的；第三，从安全来看，国家科技情报用户的数据相对机密，难以获得。因此，国家科技情报中的情报刻画可以利用先进的技术手段，但是难以仅靠数据和技

---

① 化柏林 . 科技信息大数据在情报研究服务中的应用 [J]. 图书情报工作 , 2017, 61(16): 150–156.

② 吴琼 , 吴晨生 , 刘如 , 等. 情报 3.0 思路下的情报工作体系建设研究 [J]. 情报理论与实践 , 2018, 41(11): 34–37.

③ 李阳 , 孙建军 , 裴雷 . 科学大数据与社会计算 : 情报服务的现代转型与创新发展 [J]. 图书与情报 , 2017(5): 27–32.

④ 王益成 , 王萍 . 基于用户动态画像的科技情报服务推荐模型构建研究 [J/OL]. 情报理论与实践 [2019–03–17]. http: //kns.cnki.net/kcms/detail/11.1762.G3.20181219.1124.004.html.

⑤ 李广建 , 化柏林 . 大数据分析与情报分析关系辨析 [J]. 中国图书馆学报 , 2014, 40(5): 14–22.

术实现。

国家科技情报治理由国家科技情报治理总机构来协调整个情报体系的情报业务，因而保存了大量情报用户数据、任务数据、反馈数据和感知数据，在一定程度上解决了上述情报刻画所需用户数据难以获取的问题。在整个情报治理体系运作中，所有的数据都由国家科技情报治理总机构来管理，在一定程度上降低了安全隐患。

国家科技情报体系刻画能力是一种更深层次的刻画能力，本研究将其理解为对情报需求的刻画，通过对情报任务刻画和决策者刻画来实现，即情报需求 = “情报任务 + 决策者”。这里的情报任务也可以理解为一种客观的情报需求，因为情报不像普通商品服务一样可以完全根据用户的喜好进行调整，其内容必须是真实准确的。但是，在真正理解决策者情报需求的时候，必须把决策者的特质因素也考虑在内，这是为了提高决策者对该情报产品的接受度，这样才能真正发挥情报产品的价值。

情报任务刻画主要是在情报感知和情报响应基础上对以往情报问题与解决方案匹配情况的总结。决策者刻画主要分为 5 个方面，即优先动力、成功因素、可知障碍、决策者经历和决策标准。①优先动力，决策者进行决策背后最具推动力的原因；②成功因素，决策者期望从该情报产品中获得的内容或方案；③可知障碍，决策者可能拒绝该类情报产品的原因，如决策者群体内部可能有人会持反对的意见，也有可能相似解决方案曾有过不愉快的体验，以产生了负面认识，无论准确与否；④决策者经历，考虑决策者的知识背景和经历，特别是关键决策者；⑤决策标准，决策者对情报产品的评估标准，如决策者会信任的资源等,通过决策标准可以调整情报产品的重点和特色,以适宜的方式来呈现。

从上述对国家科技情报体系能力的论述，可以看出国家科技情报体系响应能力、感知能力和刻画能力三者不是独立存在的，而是存在着密切的联系（图 5.4）。对于情报感知能力来说，如果没有对情报用户、需求、任务等初步的认识和理解，就无法对感知对象的价值做出有效的预判和评估；对于情报刻画能力来说，如果没有相应的感知能力积累，同样无法对用户、需求、任务做出准确的理解和描绘。将情报感知的结果和情报刻画的结果进行匹配，进一步明确不同来源、不同类型情报的价值和在不同范畴的支持作用，并在长期工作实践中总结积累匹配机制，凝聚情报工作核心特色。在此基础上形成新的情报响应能力，即将情报感知和情报刻画的匹配结果与一定的情境条件结合起来进行完善，先行递送给决策者参考，发挥情报工作的主动性；或者根据具体的任务需求进行补充调整，亦可实现在最短时间内做出响应，以缩短用户的等待时长，提高情报工作和决策的效率。在评估和反馈机制中，决策者对情报产品提出进一步要求，反馈到情报感知和情报刻画环节，经过再次匹配，生成新的情报产品；决策者对情报产品的评价或采纳情况，可能会引发新的情报感知关注点，也有利于情报刻画更加精细。

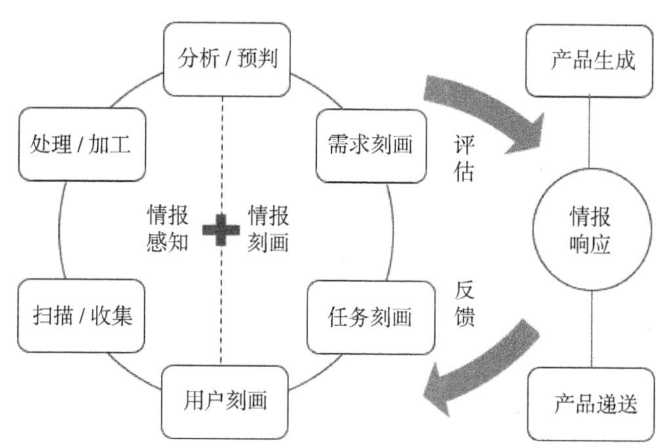

图 5.4　情报响应、感知、刻画关系示意

5.2　基于情报成果的运用表现

美国情报界每天提交给总统和关键决策者五类最终情报产品[①]（Finished Intelligence）：①日常情报（Current Intelligence），即对每天发生事件的处理；②评估性情报（Estimative Intelligence），预先评估可能对美国国家安全造成潜

① US IC. Five categories of finished intelligence[EB/OL]. [2018-11-21]. https: //www.intelligencecareers.gov/icintelligence.html.

在影响的情报；③预警性情报（Waring Intelligence），针对重要问题预先向决策者示警；④科技情报（Scientific and Technical Intelligence），包括对国外技术发展、特征、表现和能力的全面检查；⑤研究性情报（Research Intelligence），是对上述 4 种情报产品的支持。上述情报产品主要依据实际提交情况而不是完全按照统一的分类标准进行划分，突显了评估预警的情报特色和科技情报的重要地位。当然，我国的科技情报广泛开展的情报研究工作不简单等同于美国情报界的情报分析，美国情报界的分析成果基本上不包含决策建议和选项，向决策者建言献策是智库（Think Tank）和决策者智囊（Brain Trust）的工作[①]，而国内的科技情报机构本就具备智库的功能并不断在向智库转型。

从情报成果的角度看科技情报体系能力，就是将科技情报体系响应能力、科技情报体系感知能力和科技情报体系刻画能力运用在科技情报工作中，融入国家科技项目管理和创新研发过程的每一个环节，在追赶答疑、跨越选评、覆盖前瞻和引领预警这 4 个方面，更好地呈现出情报成果对国家科技决策的保障作用。

5.2.1 追赶答疑能力表现

“追赶”表现出与最先进水平之间的差距，“答疑”反映出对这种差距的认识，用科技情报产品来解释，就是明确相关对象在科技方面与最先进水平之间的差距，分析造成这种差距的原因，了解关键问题所在，从而找到弥补差距的着力点或制定追赶的方案。追赶答疑能力不仅需要对科技发展态势有全面系统的了解，还需要对不同科技水平的发展环境有清楚的认识，毕竟科技攻坚和科技追赶不是盲目进行的，要具备适宜的条件和时机。科技查新、科研进展综述、科技决策咨询、科技专题咨询等情报产品都应该具备追赶答疑的能力。

科技查新、科研进展综述等情报成果为“追赶”指明了方向。科技查新是

① 王忠军，于伟，杨晴．科技情报机构实践创新发展专家访谈 [J]. 情报理论与实践，2017, 40(12): 145.

一项很有中国特色的文献检索和新颖性鉴证工作[①]，科技查新产品作为科技管理和评估的重要依据，对科研立项、科技项目验收、科技成果鉴定、专利申请等业务都有重要的支持作用，在推动科技发展和进步方面起到积极作用。传统的科技查新产品主要是由科技查新机构接受相关个人或单位的委托后出具相关科技查新报告，实际上很难发挥对国家科技创新的支撑作用，随着科技管理部门关于查新的强制性要求逐渐弱化甚至取消，传统查新产品已经出现与需求脱节的现象[②]，也容易使人忽略科技查新本应体现出的情报能力与情报特色。科技查新是最基础的科技情报产品，好的科技查新产品的背后意味着丰富的数据资源储备、先进的检索工具和平台，而不是对某些数据库承包商的过度依赖，这些都是科技情报体系能力的体现。

科技决策咨询、科技专题咨询等情报成果为“追赶”路径进行了“答疑”。这一类的产品是为科技决策提供相关的知识和依据，既强调知识的新颖性、可靠性，又强调与政策的相关性[③]。这需要相关情报工作人员不仅对科技发展状态和条件具有一定的了解，还要了解科学与政策的关系，理解决策的需求，甚至有些时候面对不断出现的新兴复杂议题，需要汇集多学科进行攻关，需要从多个角度论证决策方案，这就需要科技情报体系能力发挥作用。

5.2.2　跨越选评能力表现

“跨越”从基本含义上看是“从某点到某点跨过中间存在的步骤”，“跨越式发展”可以理解为在一定历史条件下落后者通过采取正确的发展战略，短期内缩小与先行者的差距甚至产生超越常规的赶超行为。跨越式发展不是通过单纯的加快发展速度就可以实现的，而是需要明确评估现实发展情况，是对发展项目和发展目标的慎重选择，兼顾经济效益和社会效益，兼顾当前发展和长远发展。

---

① 石颖 . 查新工作中的科技伦理问题研究 [J]. 现代情报 , 2014, 34(4): 125-128.

② 任珩 , 王晓媛 , 王君兰 , 等 . 我国科技查新机构的发展态势及转型思考 [J/OL]. 情报理论与实践 , 2019, 42(6):65-70 [2019-04-16].http: //kns.cnki.net/kcms/detail/11.1762.G3.20190318.1636.002.html.

③ 樊春良 . 科技决策咨询制度与智库建设 [J]. 科学与社会 , 2017, 7(3): 79-93.

随着基于文献计量的科学评价方法在我国科教管理领域被过分强调使用，相关的评价指标成为左右科研人员专业行为的重要因素。目前，各情报机构的工作重点还是放在了文献服务、文献检索、文献组织和计量的研究，与文献相关的工作成为情报工作的主要任务，造成情报工作重点的偏移。在科技评估中，“唯成果论”在一定程度上忽略了科技发展的潜在能力。

国家科技情报治理为开展赋能评估（Empowerment Evaluation）提供了可能性，国家科技情报体系能力评估中的“赋能”主要体现在以下两个方面。首先，是对评估人员的“赋能”。与传统的评估方法相比，赋能评估在评估团队的组建方面，可以实现多方面协同参与，情报治理亦通过组织协调的方式为此提供了保证。评估人员可以是情报力量的提供者、情报治理引导者、情报治理中介者等，也可以是来自不同部门不同层面的代表，大家聚在一起为共同的任务使命而工作。这种对评估人员的“赋能”在一定程度上保证了评估的客观性和全面性，而且参与评估的人员也可以在评估活动中进行学习探索，提高能力。其次，是评估内容中的“赋能”。毫无疑问，赋能评估本身就比较强调对“能力”的评估，这里的“赋能”有两点内涵：第一，是能力带来的变化；第二，是能力的可持续发展。能力带来的变化，除了情报能力变化之外，还包括通过科技情报体系带来了决策能力的提高、国家竞争能力的增强、科技创新发展能力的赋予。对科技情报体系能力进行赋能评估，不仅需要关注与科技本身相关的重大进展，更要重视科技战略前瞻和科技安全保障，不可忽略围绕科技发展产生的社会问题。科技情报赋能评估不仅是对已有或可能取得的科技成果的量化评估，还有对科技发展与安全的潜在能力和可持续发展能力的评估。

5.2.3 覆盖前瞻能力表现

“覆盖”体现出情报产品的全面性，是在对相关对象全谱扫描的基础上产生的，“前瞻”建立在对科技发展全面了解的基础上，是对前沿领域的把握。为了使情报产品真正达到减少“意外”的目的，情报机构需要对分布范围广泛的特定对象进行长期系统的监控扫描，实施态势感知、评估、预测，因此也可以说，覆盖前瞻能力是引领预警能力的必备条件。

全谱分析（Full Spectrum Analysis）是 21 世纪以来逐渐流行的情报分析方法，杜元清等人从情报工作实际出发，总结了全谱分析的思想及相关应用表现。全谱分析严格来说并不是一种特定的情报分析方法，而是一种在现代复杂情报工作环境下，指导具体情报分析实践的思维方式。从方法论的角度看，全谱分析强调情报分析工作的系统性、全面性，力求通过结构化和框架化的方式对情报工作进行分解、组织与重构，以实现对情报工作及其对象的“全面覆盖、互不重叠”，即对于一个重大的议题，能够做到不重叠、不遗漏的分类，借此能够有效地把握问题的核心，并找到解决问题的方法。全谱分析在现实中有大量的应用，如基于主题领域和目的的“战略情报谱系分析”；基于时间谱系的“技术年谱分析”；基于空间的“五大空间谱系分析”；基于问题的“兰德问题谱系分析”；基于要素的“要素全谱分析”；基于层级的“情报工作全谱分析”，以及基于工作流程的“输入端全谱、方法端全谱、输出端全谱”等。由此可见，全谱分析的思维方式正是情报体系响应能力的运用表现，运用该方法生成的产品，体现了覆盖前瞻的科技情报体系能力。

5.2.4　引领预警能力表现

严格来说，覆盖前瞻和引领预警是不可分割的两项能力，引领预警是在实现覆盖前瞻基础上尽早发现未来的机遇与挑战，挖掘看似不相关事物之间的微妙联系，并通过情报产品向决策者示警，从而占据先机，引领科技发展，是一种面对不确定性的、复杂的未来的应对能力。

地平线扫描（Horizon Scanning）在前瞻性活动和预警性活动中都发挥着重要的作用，主要服务于新问题的发现、新征兆（信号）的分析、新事物的重要性评估等方面。地平线扫描是一种典型的环境扫描法，包括两层含义：第一，地平线扫描是一种政策工具，旨在于机构或组织所处的政治、经济、社会、科技或生态环境中，系统而广泛地收集与未来问题、发展趋势、观念和事件相关的信息和证据；第二，地平线扫描是技术预见过程的一部分，通过将扫描的信息转化为知识，基于知识产生预见性成果，最终将预见性成果应用到科学决策的行动中。地平线扫描有助于分析现有的问题和趋势、系统地检查潜在的优势与威盟，发现新兴的或未知的突破点①，在环境监测、计算机、医疗保健、生命科学、农业、政策制定等很多领域具有广泛的应用，也可以用于颠覆性技术的监视和预测。2014 年 3 月，英国内阁办公室地平线扫描秘书处和英国政府科学办公室地平线扫描中心合并，成立地平线扫描项目组，为其政策制定服务②。英国国防科技实验室（DSTL）的科学技术地平线项目（S&T Horizon Scanning）③、欧盟“地平线 2020”④、Gartner 公司的 Hype Cycle 等，都可见到地平线扫描方法的应用。其中，“地平线 2020”是欧盟有史以来规模最大的科研创新计划，鼓励世界各国广泛参与。美国国防部对技术监视 / 地平线扫描（Technology Watch and Horizon Scanning ，TW/HS）方法的定义如图 5.5 所示，构建了内外部已知和未知技术的矩阵，通过技术监视和地平线扫描应对内外双方不同技术组合带来的冲击。美国国防部 TW/HS 项目⑤采用该方法跟踪关键性技术用语，寻找具有颠覆性潜力的新兴科学概念和技术应用；美国国防科学委员会（DSB）所完成的许多有影响力的报告都使用了地平线扫描的工作模式，如《2030 年实现优势的技术和创新推动要素》⑥。

---

① Science and technology horizon scanning: opening the pathways for innovation[EB/OL]. (2014-07-15) [2018-01-31]. https: //www.researchgate.net/publication/252368405_Science_and_technology_horizon_scanning_opening_the_pathways_for_innovation.

② Horizon scanning programme team[EB/OL]. [2019-07-29]. https: //www.gov.uk/government/groups/horizon-scanning-programme-team.

③ he Defence Science and Technology Laboratory. Dstl S&T Horizon Scanning White Paper（compact version3）[R/OL]. (2008-03-19) [2019-07-29]. http: //www.samiconsulting.co.uk/training/documents/dstl_horizon_scanning.pdf.

④ HORIZON 2020：the EU framework programme for research and innovation[EB/OL]. [2018-01-30]. https: //ec.europa.eu/programmes/horizon2020/.

⑤ Technology watch and horizon scanning for the department of defense[EB/OL]. (2014-03-14) [2018-01-29]. http: //www.acq.osd.mil/chieftechnologist/cto/cto_TWHS.html.

⑥ The Defense Science Board. Technology and innovation enablers for superiority in 2030[EB/OL]. (2013-10)[2018-01-29]. http: //www.acq.osd.mil/dsb/reports/DSB2030.pdf.

		国防部	
		已知技术	未知技术
国防部外（敌方、工业界等）	已知技术	风险管理	易遭突袭
	未知技术	突袭机会	创新机会
		⇩ 技术监视（预测）	⇩ 地平线扫描（发现）

图 5.5　美国国防部对技术监视 / 地平线扫描（TW/HS）方法的定义

越来越多的机构开始关注与未来相关的复杂性问题和内在不确定性问题。目前，大部分机构的信息资源建设都围绕着已发生的事件进行数据收集，从而间接预测未来可能的发展趋势。相比之下，地平线扫描不是仅基于历史数据的一次性分析，而是具有反馈机制的迭代过程，所反映的是对新兴推动力的认知需求。这种新兴推动力可能不同于历史上的趋势，对事物有着不确定性的影响，可能会对组织的发展提供机遇或造成威胁。地平线扫描的作用就是探索相关因素，并帮助组织对这种情况做出及时、有效的应对。

地平线扫描的作用不仅是预测未来，更重要的是帮助决策者制定灵活和适用的发展规划。地平线扫描的阶段性进行或持续性进行都需要分析大量的信息，以识别新的发展、专利、趋势和关键事件。一个组织的地平线扫描活动应起到下列作用：①识别发展。识别组织外部环境的发展情况，包括相关领域的科技进展、政策影响等，帮助组织审视并调整工作的重点和政策。②认识差距。认识知识水平的差距，发现有潜力的增长点，从而确定进一步的研究着力点、优先级和资金投放。③理解科技。理解新兴科学技术的广泛影响和深层意义，包括对信息收集或调查研究的具体建议。④创造机会。创造将新兴科学和创新知识转化为竞争优势的机会或避免威胁的机会。⑤洞察未来。洞察与未来不同，甚至是冲突的观点。

5.3 情报体系能力运用的方法工具

5.3.1 情报赋能评估方法

5.3.1.1 赋能评估产生的背景

赋能（Empowerment）这一术语在 20 世纪 80 年代开始进入学者们的视野，最初，伊利诺伊大学香槟分校社会心理学家 Rappaport[①] 将其定义为个人、组织或团体获得能力的过程，该过程包含联合他人协同参与、努力获得资源权限、解读社会政治环境等措施，最终结果是提升竞争优势。后来，又有多个研究在此定义基础上进行拓展。例如：将赋能视为居于组织核心位置，具有一定目的性的上升过程，通过赋能可以打破高价值资源无法平等共享的局面，使组织内每位成员充分享有对资源的利用和控制权限[②]；将赋能简单理解为相关对象协同参与、提升能力[③]、深化对其所在环境的理解认识[④]的过程。“赋能”一词在多个学科领域都有运用，在个人、组织、团体层面都可涉及，研究者往往根据具体问题和方法来理解概念。虽然赋能术语定义繁多且与具体操作关联，缺乏统一普适的界定形式，但总体来说，赋能是一个与相关对象的能力提升、自我完善、环境感知、预警应变等行为发生关联的概念[⑤]。赋能作为一种价值取向，关注于能力识别而不是罗列风险，强调专业与协同而不是盲从专家权威。以赋能为取向的介入方式倡导在解决问题的同时带来整个生态系统健康度的提高，

---

① RAPPAPORT J. Studies in empowerment: introduction to the issue[J]. Prevention in human services, 1984, 3(2–3): 1–7.

② Cornell Empowerment Group. Empowerment and family support[J]. Networking bulletin, 1989, 1(2): 1–23.

③ RAPPAPORT J. Terms of empowerment/exemplars of prevention: toward a theory for community psychology[J]. American journal of community psychology, 1987, 15(2): 121–148.

④ ZIMMERMAN M, ISRAEL B, SCHULZ A, et al. Further explorations in empowerment theory: an empirical analysis of psychological empowerment[J]. American journal of community psychology, 1992, 20(6): 707–727.

⑤ PERKINS D, ZIMMERMAN M. Empowerment theory, research, and application[J]. American journal of community psychology, 1995, 23(5): 569–579.

并为参与者提供学习知识和提升技能的机会①。

密歇根大学 Zimmerman② 关于赋能理论的研究为赋能评估提供了理论框架，该理论认为赋能既是一个过程也是一种结果，并对赋能的过程和结果进行区分。赋能过程是对特殊能力结果的追求，试图得到控制权限和资源优势。换句话说，赋能过程即相关对象获得能力从而独立解决问题或制定决策的过程。赋能结果是赋能过程的实施结果，是通过赋能过程所获得的能力和竞争优势，也是对赋能过程的评价依据。赋能结果在不同分析层次上有不同的体现，个体层次上的赋能结果包括在特殊环境下的控制能力、学习能力、技术能力的提升；组织层次上的赋能结果包括组织资源建设、知识积累、政策影响力提高等。

赋能评估（Empowerment Evaluation）一词最初由斯坦福大学 D. Fetterman③ 在 1993 年美国评价协会年会发言中提出，强调运用评估概念和技术促进优势能力的获得。美国评价协会（American Evaluation Association，AEA）④ 成立于 1986 年，是一个由致力于对科技评价、项目评价等多种评价形式进行探索和应用的相关人员构成的专业组织，其成员遍布全球 80 多个国家和地区。该协会每年邀请来自美国和世界各地的评价行业从业人员、协会会员和专家学者参会，通过参会人员之间的交流和同行评议促进评价事业的发展。赋能评估着眼于上升和协同，鼓励将定性和定量的方法相结合，可以在多个评估领域得到应用，从评估的角度引导赋能过程实施，推动赋能结果生成。

5.3.1.2 赋能评估在情报机构中的渊源

赋能评估的观念被诸多评价领域的研究者所关注，也逐渐在情报机构和科技评估机构中引起重视。美国净评估办公室、兰德公司等战略情报分析领域的重要代表性机构与赋能评估颇有渊源。

---

① SWIFT C, LEVIN G. Empowerment: an emerging mental health technology[J]. Journal of primary prevention, 1987, 8(1–2): 71–94.

② ZIMMERMAN M A. Empowerment theory[M]//Handbook of community psychology. New York: Springer US, 2000: 43–63.

③ FETTERMAN D. Empowerment evaluation[J]. Evaluation practice, 1994, 15(1): 1–15.

④ American evaluation association[EB/OL].[2018–01–21]. http: //www.eval.org/p/cm/ld/fid=4.

美国净评估办公室（Office of Net Assessment，ONA）组建于1973年，是美军的核心智囊机构，在美国国家安全战略、防务战略、军事战略制定中发挥着重要的作用。2009年12月23日，美国国防部发布名为《净评估办公室主任》的第5111.11号指令①，将净评估重新定义为对决定国家军事能力的军事、技术、政治、经济及其他相关因素的比较分析。净评估分析从独特的角度处理问题，根据评估发现关键能力和技能提升的领域和途径，进而把大的困难问题拆解成这些方向上的多个可操作的问题，通过提升技能逐渐解决总问题②。ONA以净评估理论为基本框架，通过对敌我竞争双方军事能力和潜力的评估比较，识别预测美国未来将面对的机遇与威胁③，从而为美国战略决策的制定提供依据。

兰德公司所研发的兰德战略评估系统也是一个具有赋能理念的评估工具。1978年8月，美国国防部科学委员会对美军战略平衡分析能力做了一个全面性评估，建议开发新的分析工具以弥补不足④，ONA负责人安德鲁·马歇尔认为，新工具应是一个可用于评估和比较敌我之间战略部队能力的灵活分析工具⑤。在美国国防部和净评估办公室的支持下，兰德公司成立战略评估中心对该评估工具进行研发，即兰德战略评估系统⑥(RAND Strategy Assessment System)。兰德战略评估系统是一套能力分析工具，通过分析和推演评估双方能力的变化来预测战略目标的态势。

随着科技评估观念的发展，科技评估机构逐步变迁。通过对科技评估机构

① Department of Defense. Director of net assessment (DoD Directive No.5111.11)[EB/OL]. (2009-12-23) [2018-01-23]. https: //fas.org/irp/doddir/dod/d5111_11.pdf.

② BRACKEN P. Net assessment: a practical guide[J]. Parameters, 2006, 36(1): 90.

③ MADDRELL D O. Quiet transformation: the role of the office of net assessment[EB/OL]. (2003-05-02) [2018-01-22]. http: //www.dtic.mil/dtic/tr/fulltext/u2/a441633.pdf.

④ 李健，毛翔. 兰德战略评估系统及其影响 [J]. 军事运筹与系统工程，2015, 29(1): 5-12.

⑤ MARSHALL A W. A program to improve analytic methods related to strategic forces[J]. Policy sciences, 1982(15): 47-50.

⑥ DAVIS P K, WINNEFELD J A. The rand strategy assessment center: an overview and interim conclusions about utility and development options[EB/OL]. (1983-03) [2018-01-21]. http: //www.dtic.mil/dtic/tr/fulltext/u2/a127601.pdf.

变迁进行观察，亦能印证对赋能评估对象内容的调整认知情况。美国是开展科技评估和推进科技评估制度化建设最早的国家之一，科技评估组织机构的设置分布于国会政府、社会机构和学术机构 3 个层次，形成较为完善的科技评估体系。

美国科技评价办公室（Office of Technology Assessment，OTA）隶属于美国国会，1972—1995 年共计存续 23 年。OTA 通过提交分析严谨、内容多样、价值丰富的评估报告来帮助美国国会和国家机构做出正确的判断。OTA 采用相应监督机制和与公开流程以尽可能保证其评估公证，不偏不倚。然而，OTA 的方式仍存在一定的局限①，包括情报产品递送缓慢，对权威评估报告的神化和盲从，产品报告内容平淡、创新匮乏，忽视技术在社会关系和政治结构方面的作用，忽视多种看似无关因素之间的关联影响，忽视社会技术驱动力的复杂作用，难以突破体制上的静态与孤岛，没有公众视角等。在 OTA 停止运作之后，原有的科技评价职能主要分散在美国国会研究服务部（Congressional Research Service）、美国政府责任署（Government Accountability Office）、国家科学院 / 国家研究理事会（National Academy of Sciences/National Research Council）中。国会研究服务部可为国会提供简洁、快速流转的科学技术政策摘要，国家科学院 / 国家研究理事会可对科学技术政策问题进行深入分析。自 2007 年以来，美国国会在政府责任署内确立了永久的科技评价职能，该机构通过国会授权，依照国会领导需求和总审计长的授权启动相应的技术评估②。

革新后，多方协同参与的评估机制弥补了 OTA 原有的科技评估局限，对美国科技政策的制定形成支撑作用，促进了美国科技评估体系的发展完善。那些被弥补的评估缺失内容，正是国家科技情报治理中赋能评估的重点对象。

5.3.1.3　赋能评估在情报生态中的价值体现

国家科技情报治理牵涉的对象结构复杂、领域众多，在提升国家科技管理

---

① Woodrow Wilson International Center. Reinventing technology assessment: a 21st century model[EB/OL]. (2010-04-28) [2018-01-25]. https: //www.wilsoncenter.org/article/reinventing-technology-assessment-for-the-21st-century.

② US Government Assessment Office. Technology assessment[EB/OL]. [2018-01-23]. https: //www.gao.gov/technology_assessment/key_reports.

决策分析能力的同时，既要立足于保证国家的发展与安全，又要重视营造适合国情的科技情报生态。科技评估是科技管理政策制定的重要依据，明确科技情报赋能评估的生态价值对于情报治理的实施有重要的参考意义。

我国的科技情报事业面临三大战略环境的变革：一是以中国为代表的新兴市场国家对国家政治经济秩序的渐进式变革；二是以互联网为代表的新技术对人类社会生产与生活的跃进式革命；三是以总体国家安全观为指导的中国国家安全治理体系的深度建设①。随着战略环境的变革，以及国家创新驱动发展战略和科技强国战略的全面实施，中国要在重大科技创新领域引领世界发展，科技情报部门必将以“国家情报体系建设者”的身份承担起整合社会各界科技情报研发力量的重要职能②，科技情报治理必须兼顾国家发展与安全，支持军民融合，在国家情报治理业务上发挥引领示范作用。

国家科技情报治理遵循现代化国家治理的一般规律，从管理到治理的变革，要求多主体的广泛参与，通过对多主体的赋能来实现权力的合理分配。对于此类复杂系统问题，生态理念的运用是可行的选择。在运用生态理念进行国家科技情报治理时需要注意 4 个关系意识，即存在与生长关系意识、多样与进化关系意识、生存与贡献关系意识、共享与共赢关系意识③。赋能评估的价值观要求不能仅关注具体问题的解决，还要注意生态环境的健康发展，对应到存在与生长关系意识中，要求在全面考察情报治理相关对象要素的同时兼顾情报生态环境发展变化动态，赋能的结果是获得竞争能力，增加竞争优势；对应到多样与进化关系意识中，要求在解析情报治理生态系统中多种要素间相互作用的同时分析优胜劣汰的原因，确保情报用户在竞争中处于优势地位，赋能重视人员培养和资源控制，强调专业性但又不盲从专家权威；对应到生存与贡献关系意识中，要求在保障情报事业发展所需物质资源条件的同时坚守情报职业的理想信念，赋能的过程需要多方的参与；对应到共享与共赢关系意识中，则要求情

---

① 赵冰峰 . 我国情报事业面临的环境变革、战略转型与方法论革命 [J]. 情报杂志 , 2016, 35(12): 1–5.

② 赵冰峰 . 迎接我国科技情报事业的第二个春天 [J]. 情报工程 , 2016, 2(4): 8–13.

③ 王延飞 , 刘记 , 陈美华 , 等 . 情报治理的生态观 [J]. 情报理论与实践 , 2018(1): 5–8.

报治理中的协同与合作，并为参与者提供学习交流的机会。

5.3.1.4 赋能评估的能力体系构建

“赋能”是在特定价值取向下追求特殊能力的结果，必然会带来相关对象能力的变化。国家科技情报治理中的赋能评估，即对特定价值取向下由科技情报活动引起的相关对象能力变化的评估，这些能力主要包括情报能力、竞争能力、决策能力和创新能力，最终通过影响力的变化表现出来（图 5.6）。

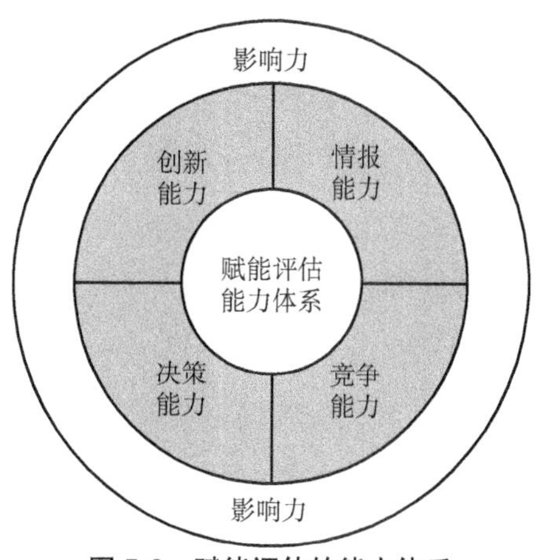

图 5.6 赋能评估的能力体系

情报能力。目前，关于情报能力的探讨主要分为两个方面：狭义上的情报能力主要指情报人员、组织或机构在情报过程中实施行动的能力；广义上的情报能力指相关情报对象围绕情报进行活动的能力，这里的情报对象不仅包含情报供应者，也包含情报服务对象；围绕情报进行的活动不仅包含情报处理，也包含对情报的利用，例如，卢泰宏[①]将社会的情报能力定义为社会吸收、储存、处理、利用和供给情报的能力，并将其视为情报政策制定的国情要素之一。在赋能评估中，情报能力的评估主要通过情报响应能力、情报刻画能力、情报利用能力、情报实施能力等指标综合判断。

竞争能力。竞争是情报的内在属性，竞争能力的提升是情报赋能最直接的

① 卢泰宏 . 社会的情报意识和社会的情报能力 [J]. 情报科学 , 1983(3): 1–7.

结果。竞争情报为获得和保持竞争优势而对有关竞争环境、竞争对手等情报信息进行处理、分析和评价，从而为竞争策略和战略决策的制定提供依据，竞争能力即竞争情报产品所带来的竞争优势。

决策能力。国家治理决策过程中，与科技相关的信息不完备问题需要通过科技情报工作来解决。科技情报工作者通过对科技情报需求、科技情报对象和科技情报任务进行感知、刻画和响应来为决策提供支持和依据，从而带来决策能力的提升。

创新能力。在国家创新驱动发展战略的大背景下，科技情报需要发挥其应有作用，有效地对国家各项科技创新活动提供支撑和保障。创新首先体现在新颖性和独特性上，需要对科技发展的现状和未来趋势有较好的把握，才能实现预警预判，占领技术前沿，把握创新先机。创新能力主要体现在创新意识、创新环境、创新体制、创新成果等方面。

5.3.1.5 赋能评估的方法流程

从整体上看，赋能评估的流程较为简洁且具有较强的普适性，主要分为 4 个环节（图 5.7）：第一，根据评估对象，组建评估团队；第二，明确评估任务，制定评估方案；第三，评估情报带来的能力变化；第四，确定未来规划。

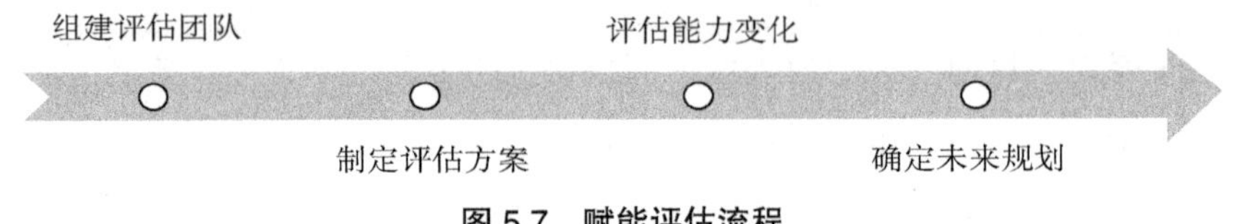

图 5.7 赋能评估流程

与传统的评估方法相比，赋能评估在具体操作上有所不同，主要体现在两个方面：首先，在评估团队的组建方面，赋能评估强调多方面协同参与。评估人员可以是情报活动的参与者、合作伙伴、利益相关者等来自不同层面的代表，将人们聚在一起为共同的任务而工作，充分利用人类追求进步的能力，使评估人员也能够在评估活动中进行学习，提高能力。

其次，在评估的方案与内容方面，赋能评估强调能力的评估。赋能评估不仅需要关注与科技相关的重大进展，更要重视科技战略前瞻和科技安全保障，不可忽略围绕科技发展产生的社会问题。科技评估不仅是对已有或可能取得的科技成果的量化评估，还应赋予科学技术可持续发展的能力，鼓励创新发展。科技评估尝试克服传统操作中的以刊评文、过度量化、行政主导的弊端，逐渐向以质评文、以能评文的理念转变，强调赋能创新，营造健康生态。

5.3.1.6　赋能评估的工具组合

科技评估应根据评估任务使用恰当的评估方法和方式，评估工具的选择取决于评估目标的设定。随着技术复杂性的提高，在考虑技术问题的同时不能忽略围绕其产生的社会人文影响，单一的定量或定性方式均无法满足兼顾国家科技发展与安全的需求。在大数据环境和新评估理念的影响下，评估工具应该形成包容科技与人文的多元组合，其发展主要体现在两个方面。

第一，引入新的评估理念，参与评价的主体呈多元化，在关注技术发展本身之外考虑人文环境的影响，注重破除“唯成果是问”所造成的局限，将能力作为评估的标准，此类做法的代表之一便是参与式技术评估。

广义上讲，参与式技术评估（participatory Technology Assessment，pTA）是某类社会技术问题的评估方法和程序的总称，强调各种社会角色可积极参与评估和讨论，这些参与者可以是不同类型的公民、社会组织、国家层面的代表，也可以是个人利益相关者，特别是科学家和技术专家，参与者的不同组合构成了不同类型的评估[①]。参与式技术评估不单在纯科学的层面考察和评估科学技术，而是考虑到更广泛的社会、道德、政治等方面。而且，参与式技术评估有利于开放公共领域的评估，有利于使评估过程更加透明，鼓励广泛的公共探讨和社会学习。

20 世纪 80 代后期，参与式技术评估开始在丹麦、荷兰等欧洲少数国家进行试验，90 年代以来，参与式技术评估的范围越来越广，美国、加拿大、日本、新西兰等国家也开始对其进行应用。参与式技术评估被认为是参与式治理的重

① JOSS S, BELLUCCI S. Participatory technology assessment—European perspectives[M]. London: Center for the Study of Democracy, 2002: 5-6.

要手段之一，也是专业技术民主决策的重要机制[①]。在参与式技术评估的情境下，参与者发挥政策咨询作用，他们并不制定政策，而是参与探知现有的知识，并根据社会价值观和利益分析对这些知识进行评估。参与式技术评估是一种定性的分析方法，针对复杂的科技政策问题，致力于提高政策制定的知识基础[②]。

第二，革新传统的定量评价，利用大数据技术带来的便利将多样化的社会交流和学术交流以结构化的形式呈现出来，这种做法在基于计量的科学评价工具发展中可以体现出来。

传统的科学计量评价主要是基于对文献著录信息的计量，擅长以文献的引用情况来反映其影响，分析维度较为单一且时滞较长。文献计量难以估计科研工作者的引用动机，对引用评价的马太效应和古德哈特定律作用的忽略，给评价工作和科技管理带来了负面的影响。在这种情况下，补充计量学发展起来，通过社交网络、学术交流平台、开放获取平台等信息来源，将研究者所有的科研互动轨迹及对信息资源的使用情况即时反映出来，利用推荐量、分享量、讨论量等评估科研影响，有时甚至还在计量工具中加入感情分析的功能，以分析评价大数据背后的人文交流和科研思想传承[③]。现阶段 Altmetrics 在实际操作中还未能摆脱传统计量指标的桎梏，难免落于窠臼，存在不足和争议，但其发展中体现的数据和人文思考的组合理念值得重视。

可以预见，科技与人文、大数据和系统扫描仍将是未来几年国家科技情报治理中进行赋能评估的工具组合的创新源泉。

5.3.1.7 国家科技情报治理中赋能评估的实施窍要

在国家科技情报治理过程中进行赋能评估，其初衷是要将治理对象的知行

---

① ABELS G. Forms and functions of participatory technology assessment - or: why should we be more sceptical about public participation[C]//Participatory approaches in science & technology (PATH)' conference 4th - 7th june. Scotland: Edinburgh, 2006.

② HENNEN L. Why do we still need participatory technology assessment? [J]. Poiesis & Praxis, 2012, 9(1-2): 27–41.

③ 汤珊红，由庆斌，李天阳 . 补充计量学的发展及应用 [M]// 中国国防科学技术信息学会 . 情报学进展 2014—2015. 北京：国防工业出版社，2016: 76–99.

关系把握好，前文所说生态观的情报关切既可以作为关系把握的抓手，又可以作为实操原则的起点。国家科技情报工作的核心环节是对科技情报的感知、刻画和响应。

对特定情报任务目标的响应能力依旧是现代科技情报治理中不容忽视的关切底线。以往的情报研究密切关注情报的响应能力，即根据相应的情报任务目标和需求开展情报工作，在信息不完备的情况下，准确及时地为决策者提供情报支持。罗伯特·克拉克曾针对美国情报界提出运用以目标为中心的情报分析方法，形成了包含“确定目标、问题分解、建立模型、评估数据、填充模型、进行预测”6 个环节的情报分析流程[①]，在情报业务实践和理论研究中被普遍接受。然而，随着大数据技术的发展，环境瞬息万变，用户对响应等待的容忍度日益降低，对情报工作提出了更高的要求。在现代科技情报治理中，如果仅将关切点落在对任务目标和需求的响应，往往会滞后于决策的发展，难以有效发挥支持作用。如果能够尽早发现和描述清楚未知的可能性，对于现代科技情报治理效果的意义是不言而喻的。

对科技情报需求、任务、对象的感知能力与刻画能力是提升科技情报治理水平的决定因素。在现代科技情报治理中，对科技政策议题的解答和设计虽然依旧是高级情报研究产品的展现形式，但科技情报对决策能力的赋予则更胜一筹。科技情报工作通过全面扫描，感知态势发展，尽早落实对未知要素的识别和描述；刻画情报用户形象和情报任务需求雏形；分析情报感知与情报刻画的匹配规则；将情报产品递送给目标用户。在这里，情报产品不再是响应特定问题的答案，而是预先赋予了决策者对未知情境的认知能力，缩短了决策者处于信息不完备境遇下的时长，进而增强了决策者做出判断行为的能力，实现了认知与行动的统一。

国家科技情报治理具有一定的特殊性与复杂性，现阶段我国的科技情报事业还存在诸多的问题。例如，情报工作的重心仍旧停留在任务响应层面，对感知和刻画的研究还不够深入；科技情报工作能够为国家科技安全治理提供保障，但在

① 克拉克. 情报分析：以目标为中心的情报方法 [M]. 北京：金城出版社，2013.

支持引领国家创新发展方面尚未形成理想的战略支撑。这些问题的解决必须依靠思想观念的转变、制度体系的发展和工具手段的创新。研究管理有关人员应该深刻体会到，在国家科技情报治理过程中进行赋能评估，其初衷是把握好治理对象的知行关系。对此，结合赋能理念有以下建议：第一，兼顾国家发展与安全，转变评估理念，重视赋能过程；第二，完善治理体系，把握知行关系，赋予决策能力，营造健康情报生态；第三，兼顾科技人文、多元组合工具、系统扫描预测，实现创新驱动发展。

5.3.2 情报感知关联工具

情报感知是应对复杂巨系统问题和探索创新的有力抓手，是人文历史积淀和科学技术发展的天然交汇点，需要综合集成关联领域的方法规律和运用规则，实现多种技术工具的有机组合。情报感知与态势感知、情境感知、数据感知在实施对象和应用工具方面密切相关，从某种程度上说，情报感知是在相关数据基础上结合特定情境对事物发展态势做出的理解、预判和应对，这 3 个部分是情报感知不可或缺的环节（图 5.8）。

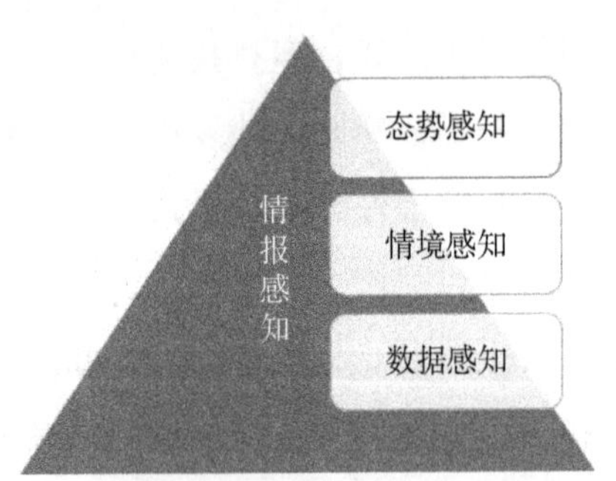

图 5.8 情报感知的关联工具

5.3.2.1 数据感知

数据感知是情报感知的基础，也是情报感知过程的开始环节。关于数据感知，国内外尚未形成统一的定义，可从广义上理解为对数据进行采集、处理、描述的过程。随着智能技术和物联网的发展，越来越多的 M2M（Machine to

Machine）传感器和设备连接到互联网，生成了基于传感器的大数据，即感知大数据[①]，推动了相应数据基础架构、平台、分析服务应用的研发需求，也为传统情报学带来了新的挑战。这些感知大数据具有规模庞大、模态多样、变化频繁、能量受限、冗余显著、质量低下、计算复杂等特点[②]，如何对这些海量复杂、多源异构、大范围时空关联的感知大数据进行收集、处理、描述，使其化繁为简，高效提炼出可满足情报需要的、可理解的、可利用的资源，是一个迫切而重要的问题。

5.3.2.2　情境感知

情境感知（Context-Aware），又称上下文感知、情景感知，研究始于 20 世纪 90 年代移动计算分布式处理，1994 年，B. Schilit 等[③]研究者在文献中首先使用了"Context-Aware"这个词，并指出情景包括 3 个重要方面，即用户的地理位置（where you are）、用户的背景（who you are with），以及周边资源（what resources are nearby）。G. D. Abowd 等[④]认为"情境"是对实体情况特征的描绘，并将情境感知定义为利用情境为用户提供相关信息和服务的过程。T. Chaari 等[⑤]认为，情景感知就是感知用户所处的情况、推测用户在此情况下最可能的行为或需求，然后提供相应的信息和服务。国内外学者根据情境感知的特点，从不同角度对情境感知进行了分类，顾君忠[⑥]认为，可以把情境感知分为直接的显示感知和内部的蕴含感知两类，前者如位置、时间、设备环境信息等，后者如

---

① GAO J, LEI L, YU S. Big data sensing and service: a tutorial[EB/OL]. (2015-08-13) [2022-08-29]. https://ieeexplore.ieee.org/document/7184867.

② 程思瑶，蔡志鹏，李建中 . 感知大数据获取与计算的研究进展 [EB/OL].(2017-05-05)[2018-03-04].http: //www2.paper.edu.cn/releasepaper/content/201705-445.

③ SCHILIT B, ADAMS N, WANT R. Context-aware computing applications[EB/OL]. (2008-09-12) [2022-08-29]. https://ieeexplore.ieee.org/document/4624429.

④ ABOWD G D, DEY A K, BROWN P J, et al. Towards a better understanding of context and context-awareness [EB/OL]. (2001-11-09) [2022-08-29]. https://link.springer.com/chapter/10.1007/3-540-48157-5_29.

⑤ CHAARI T, LAFOREST F, CELENTANO A. Design of context-aware applications based on web services[EB/OL]. [2022-08-29]. https://citeseerx.ist.psu.edu/viewdoc/download?doi=10.1.1.481.3523&rep=rep1&type=pdf.

⑥ 顾君忠 . 情景感知计算 [J]. 华东师范大学学报（自然科学版），2009(5): 1-20,145.

用户特点、习惯、知识层次、喜好等。R. Giaffreda 等[①]从情境感知系统的角度，将情境感知分为网络情境感知和应用情境感知两类，前者可细分为移动感知、拓扑感知和服务质量感知，后者可细分为应用感知、服务感知和策略感知。

情境感知明确了情报感知的运行环境（环境条件），是情报感知过程的重要环节。通过情境感知，情报工作者能够向情报用户准确及时地提供不受时空限制的个性化服务，满足情报用户在不同情境下的决策需求。情境感知与决策安全有着密切的联系，根据 Gartner 的定义，情境感知安全[②]（Context-Aware Security）就是利用补充信息改进安全策略，从而提高精准安全决策的能力，以应对不断变化的信息技术环境，满足动态发展的业务需求。大数据时代的新环境使威胁情报（Threat Intelligence）成为信息安全研究的新热点[③]，情境感知中综合运用大数据实时流处理技术和机器学习技术，有利于实时动态感知威胁情报、实时学习和预测威胁情境，帮助利用相应安全防护措施识别可能的攻击与威胁，建设信息安全主动防御体系[④]。

5.3.2.3 态势感知

态势感知（Situation Awareness）的概念最初来自战场指挥系统，通过对战场复杂形势的分析评估与预测做出适当的反应[⑤]。1988 年，M. R. Endsley 将态势感知定义为“识别理解时间和空间环境中的各种要素，并对其未来状态进行预测的过程[⑥]”。根据 M. R. Endsley 构建的态势感知理论，态势感知包括 3 个

---

① GIAFFREDA R, KARMOUCH A, JONSSON A, et al. Context-aware communication in ambient networks[C]//Wireless world research forum. Berlin: Springer, 2005: 2-5.

② Gartner. Context-aware security[EB/OL]. [2018-03-03]. https: //www.gartner.com/it-glossary/context-aware-security.

③ 范佳佳 . 论大数据时代的威胁情报 [J]. 图书情报工作 , 2016, 60(6): 15-20.

④ 杨维永 , 郭靓 , 廖鹏 , 等 . 基于情景感知的信息安全主动防御体系建设 [J]. 电力信息与通信技术 , 2016, 14(1): 28-32.

⑤ 胡冠宇 , 张邦成 , 周志杰 , 等 . 基于置信规则库的网络安全态势感知 [M]. 北京 : 科学出版社 , 2017: 1-2.

⑥ ENDSLEY M R. Design and evaluation for situation awareness enhancement[C]//Proceedings of the human factors society annual meeting. Los Angeles: SAGE Publications, 1988, 32(2): 97-101.

层次[①]：知觉层（Perception），识别环境中各要素，主要依赖于感觉器官；理解层（Comprehension），建立在知觉层之上，综合权衡各要素组成对实现目标的重要程度；推测层（Projection），态势感知的最高层次，在知觉层和理解层的基础上，推测环境中各因素的未来发展状态和行动。

态势感知的概念并不局限于任何特定的领域，态势感知技术已被广泛用于各个领域，对复杂系统的安全决策起到至关重要的作用。随着网络空间安全重要性的不断提高，网络安全态势感知（Network Security Situation Awareness，NSSA）研究与应用正受到越来越多的关注。目前，人们对网络安全态势感知的研究存在 3 种观点[②]：第一种认为 NSSA 是网络安全事件应用大数据处理和可视化技术的汇总结果；第二种认为 NSSA 是基于网络安全事件融合计算的网络安全状态量化表达；第三种认为 NSSA 作为一种网络安全管理工具，是网络安全监测的一种实现形式，并提出了诸多模型。

态势感知是情报感知的重要成果，有利于发挥情报感知在情报工作中的先导性作用。态势感知在信息不完备的情况下进行，想要在复杂的巨系统中准确感知、预测事物发展态势，必须充分利用各种形式的数据信息，从情报的提取到态势的评估预测都需要严格的把控，需要注意以下几个问题：第一，除了各种结构化数据，对非结构化或半结构化数据的有效利用可能会使模型具有更强的处理能力，二者的共同利用才能最终获得较理想的结果；第二，很多信息具有不确定性和模糊性，如何获得更为接近真实情况的结果是很关键的问题；第三，态势感知很可能不具有完备描述新生知识的能力，如何对这种无知进行表示，成为一个值得关注的新问题。

5.3.3　情报感知前沿技术

情报技术研发情况在某种程度上决定了情报感知能力的水平，对国家安全有着重大的意义。美国情报高级研究计划局（IARPA）作为美国情报机构的技

---

① ENDSLEY M R. Toward a theory of situation awareness in dynamic systems[J]. Human factors, 1995, 37(1): 32–64.

② 龚俭，臧小东，苏琪，等. 网络安全态势感知综述 [J]. 软件学报，2017, 28(4): 1010–1026.

术孵化器，向情报界输送了大量新技术；美国国防高级研究计划局（DARPA）为美国国防安全提供技术保障，虽不直接负责情报技术的研发，但也为美国情报工作的开展提供了有效的技术支持。对 IARPA 和 DARPA 这两个机构所研发的技术项目进行监控和追踪，有利于把握当前情报感知技术发展的方向。

5.3.3.1 IARPA 情报感知技术

IARPA 通过感知全源数据，洞察全球事件，超前评估态势发展，主动为决策者提供实时报道和预先警示，最大限度发挥情报的价值。IARPA 目前正在研发的项目有 34 个，完结项目 27 个[①]（最后调研日期：2018 年 4 月 8 日），划分为收集技术（Collection）、计算技术（Computing）、分析技术（Analysis）和超前情报技术（Anticipatory Intelligence）4 个研究方向（图 5.9）。

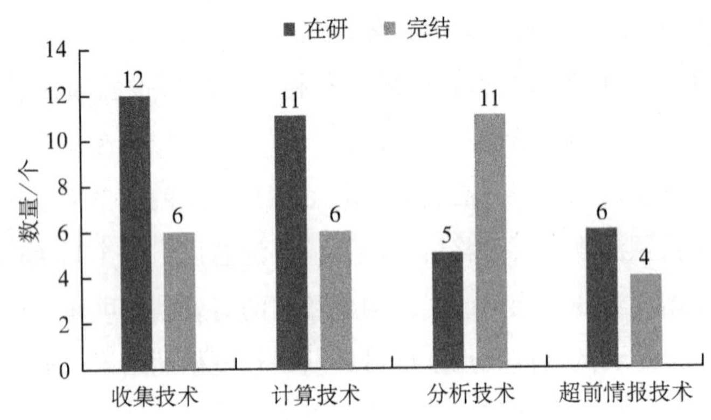

图 5.9 IARPA 技术项目研究分布

这四大研究方向与情报工作过程中收集、处理、分析、预测等环节紧密契合，涵盖了自然语言处理、机器学习、预测技术、图像处理、数据融合等多个技术领域（部分项目详见表 5.2）。其中，超前情报技术是 IARPA 重点的关注领域，通过对情报对象的主动感知预判，结合特定情境为决策者提供警示，减少不确定事件的发生。

① IARPA. Research programs[EB/OL]. [2018-04-08]. https: //www.iarpa.gov/index.php/research-programs.

表 5.2 IARPA 情报感知技术项目（部分）

研究方向	项目名称	项目愿景	具体技术领域
分析技术	BETTER	研发增强个性化多语言语义的文本抽取和文本检索技术	自然语言处理、信息抽取、信息检索、多语言处理等
	CORE3D	研发可自动产生具有真实物理属性的精确 3D 物体模型的技术，以提高多源传感数据的保真度	多角度卫星图像处理、多源信息融合、深度学习、远距离传感等
	MATERIAL	将多种语言机器翻译为英语，以实现英语信息检索	自然语言处理、机器翻译、跨语言检索等
超前情报技术	CAUSE	研发测试能够更早地预测和监测网络攻击的自动化方法	网络安全、网络事件预测、网络行为和文化理解、威胁情报等
	CREATE	使用众包和结构化分析技术改进分析推理系统，进而更好地理解与总结冲突的证据和假设	批评性思维、预测技术等
	HFC	研发混合地缘政治预测系统，结合人机功能，创建准确、灵活的预测功能	预测技术、人类判断、机器学习、决策制定、人机交互、文本分析等
	Mercury	开发连续自动的信号情报分析方法，以预测 / 监测政治危机、疾病暴发、恐怖活动、军事行动	机器学习、数据融合、信号情报分析等
	SCITE	对连续内部威胁评估的科学进展	创新研究评估方法、创新统计方法、分析、预测等
收集技术	SHARP	加强人类适应性推理和解决问题的能力	认知、人类行为、神经科学等
	HFGeo	高频地理定位	通信系统、地理定位等
计算技术	MICrONS	来自人脑皮层网络的机器智能，实现数据科学与神经科学之间的对话，提高机器执行用复杂信息处理任务的能力	神经科学、机器学习等

5.3.3.2 DARPA-I2O 情报感知技术

DARPA 下属的信息创新办公室（Information Innovation Office，I2O）为保障

美国的信息优势致力于开发颠覆性信息技术，主要集中在网络技术、分析技术和（人机）共生技术（Symbiosis）这3个技术领域[①]，为情报感知提供了有力的技术支持。

①网络技术。随着人类活动进入网络空间，来自网络的威胁日益复杂且数量不断增长，信息保护和信息保障是国家安全领域的重要议题。I2O的网络技术研发关注网络空间态势感知技术、网络威胁感知及应对技术，开展积极防御，规划网络领域的行动系统，对攻击性方法进行感知探索。

美国政府2011年2月发布了《联邦云计算战略》[②]，加速了信息技术从传统工作环境向云计算环境转移的步伐，也挑战着传统的网络安全解决方案。DARPA启动面向任务的自适应云计划[③]（Mission-oriented Resilient Clouds，MRC），研发内在分布式云防御技术、具有任务意识的自适应互联网技术，构建共享态势感知和动态信任模型，以实现通过检测、诊断和响应云环境中的攻击技术来解决安全挑战。

大规模网络捕获计划[④]（Cyber-Hunting at Scale，CHASE)旨在开发自动化工具以检测和表征网络环境下新型的攻击媒介，通过自适应数据收集对潜在网络威胁的实时调查，实现有效的战略数据管理。

②分析技术。在“大数据”“机器学习”等热门词汇的背后，经验模型和数据驱动方法早已为多个行业领域带来了强大的洞察力和竞争优势。随着分析技术、算法、软件生态系统的不断革新，以数据为中心的算法模式可以充分利用传感器网络返回日益精密的数据来实现产品、服务、运营和战略的优化。

---

① DARPA. Information innovation office[EB/OL]. [2018-04-06]. https: //www.darpa.mil/about-us/offices/i2o/more.

② Federal cloud computing strategy[EB/OL]. (2011-02-14) [2018-04-06]. https: //obamawhitehouse.archives.gov/sites/default/files/omb/assets/egov_docs/vivek-kundra-federal-cloud-computing-strategy-02142011.pdf.

③ Mission-oriented resilient clouds[EB/OL]. [2018-04-06]. https: //www.darpa.mil/program/mission-oriented-resilient-clouds.

④ Cyber-hunting at scale[EB/OL]. [2018-04-07]. https: //www.darpa.mil/program/cyber-hunting-at-scale.

数据驱动发现模型研发项目[①]（Data-Driven Discovery of Models，D3M）旨在开发自动模型发现系统，帮助具有专业领域知识但是缺乏数据科学背景的用户能够创建对真实复杂过程的应用模型。传感器技术和开放数据源为利用数据建立模型进而加速科学发现提供了契机，在这种契机下，专业的数据科学家成为紧缺人才，该项目降低了数据科学家的可用性对科学发现的影响，也为情报感知提供了便利。

情报分析人员需要对感知到的海量多源复杂数据进行分析，如传感器数据、人际情报、情景数据等，以为决策者提供准确及时的“洞见”。DARPA 启动洞见计划（Insight）[②]为情报、监视和侦察提供新的工具和自动化系统，提高情报感知和表现的能力。

③共生技术，即人机共生技术，利用计算机处理定义明确、高容量或高速度的任务，使机器能够理解语言并提取信息中包含的知识，对新的或未能预见的事件做出明智的反应，从而使人们能够更专注于对复杂性的探索处理，如自然语言处理技术等。

美国政府希望对全球事件、态势和趋势保持战略理解，情报机构需要对该战略提供支持。情报感知的对象有不同的来源，可能是各种类型、各种语言、结构化或非结构化数据的混合，表现形式、语义特性等不尽相同，且可能存在冲突或潜在的欺骗，给情报工作带来了困难。如果仅对信息进行独立的分析，往往只能得到一种解释或解决方案，缺乏关联证据的支持。多方案主动诠释计划[③]（Active Interpretation of Disparate Alternatives，AIDA）的目标是开发一种多假设语义引擎，实现对多源异构对象的感知，并生成对事件、态势、趋势的多种诠释，分析每个假设语义表示的一致性，进而度量可靠性，以应对嘈杂的信息环境。

① Data-driven discovery of models[EB/OL]. [2018-04-07]. https: //www.darpa.mil/program/data-driven-discovery-of-models.

② Insight [EB/OL]. [2018-04-08]. https: //www.darpa.mil/program/insight.

③ Active interpretation of disparate alternatives[EB/OL]. [2018-04-09]. https: //www.darpa.mil/program/active-interpretation-of-disparate-alternatives.

可解释的人工智能计划[①]（Explainable Artificial Intelligence，XAI）拟解决两个问题：第一，通过机器学习对异构多媒体数据所反映出的感兴趣的活动进行分类；第二，利用机器学习构建决策自治系统以执行各种模拟任务。机器学习的巨大成功带来了人工智能的广泛应用，也使得能够感知、学习、决策和行动的自适应系统的产生成为可能。这种自适应系统的有效性在某种程度上取决于机器是否能够向人类用户解释它们的决策和行为，因而可解释的人工智能计划由此应运而生。

IARPA 和 DARPA 正在研发中的项目揭示了情报感知技术发展前沿的端倪，即在大数据环境下，计算化和智能化成为情报感知技术发展的必然趋势。海量复杂数据加剧了情报任务和情报需求的不确定性，对传统以情报响应为中心的情报工作模式提出了挑战，因此，现代情报感知技术强调在全谱系扫描设定下，充分利用数据进行计算分析，深度挖掘情报对象的内在关联，从而实现对情报对象、任务、需求的感知和刻画。情报人员深厚的知识积累和丰富的业务经验是情报工作顺利开展的重要因素，随着智能时代的到来，以人工判读为主的情报工作将会遭遇瓶颈，智能化的情报感知技术可以弥补人脑在面对海量信息时的自然局限，能够辅助情报人员更快速高效地完成情报工作。

情报感知是承载着情报工作和情报学术固有特色的核心业务研究对象，情报感知能力培养是提升情报机构前瞻、预警和高质量政策研究等可持续发展业务能力的必由之路，对情报机构在新的历史时期找准定位、妥善规划、实现价值有着重要意义。在情报感知的方法层面，建议突破传统的情报工作思路，抓住情报感知研究的核心关切，践行“醒得早”“看得远”等情报特色使命；吸收融合数据感知、情境感知和态势感知等关联领域的方法规律和运用规则；在全谱系扫描任务情境设定下，关注前沿技术进展，梳理、评估、引进和设计构建适合开展情报感知的技术及方法组合。

① Explainable artificial intelligence[EB/OL]. [2018-04-09]. https: //www.darpa.mil/program/explainable-artificial-intelligence.

5.3.4　情报感知赋意方法

2018 年 9 月，情报科学读书会在北京市科学技术情报研究所召开，标志着读书沙龙正式开启第 8 个年度以“‘悉’与‘析’”为主题的交流活动。本次读书会得到了活跃于我国科技情报事业发展各个时期的优秀专家与管理者的大力支持，吸引了高校及科研院所学者学子的热情参与，读友们围绕美国资深情报专家、情报教育家大卫·摩尔（D. T. Moore）所著的 *Sensemaking* 一书进行了阅读分享交流。

与 Sensemaking 相关的探讨在学界不算新鲜，但对该术语的翻译尚未达成统一。译法之所以多样，除了语言本身所具有的抽象性之外，一个重要的原因是作为术语的 Sensemaking 与多个研究领域发生关联，在不同语境下被给予不同的诠释。本研究尝试回归 Sensemaking 的本貌，根据该词在牛津字典中的释义，将其视为人们赋予事物（尤其是新的发展和感受）意义的行为或过程[①]，按照霍忠文老师在读书会上的说法，将 Sensemaking 翻译为“赋意”。

5.3.4.1　情报赋意的理论渊源

Sensemaking 一词自 20 世纪 70 年代以来，便存在于两个不同但又有一定关联的研究领域，即 B. Dervin 所在的信息科学领域和 K. Weick 所在的组织行为学领域，又在 20 世纪 90 年代随着计算机技术的发展被引入了人机交互的研究范畴。由于信息科学与图书情报学之间密切的关系，很容易让人简单误解为情报赋意仅来源于 B. Dervin 所提出的意义建构理论(Sense-making Theory)。本研究认为，K. Weick 关于组织赋意的观点，在情报事业理论和实践中同样发挥了重要的作用。

1983 年，B. Dervin 在美国达拉斯国际通信协会年会上相对完整地提出了以用户为中心的意义建构理论[②]。该团队历经 8 年时间研究人们如何建构对其世界的感知，特别是在这个过程中对信息需求和使用的感知建构，并将在该研究

---

① English oxford living dictionaries. sensemaking[EB/OL]. [2018-10-12]. https: //en.oxforddictionaries.com/definition/sense-making.

② DERVIN B. An overview of sense-making research: concepts, methods, and results to date[EB/OL]. [2018-10-12]. http: //communication.sbs.ohio-state.edu/sensemaking/art/artdervin83.html.

中所总结的一系列概念和方法的集合称之为意义建构。B. Dervin 认为，意义建构可定义为允许个人建构和设计自身时空运动的内部（认知）行为和外部（过程）行为，即一种以信息寻求和使用为核心的沟通行为。该理论由最初的“情境—鸿沟—使用”三要素模型，逐渐发展为包含情境、语境、鸿沟、桥梁、动词、使用等多要素的隐喻模型。1998 年，B. Dervin 尝试将意义建构的方法理念应用到传播学和图书情报学领域，与知识管理相结合，从最初的信息寻求使用行为延伸至对知识寻求和利用的探讨[①]。意义建构理论是 B. Dervin 在方法论层面为解决信息问题所提出的假设、观点和方法的集合，可用于信息需求分析、信息环境设计、信息服务评价等研究，在学术界有广泛的影响，不局限于某个学科范围。

K. Weick 通过对“赋意”和“解释”（Interpretation）的区分来论证该概念的独特性（图 5.10）。赋意是人们产生解释内容的方式，赋意产生的内容或影响被一遍又一遍地解释。从时间阶段来看，赋意通常发生在早期阶段以应对最初始的未知困惑，前期赋意过程中思考问题的架构决定着后续对其做出解释的合理性和可行性。赋意的概念强调行动和过程，解释虽然也可以作为一个过程，但更多的用于对结果的描述。由此可见，赋意的对象是未知的、模糊的、不确定的，而解释的对象是已经形成的事实。赋意需要创造性的思维，而解释更多的是对原因的发现，这正是赋意的价值所在之处，创造比发现需要相关人员更高层次

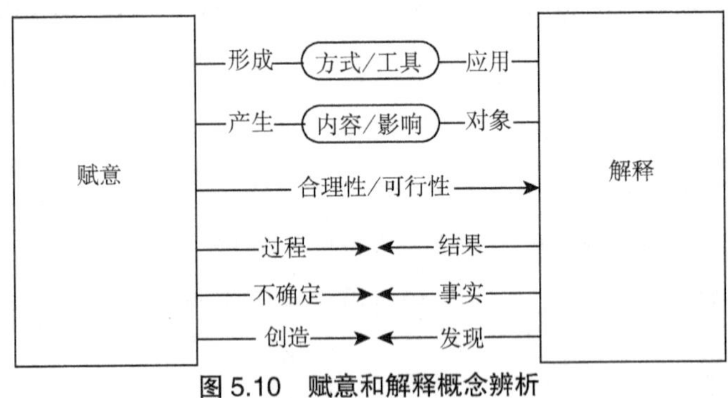

图 5.10　赋意和解释概念辨析

① DERVIN B. Sense-making theory and practice: an overview of user interests in knowledge seeking and use[J]. Journal of knowledge management, 1998, 2(2): 36-46.

的付出[①]。K. Weick 将赋意理解成人们为其集体经验赋予意义的过程，鼓励组织理论研究者将其关注焦点从决策制定转向决策行为意义的形成过程，这种赋意方法可以提升组织在应对不确定或模糊情境时的洞察力。人们可以通过赋意这个多步骤过程厘清一系列不间断事件、意外、矛盾线索等，最终得到对这些现象的有效理解。

由谢尔曼·肯特的经典情报观点“情报是知识，情报是组织，情报是活动”[②]可以看出，无论是作为信息、知识的情报，还是作为组织、活动的情报，都是情报工作和研究中必须关注的内容。情报组织必须确保其生产的情报知识、从事的情报活动对决策者是有用的，与决策者关注的问题密切相关，且具备完整性、准确性和及时性。“情报是组织”体现出情报的社会性和复杂性。B. Dervin 和 K. Weick 所提出的理论虽然学科出发点不同，但都受到了认知心理学的影响。B. Dervin 将 Sensemaking 视为一种解释沟通信息与意义之间关系的概念性工具，关注情境中的信息用户，为情报赋意提供了工具准备；K. Weick 将赋意放置在社会性和政策性环境之下，重视应对早期模糊不确定性问题的创造性过程，为情报赋意提供了认识准备（图 5.11）。两者的观点都被 D. Moore 在其书中多次引用，是情报感知赋意方法形成的重要基础。D. Moore 由此提出了情报赋意[③]（Intelligence Sensemaking）的概念，即有关模糊、复杂、不确定问题的专业知识被创造的过程。这些知识是由情境中的专家所创造的，这些专家被称为情报赋意者（Intelligence Sensemakers）。

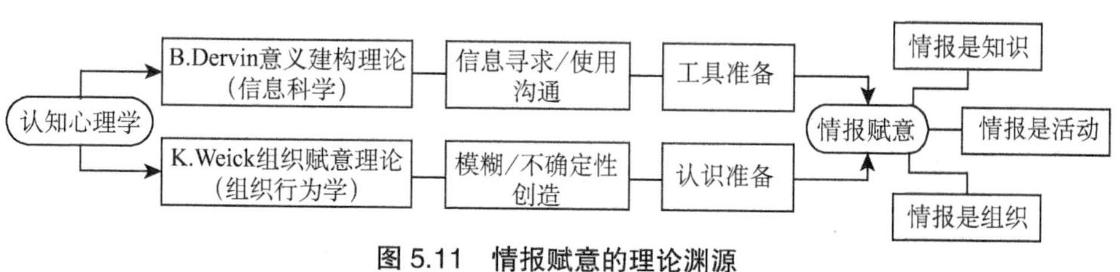

图 5.11　情报赋意的理论渊源

① WEICK K E. Sensemaking in organizations[M]. New York: Sage Publications, 1995: 13–15.

② 肯特 . 战略情报：为美国世界政策服务 [M]. 北京 : 金城出版社 , 2012.

③ MOORE D. Sensemaking: a structure for an intelligence revolution[M]. Washington D. C. : Government Printing Office, 2013.

5.3.4.2 赋意方法的应用领域

赋意过程主要有以下几个特点：由早期模糊事件触发；通过创造、解释、实施等特定过程发生；产生特定的结果；受到身份、语言、认知框架、情感、政策、科技等多种情境因素的影响[①]。随着大数据时代的到来，信息环境瞬息万变，赋意方法和信息技术、计算技术、人工智能技术结合起来，可以用于解决个人层面、组织层面、跨组织层面和社会层面的问题，逐渐在越来越多的研究领域得到重视（图 5.12）。

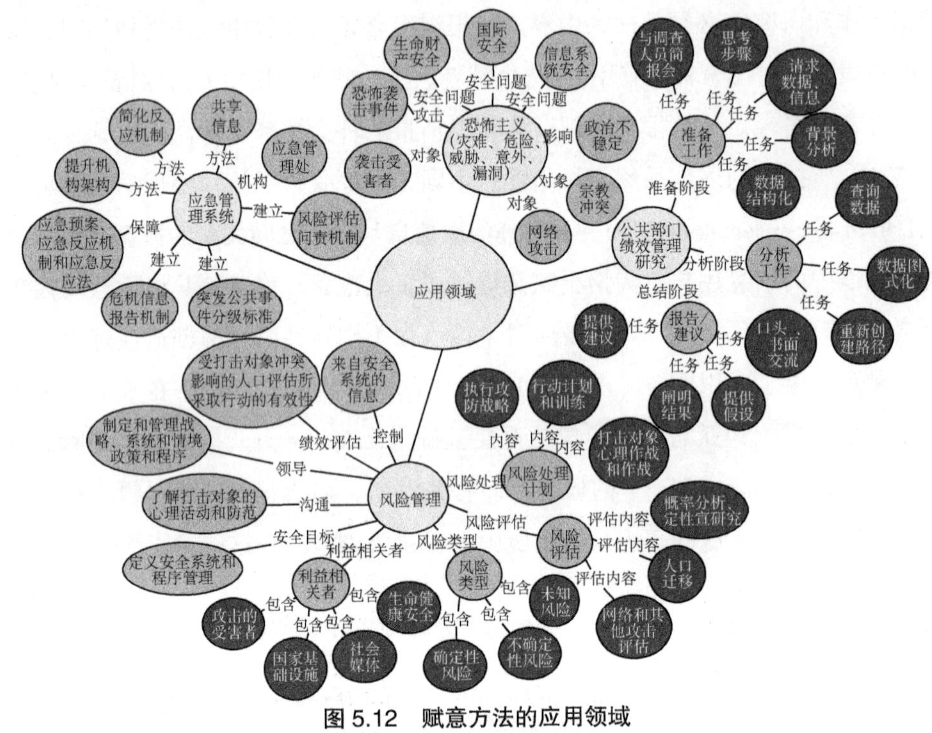

图 5.12 赋意方法的应用领域

（资料来源：Web of Science）

① SANDBERG J, TSOUKAS H. Making sense of the sensemaking perspective: its constituents, limitations, and opportunities for further development[J]. Journal of organizational behavior, 2015, 36(S1): 6–32.

在公共管理领域，T. Stannard[①] 采用赋意方法构建分析框架来对英国和加拿大两国的政府绩效表现进行对比，并认为该方法提供了理解政府组织模糊地带的方式。K. Milne[②] 提出名为“SenseMaker”的赋意工具以帮助各国政府的决策者应对诸如气候变化之类的复杂问题，该赋意工具不仅可以作为一个数据收集的工具，还可以是一种新的以复杂性为导向的政策方法，通过关联分析，帮助政府决策者熟悉并了解所在环境模式的情况。在风险管理领域，A. Akgün[③] 及其团队提出技术赋意能力的概念，认为该能力与产品研发流程和公司发展有着密切的关系，对公司技术信息和战略发展的赋意能力决定着公司应对风险的能力。在安全领域，N. Selvaraj[④] 及其团队通过对警方犯罪分析师进行访谈，得出了犯罪情报分析的“Think-steps”赋意模型，包括定义分析目标、初步建构理论、设计思考步骤、寻找丰富信息等步骤。R. Mackay 和 R. Parks[⑤] 通过将《美国恐怖袭击国家委员会调查报告》（简称 9/11CR）和《美国国家安全委员会报告 /21 世纪》（简称 USCNS/21）两份美国国家安全领域的委员会报告进行对比，应用赋意理论分析建构报告中对“新恐怖主义”过去和未来的感知意识形成过程，揭示报告中“后见之明”和“先见之明”。

---

① STANNARD T. A “fruitless obsession with accuracy”: the uses of sensemaking in public sector performance management[J]. Local government studies, 2011, 37(3): 335–353.

② MILNE K. Can sense-making tools inform adaptation policy? a practitioner's perspective[J]. Ecology and society, 2015, 20(1): 66–73.

③ AKGÜN A, KESKIN H, BYRNE J, et al. Antecedents and consequences of organizations' technology sensemaking capability[J]. Technological forecasting and social change, 2014, 88: 216–231.

④ SELVARAJ N, ATTFIELD S, PASSMORE P, et al. How analysts think: think-steps as a tool for structuring sensemaking in criminal intelligence analysis[EB/OL]. (2017-03-06)[2022-12-02]. https://ieeexplore.ieee.org/abstract/document/7870192.

⑤ MACKAY R, PARKS R. The temporal dynamics of sensemaking: a hindsight - foresight analysis of public commission reporting into the past and future of the “new terrorism”[J]. Technological forecasting and social change, 2013, 80(2): 364–377.

5.3.4.3 赋意方法在情报感知中的特殊作用

（1）赋意方法为应对情报感知特色问题提供了工具

情报工作可以被理解为通过应对各种情报问题来帮助决策者在信息不完备的情况下做出有效判断。情报问题可以被划分为诸多种类，如传统问题和非传统问题、国家问题和跨国问题等。这些问题内容各异，所处情景、任务目标、资源可获得性、完成难度等都不相同，需要组合不同的情报手段来处理应对。

前文（第 5.1.1 小节）从认知的角度，将情报工作人员对解决问题所需素材准备情况的认知状态（知 / 不知）和对素材资源的实际掌控状态（已知 / 未知）相结合，把情报工作的任务性质解读为“知—已知”（信息服务）、“不知—已知”（信息共享）、“知—未知”（情报响应）和“不知—未知”（情报感知）4 种类型。

“醒早眺远”是情报的特色使命，从这个意义上说，对“未知”问题的感知探索，对不确定性未来的揭示预警，减少“意外”才是情报工作真正的价值所在。在情报感知认知问题上，应该明确情报感知所针对的主要是未知或知之不详的对象，赋意方法为理解、评析和展望情报感知的问题对象提供了认知框架和操作工具。

（2）赋意方法对传统分析的情报感知局限进行了弥补

在已然或对现行情况了解的基础上，进行或然判断和描述是情报感知的典型任务[①]。传统的情报分析方法往往尝试把一个问题拆分成多个组成部分，然后通过对已知事实的逻辑性处理来生成预测或解释，最终得出可用的结论。这个逻辑性处理过程可能产生一系列假设，然后将其放置在情境中，通过科学调查推理、比较等方法，依据相关事实，严格评估这些假设成立的可能性[②]。毫无疑问，传统的情报分析方法可以非常有效地完成情报响应的任务。

① 王延飞，赵柯然，陈美华，等．情报感知的研究解析 [J]. 情报理论与实践，2018, 41(8): 1–4.

② FISHBEIN W, TRAVERTON G. Making sense of transnational threats[R/OL]. [2018–10–15]. https: //www.cia.gov/library/kent–center–occasional–papers/vol3no1.htm.

随着时代的变化，情报工作所应对问题的不确定性增加，证据之间的关联性更为隐蔽和多变，情报感知成为情报工作的核心。虽然情报分析依然是非常重要的情报工作方法，但已无法完全承担情报感知的任务。赋意方法试图帮助情报工作者和决策制定者通过一种有条理的方式或框架，挑战更为潜在的假设，扩大对可能结果进行考虑的范围，在情报分析之余，对分解出的多个方面进行重新排列整合，对证据的意义进行解释，发现证据之间更为隐蔽的关联，从而弥补在情报感知中单纯采用情报分析方法的局限。

（3）赋意方法有助于情报感知能力的提升

根据前文从认知角度对情报任务的理解（图5.1）可以看出，对情报问题的处理应对过程同样也是情报人员实现由“不知”向“知”的转化过程，最终创造出有关模糊、复杂、不确定问题的专业知识，带来情报人员认知能力的提升。在情报感知中使用赋意方法，需要反复建构、调整情报赋意框架，在该方法的多次迭代中，训练了情报人员将大量数据融合成简洁含义①的能力，并不断从中获得新的见解，业务技能得到强化，这些都对情报人员提升感知能力有着重要的作用。

采用赋意方法应对情报感知特色问题往往需要情报人员的组织协作，这是由情报问题的复杂性决定的。情报人员的认知情况会受到其所在情报组织环境的影响，组织内情报人员通过协作和交流实现个人知识的转移和共享，丰富了情报组织或机构的知识积累。情报人员个人感知能力是情报组织机构整体感知能力的重要形成基础，赋意方法的使用在促进情报人员个人感知能力提升的同时，也带来了情报组织或机构整体感知能力的提升。

5.3.4.4 赋意方法在情报感知中的实施

情报赋意不同于传统的情报分析方法，因其应对问题的复杂性和高度不确定性，故难形成具体固定的模式，更不是简单地组织若干任务流程，许

① KLEIN G, MOON B, HOFFMAN R. Making sense of sensemaking 1: alternative perspectives[J]. IEEE intelligent systems, 2006 (4): 70–73.

多专家学者们尝试从不同的视角来间接描绘其实施模型。G. Klein① 从“数据—框架”共生的角度，通过赋意认知框架的变化，提出了适用于情报系统的赋意模型（图 5.13），认为情报赋意就是将相关数据和框架相结合，借助数据识别建构认知框架，在认知框架的指导下对数据进行处理和解释，最终通过数据不断收集完善，认知框架不断重构更新，来实现对未知问题的预警判断。

P. Pirolli 等② 将情报赋意置于情报分析的全部流程中进行探讨，提出情报赋意循环模式（图 5.14）。小方框（D）代表数据的变化和流动，小方框之间由各个操作步骤相连接，数据和操作步骤共同构成了多循环的情报分析流程。每一个“D_n—B_{n+1}—A_{n+2}—D_{n+3}”构成的小循环中，都包含了对信息的搜寻和对信息意义的理解，多个小循环间充分互动，以帮助情报分析师提炼出新的信息。D 的变化显示了信息的转化，从原始数据信息流向最终报送的结果。整个情报分析的过程可以被分为两个主要的循环，即对信息搜寻及处理的搜寻循环(Foraging Loop）和涉及认知心理模型迭代开发的情报赋意循环（Sensemaking Loop）。由于情报赋意方法依赖于情报赋意者的感知能力和认知心理，故容易受到认知偏差的影响，更需要注意证据的真实性和适用性，提出合理的假设，尤其不能忽略证据间的不确定性关系。

① KLEIN G, PHILLIPS J, RALL E, et al. A data-frame theory of sensemaking[C]//Expertise out of context: proceedings of the sixth international conference on naturalistic decision making. New York, NY, USA: Lawrence Erlbaum, 2007: 113-155.

② PIROLLI P, CARD S. The sensemaking process and leverage points for analyst technology as identified through cognitive task analysis[EB/OL]. [2022-08-29]. https://www.e-education.psu.edu/geog885/sites/www.e-education.psu.edu.geog885/files/geog885q/file/Lesson_02/Sense_Making_206_Camera_Ready_Paper.pdf.

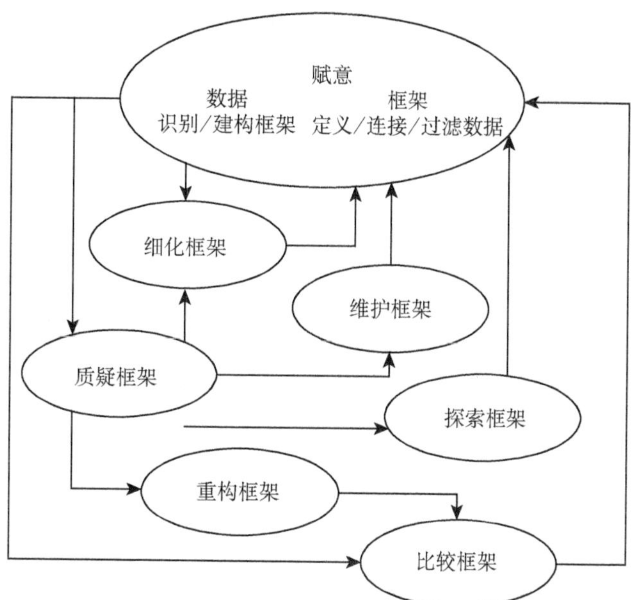

图 5.13　基于“数据—框架”的情报赋意模型

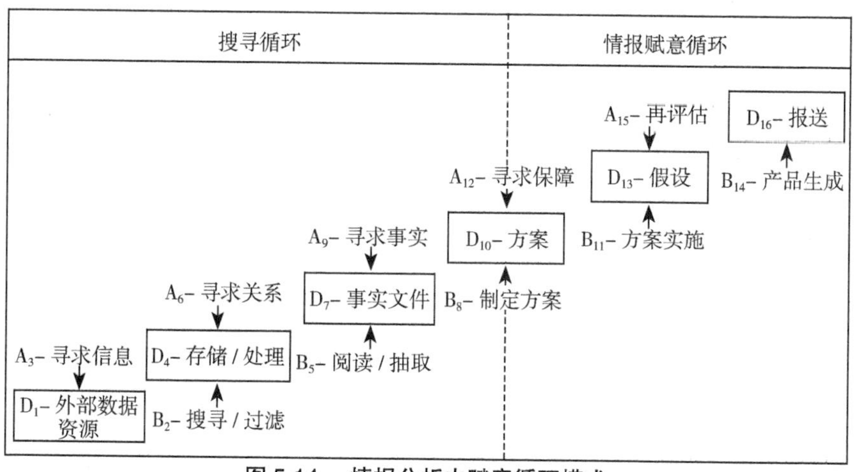

图 5.14　情报分析中赋意循环模式

情报感知中的赋意方法的实施虽然没有具体固定的模式和操作流程，但应当遵循以下原则。

①持续性原则[①]。情报感知所面对的问题复杂多变，太多偶然因素可能会带来结果的突变，情报工作者的每一次努力固然都不会白费，但是对问题的感知需要不断积累迭代，因此情报赋意是一个持续的过程。

②创造性原则。情报赋意要尽量在早期阶段感知新生事物，面对模糊未知的问题，难以按照原有的既定模式进行，需要发挥情报人员的创造性。

③协作性原则[②]。情报感知中的赋意需要发现证据之间的偶然性关联，探寻事物的蛛丝马迹，除了需要创造性的思维，还涉及多种专业知识，单一的能力构成难以应对复杂的情报感知工作，所以需要团队的协作。

④反直觉性原则[③]。情报感知理念和情报赋意方法都依赖于认知心理，所以容易受到认知偏差和直觉作用的影响，造成情报失误。

⑤用户友好性原则。这里所说的用户不是赋意方法的使用者，而是赋意产品的使用者，赋意产品最终会被递送给决策者以提供情报支持，所以必须能够有效地传达信息。鉴于赋意产品面对的是不确定性问题且具有前瞻性，如何让决策者理解重视，同样是非常值得深思的问题。

5.3.4.5 情报赋意前沿项目 ICArUS 解读

情报分析人员经常需要对稀疏、嘈杂和不确定的数据做出解释，这种情报赋意能力体现出情报人员认知能力和情报工作能力的结合，具有重要的意义，但非常难以言说。因此，美国情报高级研究计划局（IARPA）试图研发跨学科方法以提升人类对大脑认知和计算的理解，并资助了一系列神经科学研究项目[④]，包括 KRNS——神经系统知识表现计划、MICrONS——皮层网络机器智能计划、SHARP——增强人类适应性推理和问题解决计划及 ICArUS——用于

---

① KUNDA Z. Social cognition: making sense of people[M]. Cambridge: MIT Press, 1999: 161–210.

② FISHBEIN W, TREVERTON G. Rethinking "alternative analysis" to address transnational threats [R/OL].[2018–10–15]. https: //www.cia.gov/library/kent–center–occasional–papers/vol3no2.htm.

③ KLEIN G, MOON B, HOFFMAN R. Making sense of sensemaking 2: a macrocognitive model[J]. IEEE intelligent systems, 2006, 21(5): 88–92.

④ Neuroscience programs at IARPA[EB/OL].[2018–10–21]. https: //www.iarpa.gov/index.php/research–programs/neuroscience–programs–at–iarpa?highlight=WyJpY2FydXMiXQ==.

感知理解的综合认知神经科学架构研究。其中，ICArUS（Integrated Cognitive-Neuroscience Architectures for Understanding Sensemaking）与情报赋意关系最为密切，其目标是构建人类感知意识的综合认知神经科学计算模型，帮助美国情报界更好地预测情报分析过程中与人类相关的优势和失败模式，提出用于增强分析工具和方法的新策略。

2009 年，IARPA 发布关于 Sensemaking 认知模型和评估测试框架这两个主题的项目征集[①]。2010 年，IARPA 开始针对 ICArUS 的项目方案征求意见，该项目原计划在 5 年内分 3 个阶段完成[②]：①第一阶段（24 个月），开发初始的综合神经计算模型，初步呈现所有的感知功能，该模型至少可以实现处理空间输入数据、在较稳定的环境中运行、学习并应用空间情境框架以执行基本推理、简单决策；②第二阶段（18 个月），扩展模型功能，实现处理临时输入数据、适应可能变化的环境，并在该变化环境中运行、学习、应用集合空间情境和事件序列框架，以执行复杂决策；③第三阶段（18 个月），扩展该模型在数据可能被拒绝或者被欺骗的情境下实施感知活动的能力。

IARPA 通过编号为 D10PC20021、D10PC20022 和 D10PC20023 的项目为研究者提供资金支持，根据 Google Scholar 不完全统计，共有学术成果百余篇，专利成果 4 项，分别是"在联合存储器中发现间接关系并编码的系统和方法（US Patent 9558825）"[③]"基于神经调节和前额皮质区域模型组合的动作选择系统方法和装置（US Patent9552544）"[④]"基于排序和显著性认知的模式选择（US

① Computational cognitive models of sensemaking program[EB/OL]. [2018-10-21]. https: //www.iarpa.gov/index.php/working-with-iarpa/requests-for-information/computational-cognitive-models-of-sensemaking?highlight=WyJzZW5zZW1ha2luZyJd.

② Integrated cognitive-neuroscience architectures for understanding sensemaking (ICArUS) [EB/OL]. [2018-10-21]. https: //www.iarpa.gov/index.php/research-programs/icarus.

③ ICArUS related publications[EB/OL]. [2018-12-21]. https: //scholar.google.com/scholar?q=D10PC20021+OR+D10PC20022+OR+D10PC20023&btnG=&hl=en&as_sdt=0, 47.

④ System and method to discover and encode indirect associations in associative memory[EB/OL]. [2018-10-24]. https: //patents.google.com/patent/US9558825B1/en.

Patent9646056）”[①]“适应性回忆系统和方法（US Patent9002762）”[②]。

ICArUS 的项目方案折射出情报感知中赋意方法技术发展前沿的端倪，反映出对人类认知神经的计算化和对情报感知的智能化将成为必然趋势。智能化的情报赋意技术将原先情报人员脑海中难以描述的感知模式具象化和系统化，可以纠正情报人员个体的认知偏见和弥补人脑在面对海量信息时的自然局限。

综上所述，情报感知承载着情报工作和情报学术固有的核心特色，是情报理论与实践的天然交汇。赋意方法存在于面向模糊、复杂、不确定问题的创造性应对过程中，为理解、评析和展望情报感知的问题对象提供了认知框架和操作工具，有助于弥补传统分析方法在情报感知上的局限，恰当运用赋意方法可以提升情报人员和情报组织机构的感知能力。在情报感知中实施赋意方法，难点在于分析范式的相对不确定性，需要注意遵循持续性、创造性、协作性、反直觉性和用户友好性这五大原则，尽量降低认知偏差的影响。赋意方法在情报领域的探讨和应用尚处于初级阶段，有待于进一步思考探究。

5.4 本章小结

从情报工作的角度看国家科技情报体系能力，可运用表现为体系响应能力、体系感知能力和体系刻画能力，三者紧密交融，相互促进。科技情报体系响应能力是面对复杂综合性的科技决策问题，以目标为中心进行任务分配，基于情报工作流程对体系内各实体的情报力量进行组织协调的动态整合的能力。科技情报体系感知能力是将体系内的每个情报实体都视为一个感官，通过对科技情报环境、技术前沿、关键技术、人才成果进行全面扫描和监测，以实现更早预警、更快研判，它是对常规情报感知能力进行动态重构的能力。科技情报体系刻画能力是在整个情报体系大量情报感知和情报响应实践的评估和反馈基础之上的，

① Rank-ordering and cognitive saliency schema-based selection[EB/OL].[2018-10-24]. https: //patents.google.com/patent/US9646056B1/en.

② System and method for adaptive recall[EB/OL].[2018-10-24]. https: //patents.google.com/patent/US9002762B1/en.

是一种动态的学习建构能力。

从情报成果的角度看科技情报体系能力，就是将科技情报体系响应能力、科技情报体系感知能力和科技情报体系刻画能力运用在科技情报工作中，融入国家科技项目管理和创新研发过程的每一个环节，在追赶答疑、跨越选评、覆盖前瞻和引领预警这 4 个方面，更好地呈现出情报成果对国家科技决策的保障作用。

第 6 章

国家科技情报体系能力的分析评估

本章阐述国家科技情报体系能力分析评估的要点，构建国家科技情报体系能力分析模型，在此基础上描绘国家科技情报体系能力成熟度阶段特征并构建相应评估指标体系。

6.1 国家科技情报体系能力分析评估要点

6.1.1 情报评价中的隐忧

科学研究成果通过某种载体面世后，要经受来自各方面的评价，对于情报来说，情报用户群体是决策者，情报产品载体可能是秘密文件，并且大部分情报产品的内容无法经过专家评议，甚至难以判断情报的对错，这些特点决定了情报评价不同于一般社会科学知识评价[①]，往往在出现重大情报失察或失误的时候，情报机构才被迫对情报质量进行评估和反思，缺乏完善系统的评估体系。情报评价中的“唯成果论”带来的隐忧表现在以下几个方面。

①情报价值难以通过成果准确衡量。按照一般情况来说，情报的价值首先取决于其是否得到应用，然后再由应用的实际效果来决定，然而，这两个指标在实际评价中都不具有可操作性。情报是否得到应用很大程度上取决于决策者的理解和需要，而不是单纯由情报质量决定的，就算决策者采纳了高质量的情报，

① 牛新春 . 战略情报分析方法与实践 [M]. 北京 : 时事出版社 , 2016: 345-351.

也未必一定能实现预期效果，还可能受到其他因素的影响，或者需要根据情境的变化及时对情报产品进行反馈和更新。情报和决策者之间的关系是美国情报界长期探讨的话题。当然，毫无疑问，高价值的情报确实能给决策者提供更多更好的支持和帮助。

②仅依靠情报成果数量不足为凭。同质量和价值相比，情报成果的数量相对可测量，从表面上看似乎简便易行很多，也在一定程度上能够反映出某阶段情报人员的工作量。应对挑战所关涉的时间紧迫性和战略重要性在基于文献计量的科学评价中有比较明显的典型性表现。文献计量分析在科技情报研究中是一种非常有效的线索发现和对象感知分析工具，这种方法源于对期刊等文献信息载体的载文效率认知需求，图书馆等文献服务机构在资源建设过程中运用文献计量分析结果帮助筛选入藏资源品种，科技情报研究机构运用此法可以得到一定的参考提示，分析人员在不了解文献内容所属学科领域背景的情况下借此建立情报研究的认知起点，其后利用调研访谈等其他研究手段逐步修整、厘清与科学评价有关的认知。然而，基于文献计量的科学评价方法在情报评价中被过分强调使用，各情报机构工作的重点也向文献相关的工作偏移。

③“唯成果论”忽略了情报工作的潜在价值。从时间上看，可以依据情报成果对过去某个阶段“已然”的情报工作进行评价，但忽略了情报工作对“未然”做出的努力，而情报的本质是面向未来减少“意外”，这种“唯成果论”忽略了情报工作的潜在价值和奉献，也是对情报本职工作的疏忽。

鉴于上述原因，情报价值、情报质量、情报应用效果、情报数量等都难以单独成为情报评价的指标，情报业界和情报学者对于情报评价的争论也从未停止。有些学者认为，可以通过过程来对情报进行评价，如美国中央情报局CIA在一定时期就依照“程序正确、方法正确”设置了一系列问题指标来对情报进行评价。这种基于情报过程的评价方法在一定程度上保证了客观、公正、专业，避免了“唯成果论”的隐患，但是相对复杂，难以作为一种日常的评价机制。需要说明的是，本研究对“唯成果论”的担忧不是对情报成果的全面否定，而是意在说明从可持续发展的眼光来看，仅凭成果来评价情报工作或情报能力尚有不足之处。

6.1.2 情报体系能力评估

本研究将科技情报能力视为科技情报任务主体为实现情报任务目标所具备的内在条件、外部条件和条件运用业务水平的综合反映，认为科技情报能力直接影响着科技情报工作和情报活动的效率和效果，因此，将情报能力视为重要的情报评估标准。已有对情报能力评估的研究大多借助于调查法、文献计量法、数学统计法、德尔菲法、层次分析法等，基于情报能力的各项内容，设计指标权重，以构建关于某项情报能力的评价指标体系[①②]并取得了一定的研究成果。

针对本研究中情报体系能力的评估，如果依旧按照传统方式对情报能力的常规构成方面进行评估，会出现3个问题：第一，无论是情报能力还是情报体系能力，在能力的常规构成方面几乎没有区别，可以采用相同的指标，情报体系能力中“体系观”的优越性无法体现；第二，对情报能力各常规方面的评价难免依赖于对情报工作和情报产品的量化，这种量化对单一情报机构具有一定的参考作用，但对整个情报体系来说意义不大；第三，对科技情报体系能力评估的目的是发现情报体系能力存在的薄弱之处，从而更好地建设和培养情报体系能力，这是为了更好地提升科技情报工作对国家科技安全与发展决策的支持作用，关注可持续发展能力，与对工作绩效的直接追求是有区别的。

为了实现科技情报体系能力评估的目的，考虑到“唯成果”“唯过程”“唯量化”等单一指标的局限性，本研究主要选取三类指标相结合，对科技情报体系能力进行评估，分别是基础性指标、过程性指标和结果性指标。科技情报体系能力的基础性指标主要是对科技情报体系能力静态构成的评价，情报体系能力建设不是“无米之炊”，只有具备了坚实的科技情报能力支撑要素，才可能在此基础上实现对科技情报体系能力的探讨；科技情报体系能力的过程性指标主要对科技情报体系能力动力基础的评价，在本研究中主要通过科技情报治理

① 杨春静，程刚．科技情报机构知识服务能力评价体系研究[J]. 情报理论与实践，2017, 40(7): 43–49.

② 李辉，侯元元，张惠娜，等．情报3.0背景下科技情报服务能力评价指标体系构建[J]. 情报理论与实践，2017, 40(6): 67–71.

一系列的手段和措施推动科技情报能力建设的过程；科技情报体系能力的结果性指标主要是科技情报体系能力运用表现的评价，基于情报工作环节中的情报体系能力运用可以表现出科技情报体系能力的优势，在情报成果中，运用情报体系能力解决任务目标中的实际问题，是科技情报体系能力水平的表现。

从体系的观念来看，基础性、过程性和结果性三者本就是基于系统分析的方法，是对相关要素和关联的系统揭示，与情报体系能力的内在逻辑相符。而且，这种基础性指标、过程性指标和结果性指标相结合综合评定的方式具有一定的灵活性，在实际情报体系能力的评价中，可以根据不同情境需要对其赋予不同的权重，或对其具体内容进行丰富完善。

6.2　国家科技情报体系能力分析评估模型

本研究最终成果为国家科技情报体系能力分析评估模型（图 6.1），对于该模型的核心内容理念和使用方式有以下几点说明。

首先，国家科技情报体系能力分析评估模型展现出在情报能力体系观指导下，国家科技情报能力由分散单一的“双重个体”到“完备体系”的实现过程，即国家科技情报体系能力的实现过程。“双重个体”指情报体系能力静态构成中的能力支撑要素和能力来源要素，分散单一的情报能力与“烟囱式”的孤立情报机构已然不能满足国内外复杂环境与全科学范式的要求。在国家科技情报治理相关手段和机制的推动下，科技情报机构（能力来源要素）和情报能力支撑要素共同作用匹配，最终形成完备的科技情报体系能力并发挥作用，通过情报工作过程和情报目标结果中的运用表现出来。

其次，国家科技情报体系能力是在静态构成基础上形成的动态能力。国家科技情报体系能力是一种“体系能力”，又是一种“动态能力”，是在常规个体情报能力的基础上，建构、整合和重构体系内多种情报力量的抽象能力，反映出国家竞争和情报对抗、科技和社会发展环境的要求。国家科技情报体系能力依照情报工作可运用表现为体系响应能力、体系感知能力和体系刻画能力，三者紧密交融，相互促进。

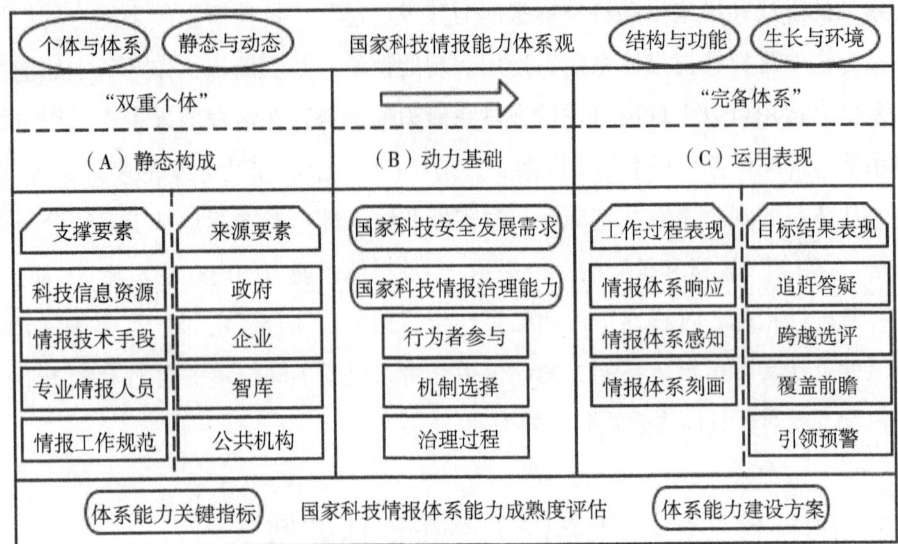

图 6.1　国家科技情报体系能力分析评估模型

再次，国家科技情报体系能力的内在结构在国家科技安全与发展需求驱动下，通过国家科技情报治理的手段机制不断优化调整，是通过个体探索进行体系感知、通过集成刻画实现战略响应，最终形成情报能力对国家科技安全发展战略决策的支撑作用，既是情报能力体系观结构与功能关系的体现，又是生长与环境关系的体现，国家科技情报体系能力的调整是对情报生态观念的践行。

最后，国家科技情报体系能力分析评估模型是对科技情报体系能力进行审视的重要工具，通过对模型中的要素和关键指标进行对照分析，结合实际情境对国家科技情报体系能力的成熟度进行判断，发现影响国家科技情报体系能力发挥作用的重要因素，并生成建设和提高情报能力的对策方案，该模型是国家科技情报体系能力建设的决策分析工具。

6.3 国家科技情报体系能力成熟度评估

6.3.1 国家科技情报体系能力成熟度阶段特征

能力成熟度模型（Capacity Maturity Model，CMM）是美国国防部为了评价软件供应商的能力，委托卡内基梅隆大学软件工程研究院（Carnegie Mellon Software Engineering Institute，SEI）进行研发的，首个版本于 1991 年正式推出[①]。该模型将软件成熟度划分为 5 个层级，依次是：初始级（Initial）、可重复的（Repeatable）、可定义的（Defined）、可管理的（Managed）和可优化的（Optimizing）。SEI 对 CMM 不断进行修订和完善，并融入越来越多系统工程的思想，2000 年，SEI 正式将 CMM 更名为能力成熟度模型集成（Capacity Maturity Model Integration，CMMI）。2018 年，该模型更新至最新版本 CMMI 2.0。能力成熟度模型在软件组织的评估中取得成功之后，被逐渐引入管理学、信息科学等领域，借鉴 CMM 基本思想，根据各领域实际应用需求，研发出各种类型的成熟度模型，如知识管理能力成熟度模型[②]、数据管理能力成熟度模型[③]、创新管理成熟度模型等[④]。

本研究借鉴 CMM 的理念思想，结合国家科技情报体系能力分析框架，提出国家科技情报体系能力成熟度模型（图 6.2）。随着国家科技情报事业的发展，国家科技情报体系能力的形成必将经历从无到有、从弱到强且逐渐走向成熟的进化与发展过程，为了对这一过程进行揭示，本研究将国家科技情报体系能力依成熟度不同划分为萌芽阶段、发展阶段和成熟阶段。

① Software Engineering Institute. Key practices of the capability maturity model[EB/OL]. (1993-02)[2018-11-20]. https://resources.sei.cmu.edu/asset_files/TechnicalReport/1993_005_001_16214.pdf.

② 董秋云 . 基于 CMM 模型的图书馆知识管理能力探讨 [J]. 四川图书馆学报 , 2009(3): 6-9.

③ 叶兰 . 研究数据管理能力成熟度模型评析 [J]. 图书情报知识 , 2015(2): 115-123.

④ 赵林捷 , 汤书昆 . 一种新的技术创新管理工具——创新管理成熟度模型研究 (IMMM)[J]. 科学学与科学技术管理 , 2007(10): 81-87.

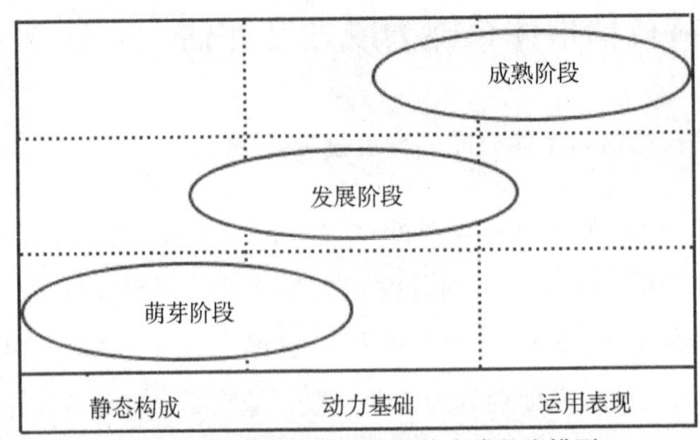

图 6.2 国家科技情报体系能力成熟度模型

①萌芽阶段。科技情报机构开始意识到建设情报体系能力的重要性，意识到单一分散的情报能力不足以应对前瞻预警的复杂决策需求，开始采取一些措施有目的、有针对性地培养情报能力，精力大多集中在情报体系能力的静态构成要素上，在科技信息资源、情报技术手段、专业情报人员、情报工作规范等方面的建设上还有待于完善，未能对情报体系能力建设形成较好的支撑。部分情报机构之间针对特定任务或领域开展合作和共享，但相对规模较小且较为零散，动力基础缺乏，尚未形成情报体系能力，对大型复杂综合性决策的支撑作用表现不太明显。

②发展阶段。科技情报机构强烈意识到建设情报体系能力的重要性，开始采取一些措施有目的、有针对性地建设情报体系能力，如建立相对稳定的机构合作、搭建科技信息资源共建共享平台等，并取得了一定的成效。这一阶段，在情报体系能力的静态构成要素方面已相对建设完善，精力大多集中在情报体系能力的动力基础方面，初步建立了情报体系能力运作实现机制，虽然稳定性有待加强，但在一定程度上可以满足前瞻预警的复杂决策需求。

③成熟阶段。这是科技情报体系能力的最高阶段。科技情报体系能力的支撑要素已经积累完毕，形成了坚实的科技信息资源基础，掌握了丰富的情报技术手段，打造出专业的情报人员队伍，制定了较为完善的情报工作规范。科技情报体系能力的动力基础已经形成，建立了较为稳定的情报体系能力运作实现

机制，具备了满足前瞻预警复杂决策需求的能力，在情报工作和情报产品两个方面都有较好的表现。

6.3.2　国家科技情报体系能力成熟度标准

根据国家科技情报体系能力发展情况，本研究构建了一个以国家科技情报体系能力成熟度为核心的评估标准。从评估体系的目的来看，可以将评估体系分为研究性和实用性两种，研究性的评估体系主要不是为了实际测评，而是为了提供理论指导[①]。本研究所提出的国家科技情报体系能力成熟度标准就是一个研究性的评估体系，主要目的是对上文所提出的成熟度模型进一步说明验证，并且为后续研究者和情报工作者进行科技情报体系能力的研究和建设提供一个参考借鉴。本评估体系关注的焦点是各类指标体系，而非统计数据，也就是说一种指标并不一定以数字形式呈现。

本研究构建国家科技情报体系能力成熟度标准的过程如下：①根据本研究已经形成的国家科技情报体系能力分析模型和成熟度模型，确立初始评价指标；②通过专家访谈和问卷调查，对初始指标进行筛选，确立最终的评价指标；③运用序关系分析法确定指标权重。

6.3.2.1　初始评价指标

本研究围绕国家科技情报体系能力成熟度，初步构建指标体系，一级指标由静态构成（基础性指标）、动力基础（过程性指标）和运用表现（结果性指标）构成，在此基础上又设置了二级指标 7 个，三级指标 18 个（表 6.1）。

① 俞可平. 国家治理评估：中国与世界 [M]. 北京：中央编译出版社，2009: 6–7.

表 6.1　国家科技情报体系能力成熟度指标（初步构建）

	一级指标	二级指标	三级指标
国家科技情报体系能力成熟度	静态构成（A）基础性指标	能力支撑要素 A1	科技信息资源 A11
			情报技术手段 A12
			专业情报人员 A13
			情报工作规范 A14
		能力来源要素 A2	情报机构参与配合 A21
	动力基础（B）过程性指标	对国家科技安全发展需要理解力 B1	对国家科技发展需要理解力 B11
			对国家科技安全评估能力 B12
		科技情报事业追求 B2	科技情报事业追求驱动力 B21
		科技情报治理能力 B3	相关行为者参与度 B31
			治理机制合理性 B32
			治理过程有效性 B33
	运用表现（C）结果性指标	情报工作表现 C1	情报体系响应 C11
			情报体系感知 C12
			情报体系刻画 C13
		情报产品效果 C2	追赶答疑 C21
			跨越选评 C22
			覆盖前瞻 C23
			引领预警 C24

6.3.2.2　评价指标筛选

本研究采用专家访谈和问卷相结合的方法，通过专家访谈对初始评价指标进行筛选修正，然后再通过问卷的方式确定指标权重。受访专家主要来自北京大学、武汉大学、南京大学、中国科学技术信息研究所、北京市科学技术情报研究所等机构（表 6.2）。

表 6.2　问卷调查专家分布

专家单位	职称 / 人		从业时间 / 年			合计 / 人
	正高	副高	5 ~ 10	10 ~ 20	20 以上	
北京大学	2	1	1	0	2	3
武汉大学	1	0	0	0	1	1
南开大学	0	1	1	0	0	1
中国科学技术信息研究所	3	2	2	1	2	5
北京市科学技术情报研究所	2	4	4	1	1	6
中国国防科技信息中心	2	2	2	0	2	4

专家们对本研究所提出的一级指标，即静态构成（基础性指标）、动力基础（过程性指标）和运用表现（结果性指标）表示认同。根据专家的建议，“能力来源要素 A2”与“相关行为者参与度 B31”表达的含义相同，因此，将“能力来源要素 A2”舍去。“对国家科技安全发展需要理解力 B1”和“科技情报事业追求 B2”不适宜放在指标体系中，因此，将这两项删除。综上所述，最终得到的指标体系，由静态构成（基础性指标）、动力基础（过程性指标）和运用表现（结果性指标）3 个一级指标构成，二级指标 4 个，三级指标 14 个（表 6.3）。

表 6.3　国家科技情报体系能力成熟度指标（确定）

<table>
<tr><th></th><th>一级指标</th><th>二级指标</th><th>三级指标</th></tr>
<tr><td rowspan="7">国家科技情报体系能力成熟度</td><td rowspan="4">静态构成（A）基础性指标</td><td rowspan="4">能力支撑要素 A1</td><td>科技信息资源 A11</td></tr>
<tr><td>情报技术手段 A12</td></tr>
<tr><td>专业情报人员 A13</td></tr>
<tr><td>情报工作规范 A14</td></tr>
<tr><td rowspan="3">动力基础（B）过程性指标</td><td rowspan="3">科技情报治理能力 B1</td><td>相关行为者参与度 B11</td></tr>
<tr><td>治理机制合理性 B12</td></tr>
<tr><td>治理过程有效性 B13</td></tr>
</table>

续表

	一级指标	二级指标	三级指标
国家科技情报体系能力成熟度	运用表现（C）结果性指标	情报工作表现 C1	情报体系响应 C11
			情报体系感知 C12
			情报体系刻画 C13
		情报产品效果 C2	追赶答疑 C21
			跨越选评 C22
			覆盖前瞻 C23
			引领预警 C24

6.3.2.3 指标权重确定

在多指标综合评价中，权重具有举足轻重的作用，特别是在本研究中，构建指标体系的主要目的就是对影响国家科技情报体系能力成熟度的相关因素的重要程度做一个揭示。德尔菲法、层次分析法（AHP）、序关系分析法等都是获取指标权重的常用方法。德尔菲法需要专家多次参与，反复迭代。最常用的AHP需要进行一致性检验，当达不到满意一致性要求时，还需要征求专家意见并用合适的方法调整判断矩阵，计算量相对较大，且效率不高。因此，本研究选取序关系分析法①来设计问卷并对指标权重进行计算(问卷内容详见附录C《国家科技情报体系能力成熟度评估问卷》）。

序关系分析法主要分为3个步骤：第一，确定序关系；第二，进行相对重要程度的比较判断；第三，对权重进行计算。具体要求如下。

第一步，确定序关系。根据序关系分析法，有如下两个定义。

定义1：若评价指标 x_i 基于某评价准则确定的重要性程度大于（或不小于）x_j 时，记为 $x_i > x_j$,（符号>表示优于关系）；

定义2：若评价指标集 $\{x_1, x_2, \cdots, x_n\}$ 中的各指标之间基于某评价准则确定具有关系式 $x_1^* > x_2^* > \cdots > x_n^*$ 时，则称评价指标 $x_1, x_2, \cdots, x_n$ 之间按“>”

① 张发明. 综合评价基础方法及应用[M]. 北京：科学出版社，2018：29-30.

确立序关系，这里 x_i* 表示 $\{x_i\}$ 按序关系＞排定顺序后位于第 $i(i=1,2,\cdots,n)$ 项评价指标。

可按照下述步骤建立评价指标集 $\{x_1, x_2, \cdots, x_n\}$ 序关系：

①决策者在指标集 $\{x_1, x_2, \cdots, x_n\}$ 中，选出认为最重要的一个（唯一一个），记为 x_1*；

②决策者在剩余 $n-1$ 项指标的指标集中，选出认为最重要的一个（唯一一个），记为 x_2*；……

（k）决策者在剩余 $n-(k-1)$ 项指标的指标集中，选出认为最重要的一个（唯一一个），记为 x_k*；……

（n）经过 $n-1$ 次挑选，剩下最后一项评价指标 x_n*。

至此，对于指标集 $\{x_1, x_2, \cdots, x_n\}$ 就唯一确定了一个序关系 $x_1^* > x_2^* > \cdots > x_n^*$，为方便书写，以下仍记 x_i* 为 $x_i(i=1,2,\cdots,n)$。

第二步，给出 x_{k-1} 与 x_k 之间对重要程度的比较判断。假定相邻的评价指标 x_{k-1} 与 x_k 之间重要程度之比记为 w_{k-1}/w_k，专家对 w_{k-1}/w_k 的理性判断为

$$r_k = w_{k-1}/w_k \quad (k=2,3,4,\cdots,n)。 \tag{6.1}$$

其中，r_k 的赋值参考如表 6.4 所示。

表 6.4　r_k 赋值参考

r_k	说明
1.0	指标 x_{k-1} 与指标 x_k 同样重要
1.2	指标 x_{k-1} 比指标 x_k 稍微重要
1.4	指标 x_{k-1} 比指标 x_k 明显重要
1.6	指标 x_{k-1} 比指标 x_k 强烈重要
1.8	指标 x_{k-1} 比指标 x_k 极端重要

第三步，对权重系数 w_n 进行计算，具体公式如下。

由于序关系中，

$$x_{k-1}>x_k,\ k=2,3,4,\cdots,n, \qquad (6.2)$$

所以

$$r_{k-1}>1/r_k,\ k=2,3,4,\cdots,n。 \qquad (6.3)$$

在这种情况下，由式（6.1）和式（6.3）可得：

$$\prod_{i=k}^{n} r_i = w_{k-1}/w_n。 \qquad (6.4)$$

对 k 从 2 到 n 求和：

$$\sum_{k=2}^{n}\prod_{i=k}^{n} r_i = \sum_{k=2}^{n} w_{k-1}/w_n。 \qquad (6.5)$$

显然，根据指标体系的建构原则，权重相加为 1，即

$$\sum_{k=1}^{n} w_k = 1。 \qquad (6.6)$$

所以，

$$\sum_{k=2}^{n} w_{k-1} = 1 - w_n。 \qquad (6.7)$$

由式（6.6）和式（6.7）可得：

$$1+\sum_{k=2}^{n}\prod_{i=k}^{n} r_i = w_n^{-1}。 \qquad (6.8)$$

$$w_n = 1\Bigg/\left(1+\sum_{k=2}^{n}\prod_{i=k}^{n} r_i\right)。 \qquad (6.9)$$

进而得到所有指标的权重：

$$w_{k-1} = w_k r_k,\ k = n, n-1, \cdots, 3, 2。 \qquad (6.10)$$

下面就以本研究中第一级指标权重获得为例进行说明。

步骤（1）：专家甲首先对一级指标中的静态构成（A）、动力基础（B）、运用表现（C）进行排序，排序得到序关系 {B>A>C}；

步骤（2）：对序关系中两两之间的相对重要性 $r_k(r_k = w_{k-1}/w_k)$ 进行理性赋值，得到 $\{r_2=1.2, r_3=1.2\}$；

步骤（3）：利用式（6.9），算出 $w_3=1/(1+r_3 \times r_2+r_2)=0.275$。利用式（6.10）一次得到 $w_2=w_3 \times r_3=0.330$，$w_1=w_2 \times r_2=0.395$。针对第 1 位专家，得到 A、B、C 权重 {w_A（0.330），w_B(0.395)，w_C(0.275)}（表 6.5）。

表 6.5　一级指标序关系

顺序	r_k	w_n
动力基础 B	Null	0.330w_B(0.395)
静态构成 A	r_2=1.2	0.395　w_A(0.330)
运用表现 C	r_3=1.2	w_C(0.275)

步骤（4）：请另外 19 位专家重复以上 3 步，共得到 20 组 A、B、C 的权重（表 6.6）。

表 6.6　一级指标权重

专家序号	静态构成 w_A	动力基础 w_B	运用表现 w_C
1	0.329 670 33	0.395 604 4	0.274 725 27
2	0.294 117 65	0.411 764 71	0.294 117 65
3	0.309 278 35	0.432 989 69	0.257 731 96
4	0.343 137 25	0.411 764 71	0.245 098 04
5	0.309 278 35	0.432 989 69	0.257 731 96
6	0.352 941 18	0.352 941 18	0.294 117 65
7	0.301 724 14	0.482 758 62	0.215 517 24

续表

专家序号	静态构成 w_A	动力基础 w_B	运用表现 w_C
8	0.368 421 05	0.368 421 05	0.263 157 89
9	0.291 262 14	0.466 019 42	0.242 718 45
10	0.353 98 23	0.424 778 76	0.221 238 94
11	0.395 60 44	0.329 670 33	0.274 725 27
12	0.411 764 71	0.294 117 65	0.294 117 65
13	0.352 941 18	0.352 941 18	0.294 117 65
14	0.411 764 71	0.343 137 25	0.245 098 04
15	0.329 670 33	0.274 725 27	0.395 604 4
16	0.352 941 18	0.294 117 65	0.352 941 18
17	0.309 278 35	0.257 731 96	0.432 989 69
18	0.274 725 27	0.395 604 4	0.329 670 33
19	0.257 731 96	0.432 989 69	0.309 278 35
20	0.333 333 33	0.333 333 33	0.333 333 33
最终权重	0.334 178 41	0.374 420 05	0.291 401 55

步骤（5）：假设每位专家的意见同等重要，对 20 组 $\{w_A,w_B,w_C\}$ 分别进行代数平均，得到 A、B、C 最后的权重（表 6.6）。

按照上述步骤，对余下指标权重进行计算，最终得到国家科技情报体系能力成熟度指标最终权重（表 6.7）。

表 6.7　国家科技情报体系能力成熟度指标权重

一级指标	二级指标	三级指标	总权重	排序
静态构成（A）基础性指标（w_A=0.334）	能力支撑要素 A1	科技信息资源 A11（w_{A11}=0.280）	0.093	4
		情报技术手段 A12（w_{A12}=0.222）	0.074	7
		专业情报人员 A13（w_{A13}=0.265）	0.089	5
		情报工作规范 A14（w_{A14}=0.233）	0.077	6
动力基础（B）过程性指标（w_B=0.374）	科技情报治理能力 B1	相关行为者参与度 B11（w_{B11}=0.359）	0.134	1
		治理机制合理性 B12（w_{B12}=0.337）	0.126	2
		治理过程有效性 B13（w_{B13}=0.304）	0.114	3
运用表现（C）结果性指标（w_C=0.292）	情报工作表现 C1（w_{C1}=0.474）	情报体系响应 C11（w_{C11}=0.328）	0.045	9
		情报体系感知 C12（w_{C12}=0.360）	0.050	8
		情报体系刻画 C13（w_{C13}=0.312）	0.043	11
	情报产品效果 C2（w_{C2}=0.526）	追赶答疑 C21（w_{C21}=0.204）	0.032	13
		跨越选评 C22（w_{C22}=0.234）	0.036	14
		覆盖前瞻 C23（w_{C23}=0.268）	0.042	12
		引领预警 C24（w_{C24}=0.294）	0.045	10

6.4 本章小结

情报评价中的“唯成果论”带来的隐忧表现在：情报价值难以通过成果准确衡量，仅依靠情报成果数量不足为凭，“唯成果论”忽略了情报工作的潜在价值。为了实现科技情报体系能力评估的目的，考虑到“唯成果”“唯过程”“唯量化”等单一指标的局限性，本研究三类指标相结合，对科技情报体系能力进行评估，分别是基础性指标、过程性指标和结果性指标，在情报体系能力成熟度评估中分别对应科技情报体系能力的静态构成、动力基础和运用表现。国家科技情报体系能力的形成必将经历从无到有、从弱到强且逐渐走向成熟的进化与发展过程，为了对这一过程进行揭示，本研究将国家科技情报体系能力依成熟度不同划分为萌芽阶段、发展阶段和成熟阶段，并构建出具有 3 个一级指标、4 个二级指标和 14 个三级指标的体系能力成熟度评估指标体系。

本研究的最终成果以国家科技情报体系能力分析评估模型的形式呈现，该模型展现出在情报能力体系观指导下，国家科技情报能力由分散单一的“双重个体”到“完备体系”的实现过程，是对科技情报体系能力进行审视分析的重要工具。

第 7 章

我国科技情报体系能力的发展现状

本章运用国家科技情报体系能力分析评估模型，基于科技情报机构论文发表情况和业务运作情况来审视分析我国的国家科技情报体系能力发展阶段，实现对所构建模型的使用验证，进而提出在我国科技情报治理过程中提升情报体系能力的措施建议。

7.1 对我国科技情报体系能力的审视分析

科技情报研究和科技情报工作是审视科技情报体系能力的重要依据。因此，本研究主要对中国科学技术信息研究所（简称“中信所”）及各省（自治区、直辖市）科学技术信息（情报）研究所进行调研，数据信息采集主要分为两个部分：①中信所及各省（自治区、直辖市）科技情报机构学术论文发表情况；②中信所及各省（自治区、直辖市）科技情报机构业务信息采集分析。基于科技情报机构论文发表情况和业务运作情况来对我国科技情报体系能力的静态构成、动力基础和运用表现进行分析，进而得出对我国科技情报体系能力成熟度阶段的判断。

7.1.1 基于科技情报机构论文发表情况的体系能力审视

分析科技情报机构学术论文发表情况对科技情报体系能力的审视有如下意义：①学术论文的内容可能反映出科技情报机构在某段时间的关注重点或成果

经验，有助于审视国家科技情报体系能力的静态构成；②学术论文的合著情况反映出科技情报机构之间、科技情报机构与其他机构之间的沟通交流，有助于审视国家科技情报体系能力的动力基础；③学术论文成果本身亦是科技情报机构重要的能力运用表现。

7.1.1.1 数据来源

本研究对中信所及各省（自治区、直辖市）科技情报机构近 5 年（2015—2019 年）的论文发表情况进行统计，以“作者单位 = 科学技术信息研究”或者“作者单位 = 科学技术情报研究”在 CNKI 和万方数据知识服务平台进行检索（检索日期：2019 年 4 月 21 日），去除市级以下（非直辖市）科技情报机构的发文数据，经清洗后得到学术论文 3659 篇，其中，从论文数量上看，各科技情报机构独立发文共 2654 篇，合作发文共 1005 篇，独立发文数量远高于合作发文数量，这里的“独立发文”是指作者单位全部为同一科技情报机构的文献。从论文发表时间分布上看，无论是独立发文还是合作发文，近 5 年在发文总量上比较稳定，波动不大（图 7.1）。

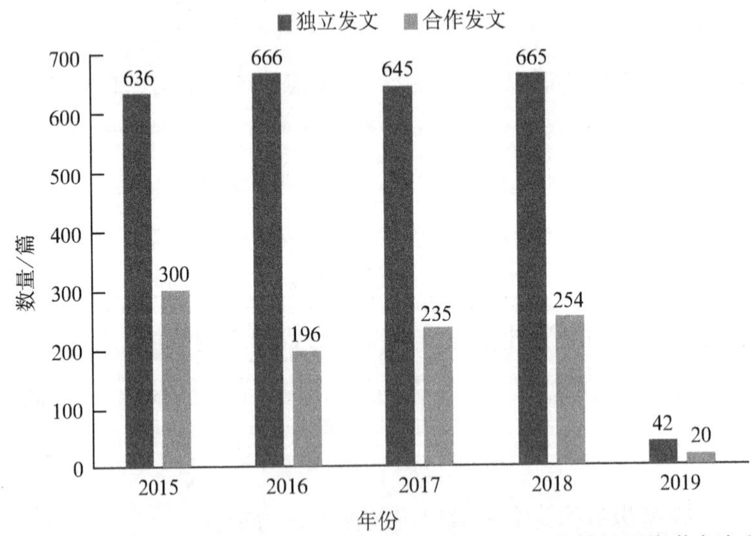

图 7.1　2015—2019 年中信所及各省（自治区、直辖市）科技情报机构学术论文发表情况

7.1.1.2　科技情报机构独立发文审视

从科技情报机构独立发文数量来看，中国科学技术信息研究所共发文 639 篇，稳居第一，其次分别是北京市科学技术情报研究所（195 篇）、广东省科学技术情报研究所（167 篇）、上海科学技术情报研究所（158 篇）、辽宁省科学技术情报研究所（143 篇），完整表格见附表 D–1。根据这些科技情报机构的特点，可以初步推断，情报机构的学术论文发表数量可能与情报机构的规模大小、对学术研究的重视程度、人才培养方式（是否有研究生教育）和与图书馆的关系等有密切的联系，本研究拟在后文中结合科技情报机构的业务运作进行详细说明（表 7.1）。

表 7.1　科技情报机构独立发文总量排名（TOP 5）

科技情报机构	2015 年	2016 年	2017 年	2018 年	2019 年	合计 / 篇	排序
中国科学技术信息研究所	161	166	147	156	9	639	1
北京市科学技术情报研究所	43	34	49	63	6	195	2
广东省科学技术情报研究所	24	35	60	45	3	167	3
上海科学技术情报研究所	35	36	45	38	4	158	4
辽宁省科学技术情报研究所	41	38	40	24	0	143	5

7.1.1.3　科技情报机构合作发文审视

通过科技情报机构合作发文情况来审视我国科技情报体系能力的动力基础，是本节所要探讨的重点。科技情报机构合著发文情况在一定程度上可以反映出科技情报机构之间，科技情报机构与高校、科研机构、企业、政府部门之间的沟通和合作，从广义上说，这些机构都是科技情报体系能力静态构成中能力的来源要素。从总体上看，科技情报机构和高校合作发文较多，占到总发文量的一半以上，科技情报机构和政府部门合作最少，仅占 6%（图 7.2）。科技情报机构与不同机构的合著数量排序基本符合这些合作机构本身的发文特征，相比政府部门，高校和科研机构本身在论文发表方面更为重视。但是，科技情报机构之间的合作发表数量明显偏低，与科技情报机构独著数量形成鲜明对比。

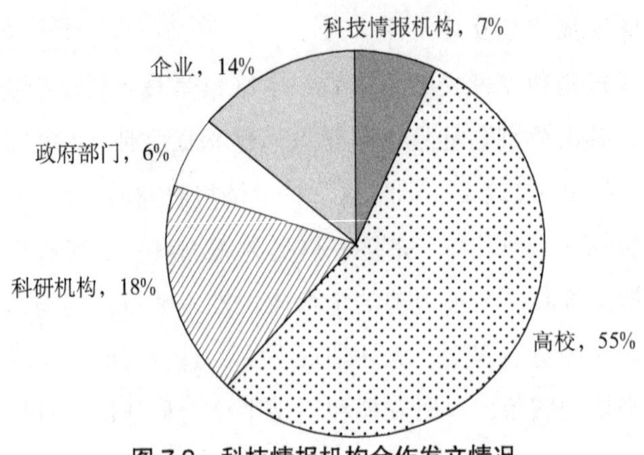

图 7.2　科技情报机构合作发文情况

（1）科技情报机构间合著

科技情报机构间合著情况调研，不仅限于中信所及各省（自治区、直辖市）科技情报机构之间的合著，还包括与中科院文献情报中心、各市级科学技术信息研究所之间的合著，尽管如此，科技情报机构间的合著数量仍相对较少（图 7.3，具体数据见附表 D–2）。

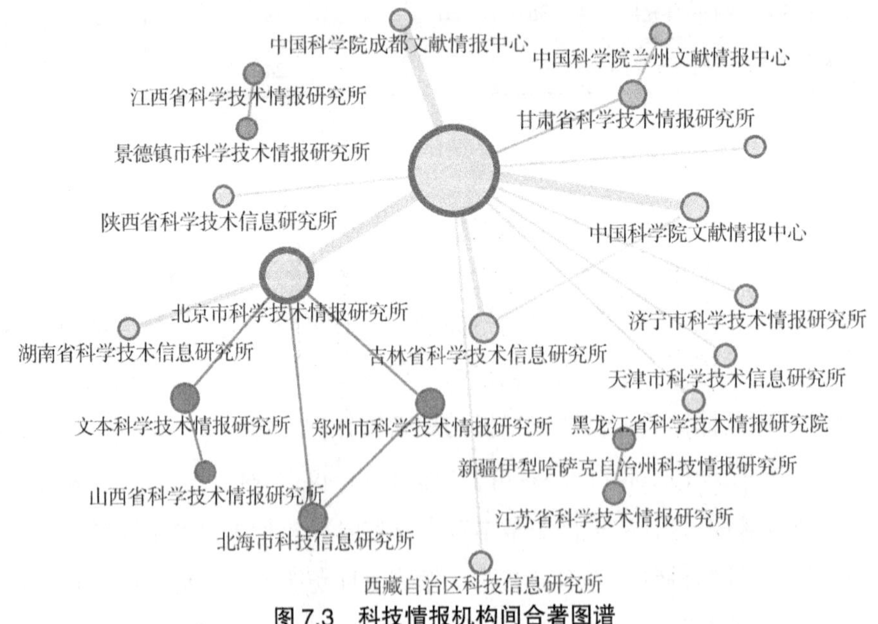

图 7.3　科技情报机构间合著图谱

从合著数量上看，中国科学技术信息研究所和北京市科学技术情报研究所合作发文数量较多，但仍有很大一部分科技情报机构没有参与合著。从合作机构的组合来看，具有明显的层级特征。①跨系统合作，主要表现为中信所与中科院文献情报中心（包括北京、兰州、成都）的合作；②纵向合作，科技情报机构间的合作有明显的地域层级特征，如中信所多与北京、吉林、陕西等省级（直辖市）情报所开展合作，鲜少与地市级及以下科技情报机构合作发文；再如，山西省科学技术情报研究所与景德镇市科学技术情报研究所合作等；③横向合作，如北京市科学技术情报研究所与湖南省科学技术信息研究所合作等。

（2）科技情报机构与高校合著

本研究共采集到科技情报机构与高校合著文献 560 篇，占总合作量的 55%，合作情况如图 7.4 所示（详细数据见附表 D-3）。从高频合作科技情报机

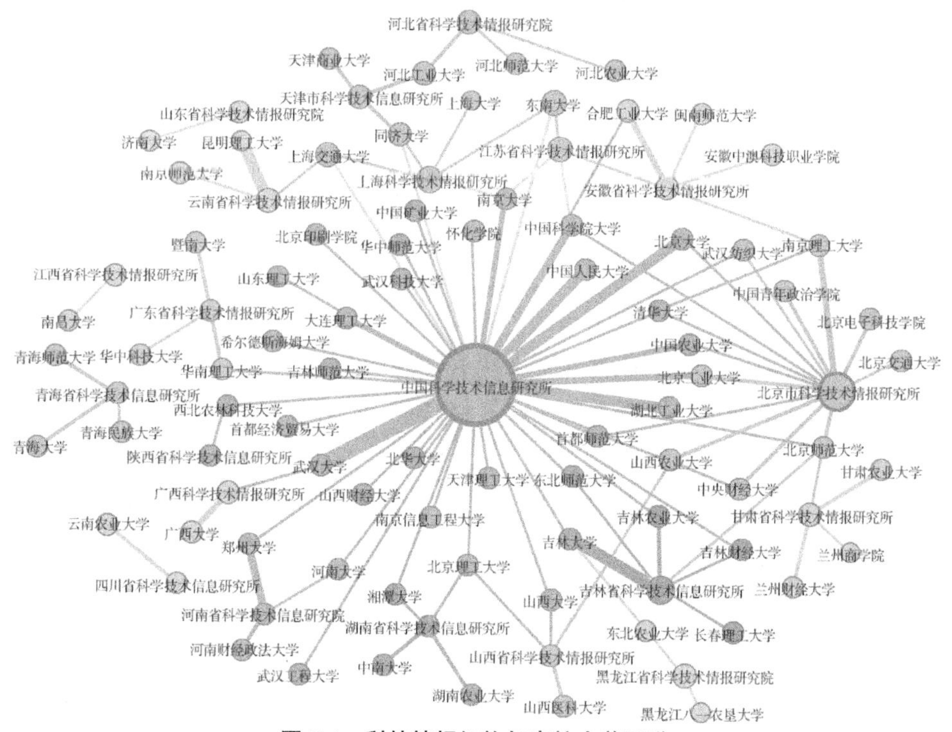

图 7.4　科技情报机构与高校合著图谱

构来看，中国科学技术信息研究所合著数量较多（205 篇），远超其他科技情报机构，其次是北京市科学技术情报研究所（49 篇）和吉林省科学技术信息研究所（34 篇）。从高频合作的高校来看，武汉大学（23 篇）、吉林大学（20 篇）、湖北工业大学（16 篇）、北京大学（14 篇）名列前茅（表 7.2），共有 26 所高校合作发文量超过 5 篇（不含 5 篇）（详细数据见附表 D–4）。

表 7.2　科技情报机构与高校合著数量（高频合作高校 TOP 10）

序号	合作高校	数量 / 篇	排名
1	武汉大学	23	1
2	吉林大学	20	2
3	湖北工业大学	16	3
4	北京大学	14	4
5	昆明理工大学	13	5
6	中国科学院大学	13	5
7	中国人民大学	13	5
8	北京工业大学	12	8
9	合肥工业大学	11	9
10	河北工业大学	10	10

科技情报机构与高校合著呈现出如下特点：①中国科学技术信息研究所和北京市科学技术情报研究所合作文献数量较多且合作高校较为广泛，几乎涵盖了全国范围各种类型的高校；②除以上两所机构之外，其他科技情报机构与高校合作具有较为明显的地域性特征，例如，吉林省科学技术信息研究所的合作高校多为吉林大学、吉林农业大学、吉林财经大学等省内大学，河南省科学技术信息研究所的合作高校为郑州大学、河南大学、河南财经政法大学等省内大学；③从高校特征来看，科技情报机构的合作高校具有两种类型，第一种是具有较为优势的图书情报类专业，如在高频合作高校中排名前列的武汉大学、吉林大学、

北京大学、中国人民大学；第二种是具有较为优势的理工类专业或是理工类院校，如中国科学院大学、昆明理工大学。这些高校特征体现出科技情报机构对科技情报理论方法、科技情报实践和情报人才培养的关注。

（3）科技情报机构与科研机构合著

本研究共采集到科技情报机构与科研机构合著文献 184 篇，占总合作量的 18%，位居第二，合作情况如图 7.5 所示（详细数据见附表 D-5）。

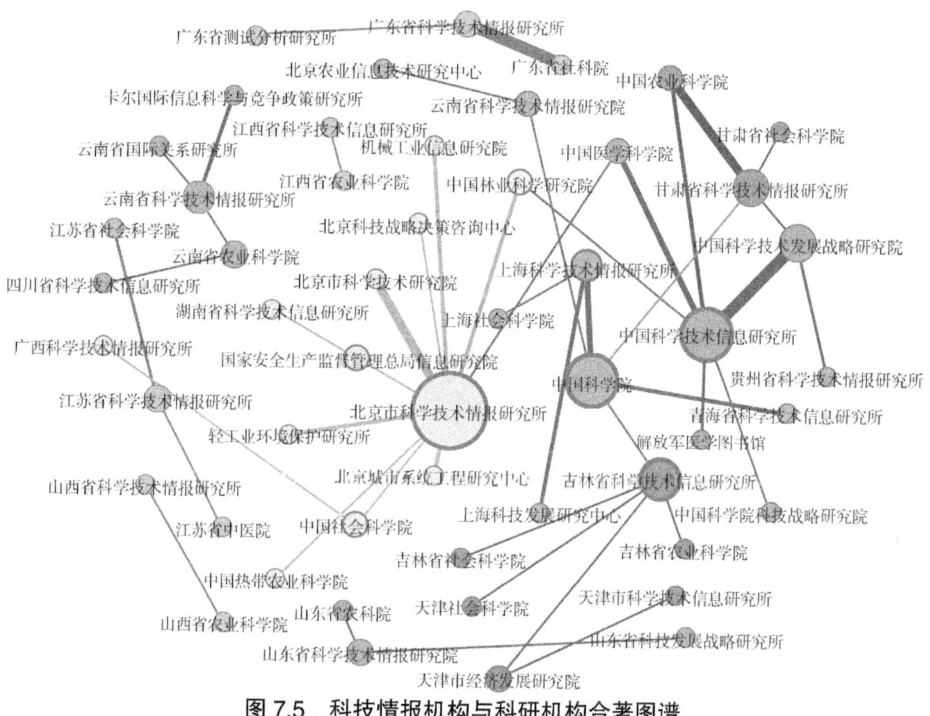

图 7.5　科技情报机构与科研机构合著图谱

从高频合作科技情报机构来看，中国科学技术信息研究所（43 篇）和北京市科学技术情报研究所（36 篇）合著数量较多，高于其他科技情报机构。广东省科学技术情报研究所（18 篇）、云南省科学技术情报研究院（15 篇）和上海科学技术情报研究所（12 篇）位居前五。高频合作的科研机构多来自中国科学院系统、社科院系统和农科院系统。

（4）科技情报机构与政府部门合著

本研究共采集到科技情报机构与政府部门合著文献 59 篇，占总合作量的 6%，合作情况如图 7.6 所示。这里开展合作的政府部门主要是中国科学技术部及各省科学技术厅，国家发改委和各省发改委，以及工业和信息化部等，体现出科技情报机构在国家科技发展规划中的重要作用。

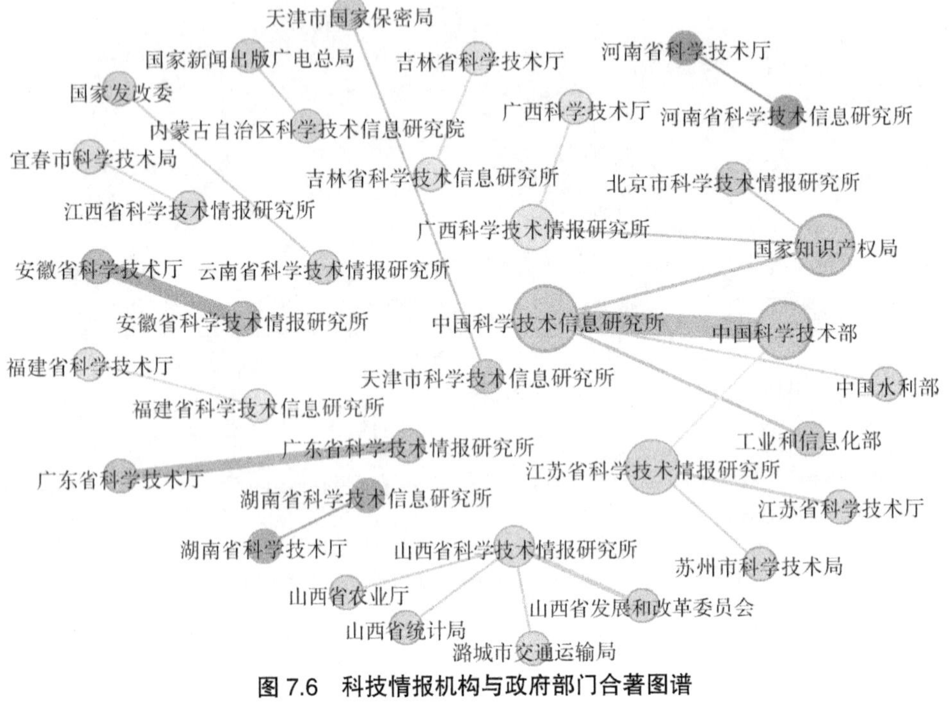

图 7.6　科技情报机构与政府部门合著图谱

（5）科技情报机构与企业合著

本研究共采集到科技情报机构与企业合著文献 144 篇，占总合作量的 14%，合作情况如图 7.7 所示。从高频合作科技情报机构来看，中国科学技术信息研究所（51 篇）依然位居第一，北京市科学技术情报研究所（13 篇）位居第二（详细数据见附表 D–9）。合作企业除北京万方数据股份有限公司（35 篇）外，呈现出非常分散的特征（详细数据见附表 D–8）。

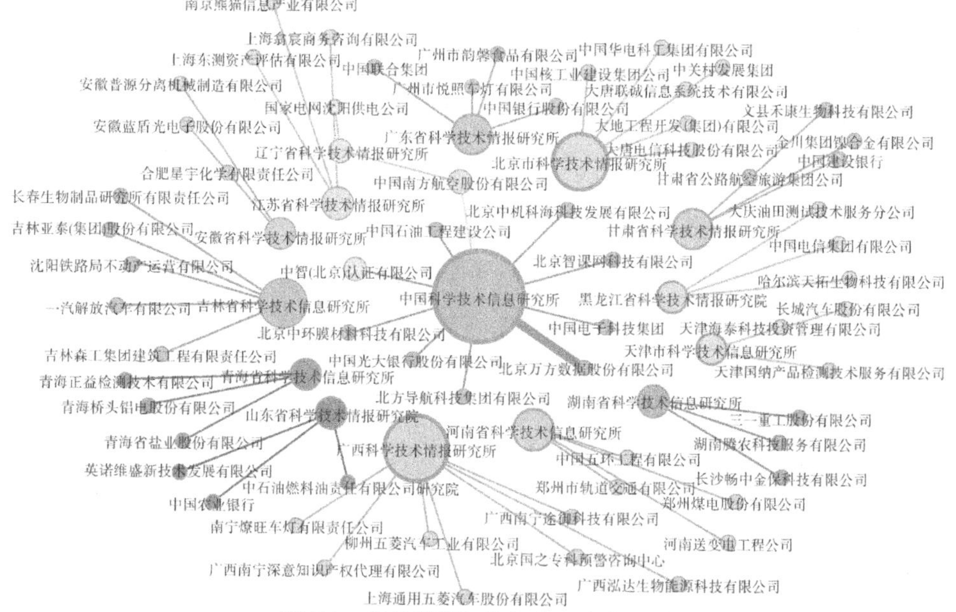

图 7.7　科技情报机构与企业合著图谱

7.1.2　基于科技情报机构业务运作情况的体系能力审视

本研究主要通过网络调研和访谈的方式，对中国科学技术信息研究所、北京市科学技术情报研究所、陕西省科学技术情报研究院、天津市科学技术信息研究所、浙江省科技信息研究院等科技情报机构的业务运作进行调研，主要包括科技信息资源建设、人员队伍培育、情报研究成果等方面，有助于审视科技情报体系能力的静态构成和成果表现。

7.1.2.1　科技信息资源建设

科技信息资源保障为科技情报服务的有序开展提供了重要基础和支撑，大多数科技情报机构拥有较为丰富的科技信息资源，涵盖主要的自然科学学科，包括期刊数据库、学位论文数据库、会议论文数据库、专利数据库、标准数据库、图书档案等丰富的信息资源。例如，广东省科学技术情报研究所馆藏的图书档案资料达 30 多万册，存储的电子信息数据库信息量达 20 TB，记录数达 1.7 亿条，承担“广东省科技文献共享平台”和“国家科技图书文献中心广州服务站”等科技文献服务平台的建设任务，每年为社会提供的公益性科技文献服务达 35

万篇，58万人次①。根据浙江省科技信息研究院2015年发布的《浙江省科技信息研究院"十二五"及中长期发展规划》②，全院数字化文献资源规模总量在2010年达到21 TB，2015年达到32 TB，实现年均增长8.8%。天津市科学技术信息研究所拥有各种载体各类文献约3000万件，数据存储容量达到13 TB③。

我国已经开始建设并逐渐完善多机构科学数据共建共享平台，取得了一定的成果。2000年，科技部联合财政部等六部门，经国务院批准，建立国家科技图书文献中心④（National Science and Technology Library，NSTL），这是一个基于网络环境的科技文献信息资源服务机构，由中国科学院文献情报中心、中国科学技术信息研究所、机械工业信息研究院、中国化工信息中心、中国标准化研究院、中国计量科学研究院等9个文献信息机构组成。2015年，NSTL面对"一带一路"等国家倡议，打造"NSTL国家重大战略信息服务平台"⑤，以更好地发挥NSTL的作用，集成各成员单位的特色资源和服务，为国家重大战略建设提供动态信息跟踪、文献信息保障、产业情报分析、战略决策支撑、重点项目合作、知识产权咨询等服务。

一系列科学数据管理办法的颁布，对科技情报机构数据信息资源建设具有重要的指导作用。2018年3月，我国国务院办公厅印发《科学数据管理办法》⑥，明确了我国科学数据管理的总体原则、主要职责、数据采集汇交与保存、共享利用、保密与安全等方面的内容，深刻把握大数据时代科学数据发展趋势，突出科学数据共享利用这一重点，对进一步提升我国科学数据工作水平，发挥国

① 广东省科学技术情报研究所 [EB/OL]. [2019-04-24]. http: //www.gdinfo.net/KTOOLS/gdinfo/xxzy.jsp.

② 浙江省科技信息研究院"十二五"及中长期发展规划 [EB/OL]. (2015-12-20) [2019-04-24]. http: //www.istiz.org.cn/portal/Detail.aspx?id=8854.

③ 天津市科学技术信息研究所 [EB/OL]. [2019-04-24]. http: //www.tisti.ac.cn/bszy-kjwx.htm.

④ 国家科技图书文献中心 [EB/OL]. [2018-12-30]. https: //www.nstl.gov.cn/Portal/zzjg_jgjj.html.

⑤ NSTL国家重大战略信息服务平台 [EB/OL]. [2018-12-30]. http: //strategyinfo.las.ac.cn/aboutUs/introduce.htm?type=introduce.

⑥ 国务院办公厅印发《科学数据管理办法》[EB/OL]. (2018-04-02) [2018-12-01]. http: //baijiahao.baidu.com/s?id=1596631314561954920&wfr=spider&for=pc.

家财政投入产出效益，提高科技创新、经济社会发展和国家安全支撑保障能力具有重要意义。2019 年，中国科学院印发《中国科学院科学数据管理与开放共享办法（试行）》①，为进一步加强科学数据管理，保障科学数据安全，提高科学数据开放共享水平提供了制度规范。作为国家战略科技力量，中国科学院发布的科学数据管理政策，是落实国家大数据战略和《科学数据管理办法》的重要举措，对提升科技创新质量、效率，推动经济社会发展具有积极意义。

7.1.2.2　人员队伍培育

从专业情报人员的培养形式来看,我国已经形成较为完整的专业教育体系。20 世纪 90 年代初，情报学教育向以“信息”“信息管理”为轴心的方向延伸和发展，情报学教育的重点已从本科教育过渡到研究生教育，经过 30 多年的建设，情报学教育获得了较快的发展，已形成一个本科、硕士、博士及继续教育等多种形式相结合的完整的专业教育体系，且具有一定的招生规模。在职培训也是情报人员的培养形式之一。各科技情报所建立了自己的专业情报人员队伍，以北京市、广东省等科技情报所为例，科技情报机构人员队伍的学历分布和职称分布如图 7.8 和图 7.9 所示。

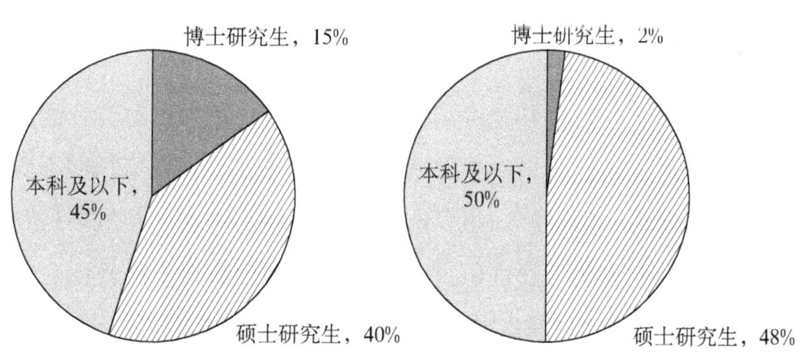

图 7.8　科技情报机构人员队伍学历分布

① 《中国科学院科学数据管理与开放共享办法（试行）》印发 [EB/OL]. (2019-02-01) [2019-04-02]. http://m.cas.cn/gfzjz/201902/t20190221_4679910.html.

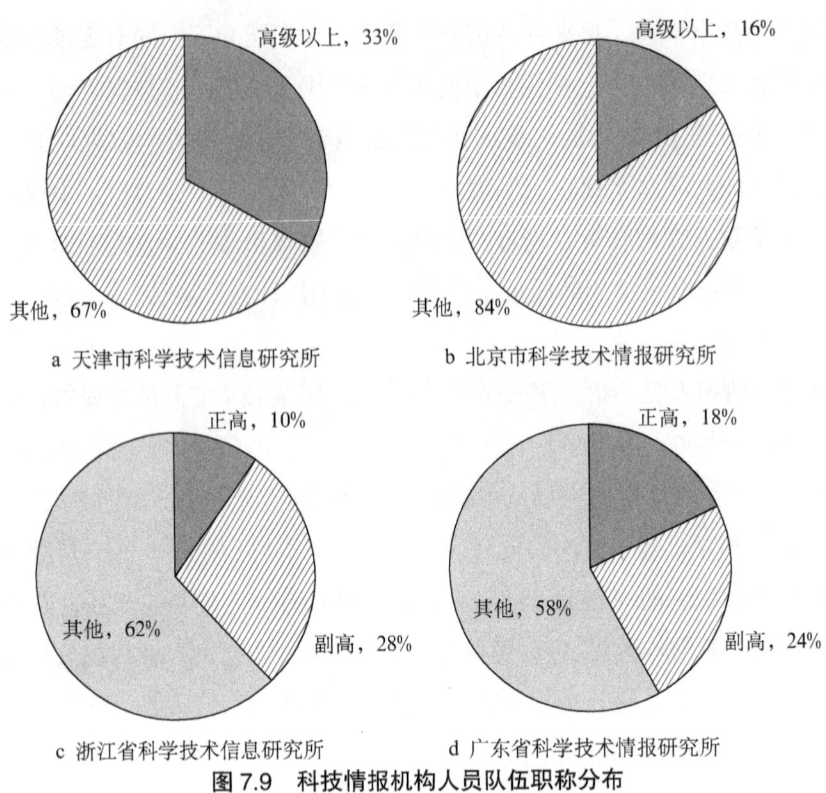

图 7.9 科技情报机构人员队伍职称分布

7.1.2.3 情报研究成果

我国的科技情报工作在科技决策信息支撑方面发挥着不可替代的作用，成果得到国家有关领导的批示。以中信所为例，其坚持“事实型数据资源＋专用工具方法＋专家智慧”的科技情报研究方法，开展了国家科技战略跟踪研究、科技评价研究、科技政策与管理研究、重点领域深度分析、科技论文统计与分析、产业竞争情报研究和高层次科技人才研究等方面的研究工作，编辑出版《科技参考》《国际科技投入要览》《重点科技领域发展动态》等系列出版物，出版了《中国科技论文统计与分析》等具有影响力的研究报告，2011 年，有 9 项研究成果得到了刘延东国务委员和科技部有关领导的批示。

在国际科技战略跟踪研究方面，2011 年，中信所“国家科技创新与决策支持平台”新增世界各国科技战略、科技政策和科技计划研究报告等信息 2234 条，累计信息量共 7274 条，通过软件集成对全球 50 个网站的信息进行检测与采集，情报监测资源新增数据 209 949 条，采集信息数据量共达到 56 956 条[①]。在科技政策与管理研究方面，2014 年，中信所围绕世界主要国家创新战略和科技发展趋势跟踪、创新驱动发展战略顶层设计研究、公立科研机构人员绩效激励机制、科技外交战略、创新型城市评价指标体系等，出版了《世界主要国家重大科技项目总数》《国外科技计划专业管理机构调研报告》等研究报告，参与了创新驱动发展战略顶层设计、“十三五”国家科技创新发展规划、“十三五”国家科技重大专项规划等战略决策研究与服务，为我国政府科技决策提供了重要支撑。在重点科技发展领域方面，中信所 2013—2014 年编辑出版了 114 期《重点科技领域发展动态》，涵盖了高端装备、电动汽车、信息技术、生物医药技术、能源与气候变化、纳米技术等领域的最新科技发展动向。在产业竞争情报研究方面，中信所围绕“新形势下竞争情报与国家战略”，探讨中国企业如何应对大数据挑战、战略性新兴产业国际竞争中的情报和战略，进行产业变革的预见分析等。

7.1.3　我国科技情报体系能力成熟度审视分析

综上所述，我国的科技情报体系能力尚处于发展阶段，具体表现在以下几个方面。

第一，科技情报机构开始意识到建设情报体系的重要性，意识到单一分散的情报能力不足以应对前瞻预警的复杂决策需求，开始采取一些措施有目的有针对性地培养情报能力。

第二，在情报体系能力静态构成方面取得了一定的成效，搭建了科技信息资源共建共享的平台，积极将新的技术方法应用到情报分析中，形成了相对完整的科技情报人员培养体系，产生了一批科技情报专业人才；从情报技术手段来看，我国的科技情报机构积极开展情报技术手段的研究，尝试将大数据、云

① 中国科学技术信息研究所 . 甲子辉煌：中国科学技术信息研究所成立 60 周年纪念 [M]. 北京 : 科学技术文献出版社 , 2016: 388.

计算、人工智能等新技术带来的新变革应用到情报研究中，这一点在情报研究报告和学术成果中都有体现。从情报工作规范来看，以中信所为例，2012 年，该所坚持“精细化管理、数量化管理、透明化管理”的管理理念①，不断细化管理流程、积累管理过程数据，对已经制定的涉及科研管理、人员聘用、财务管理、经费使用等 120 项管理办法进行梳理完善，促使所内各项内部控制制度形成闭环。为了加强对各部门工作进度的追踪落实，所内建立了定期工作汇报制度，以便及时了解工作进展，研究解决工作存在的问题和困难。

第三，情报体系能力的动力基础明显缺乏，情报管理体制有待革新，“烟囱式”的情报机构影响了“情报服务”整体效能，更难以发挥情报的“耳目、尖兵、参谋”功能。从学术论文的发表情况来看，各科技情报机构之间，科技情报机构与高校、科研机构、政府机构、企业之间已经建立起一定的合作关系，但是科技情报机构之间仍相对孤立。新中国成立以来，我国科技情报体制的产生和改革大致经历了先公益性后市场化再回归公益性的过程②。从运作体制上讲，目前国家和绝大多数省市的科技情报研究所大致分为 3 种类型。一是企业化运作，如青海省科学技术信息研究所于 2000 年 12 月转为面向经济主战场的科技型企业，并更名为青海省科学技术信息咨询服务中心；二是馆所合并，如上海科学技术情报研究所与上海图书馆于 1996 年合并成立“上海图书馆上海科技情报研究所”，并转入上海市委宣传系统；三是公益性机构，除上海和青海两个特例外，国内其他省级科技情报所基本上都定位为公益性公共机构，作为各地科技系统的事业单位，为当地政府和社会提供科技情报服务③。在“互联网 +”正在衍生各种“化学效应”，并融入各行各业之时，科技情报行业却没有进行思维、理念、模式创新，没有面向“互联网 + ”重新构筑新型的情报生态，转变科技情报工作机制，实现信息组织的众包，资源采集的众筹，信息服务的众扶，分析工具的众

① 中国科学技术信息研究所 . 甲子辉煌：中国科学技术信息研究所成立 60 周年纪念 [M]. 北京：科学技术文献出版社，2016：353.

② 贺德方 . 我国科技情报行业发展方向的探讨 [J]. 情报学报 , 2008, 27(4): 483–489.

③ 丁波涛 . 推进情报机构转型 , 加强战略情报服务：创新战略视角下的科技情报机构发展思考 [J]. 情报理论与实践 , 2017, 40(5): 15–18.

创，坚守情报工作范畴，深化情报工作内涵。缺乏统一规划和管理的情报机构，分割的“体制”影响了“情报服务”整体效能，更难以发挥情报的“耳目、尖兵、参谋”功能①。

第四，从情报体系能力的运用表现来看，在情报工作方面，多停留在情报响应的被动阶段；在情报成果方面，多是从对国外科技文献的翻译报道逐渐发展到利用论文和专利等文献数据资源绘制科学地图和专利地图等形式，能够展示科学技术发展的规律与态势，但缺乏前瞻预警的决策支持。

7.2　提升我国科技情报体系能力的对策建议

7.2.1　积聚科技情报体系能力静态构成要素

第一，完善国家科技信息共享和科技情报研究集成平台，夯实科技文献信息基础工程，推进情报方法集成应用。大数据环境下，需要对海量、零散、原始、复杂、碎片化和异构的数据进行搜集、清洗、整序和抽象，需要对异构的、多来源的、多格式的、厚薄不均的数据进行重组与重构，对数据资源和用户需求按照某一属性或特征进行聚类，并以计算机可识别的方式进行表达和描述，最终构建基于统一标准的各类数据库①，需要提升情报系统和信息平台的设计与支撑，深化蕴含特色情报方法的工具开发与集成应用。个体科技情报机构应在对其自身掌握的信息资源和情报技术方法全面了解的基础上，互通有无，积极参与统一的平台建设，以促进科技信息资源的共享和利用；建立起综合不同阶段、不同需求的集成化情报处理平台，实现情报处理的自动化、规范化、系统化，让来自不同场景、不同领域的专家、情报处理人员、用户共同协作，推动情报技术方法的学习和革新。

第二，探索新形势下学科建设中的情报专业特色教育，打造科技情报人才队伍，规范情报工作管理。情报人员专业背景的多样性是适应情报任务跨领域

① 曾建勋．花甲之年的惆怅：科技情报事业 60 年历程反思 [J]. 情报理论与实践，2017, 40(11): 1–4.

和跨学科特色要求的反映。无论专业背景如何，对情报人员的业务素质培养主要采取两种方式：一是进行正规的情报专业教育；二是进行各种形式的情报业务培训。培养方式可以不同，但是情报人员的核心业务素质组成中都少不了情报意识、工作作风和方法技术。意识养成、作风塑造和方法习得既是情报专业教育传授的内容，也是情报专业教育研究的对象。需要注意的是，在情报学术和情报教育领域中，要防止出现由于不完备的管理评价所导致的专业特色能力的退化。

7.2.2 弥补科技情报体系能力动力基础不足

第一，深化科技情报体制改革，探寻国家科技情报治理路径，建立高层次情报治理协调机构，发挥科技情报共同体的作用。建设和提升国家科技情报体系能力，需要相应的情报管理体制的支持。《国家安全法》、《国家情报法》等一系列政策法律的颁布，对情报体系建设提出了更明确的要求，进一步强调了协调性和有效性。但是，在现有的情报管理体系中，由于特定的历史条件，我国的情报组织机构布局受到了经济发展和行政体制的制约，一部分情报机构处于市场化的环境中（如商业化的咨询公司等），为作为客户的决策者提供服务，较多地受到市场规则的影响和利益因素的驱动；还有一部分情报机构位于非市场化的科层环境中（如国家情报机关、政府情报部门、企业情报部门等），隶属于特定的单位或部门，服务于领导或相关决策部门，缺乏竞争意识和协作思维。现有情报管理体制中的既定规则难以在短时间内打破，也不宜操之过急采用强制力直接变革，需要探索一种相对柔和、灵活的方式逐步调整，即探寻国家科技情报治理路径。分散的科技情报能力支撑要素难以自发形成科技情报体系能力，所以还需要引导者和中介者发挥作用，需要建立高层次情报治理协调机构，来负责组织各级情报力量按照各自的职能分工，相互配合，协调部门与国家需求之间的平衡。充分发挥诸如科技情报学会之类的情报科学共同体的作用，将科技情报人才和机构团体积聚起来，加强合作和交流，以便推动科技信息资源的共建共享，亦可以为发展科技情报事业建言献策。

第二，瞄准国家科技情报决策需求，向科技情报智库转型。“国家情报”

具有超部门性、跨领域性、体系化和为国家服务的特征，随着社会环境的变化，国家科技情报决策需求越发具有复杂性、多样性和动态性特征，对传统的科技情报工作提出了挑战，科技情报机构在情报研究和决策支持保障方面的作用和影响有待加强。从本质上看，我国科技情报机构进行智库转型所遇到的问题，不是因为情报机构的使命发生了根本性变化，而是因为决策信息保障的任务需求和环境发生了重大变化。因此，如何令情报机构快速适应这种任务需求和环境变化，成为探索情报机构智库转型的关键。从这一点出发，国家科技情报体系能力建设培养和国家科技情报机构向科技情报智库转型具有一致性。

7.2.3　反思科技情报体系能力运用表现方式

第一，突破传统情报工作思路，抓住基于情报感知的核心情报能力关切，兼顾情报响应和情报刻画能力表现。情报感知是承载着情报工作和情报学术固有特色的核心业务研究对象，情报感知能力培养是提升情报机构前瞻、预警和高质量政策研究等可持续发展业务能力的必由之路，对情报机构在新的历史时期找准定位、妥善规划、实现价值有着重要意义。在情报感知的方法层面，建议突破传统的情报工作思路，抓住基于情报感知研究的核心关切，践行“醒得早”“看得远”等情报特色使命；吸收、融合数据感知、情境感知和态势感知等关联领域的方法规律和运用规则；在重视技术规划的同时，应当建立科学技术项目、团队和重点人物对象的识别、评估与监控制度。及早发现新技术热点，从而及时实施应对操作，加强针对性布局；在全谱系扫描任务情境设定下，关注前沿技术进展，梳理、评估、引进和设计适于开展情报感知的技术及方法。

第二，以支撑国家科技创新和国家科技安全发展决策为着力点，超前部署，提供精准化、深度化、高端化的情报服务与产品。开展动态研究、专题研究和发展战略研究，建立面向国家科技战略决策的快速反应机制，精准地满足决策主体的多样化需求，提高情报成果所蕴含的科技情报体系能力水平，加强在追赶答疑、跨越选评、覆盖前瞻、引领预警方面的科技情报体系能力运用表现。

7.3 本章小结

我国的科技情报体系能力尚处于发展阶段，科技情报机构开始意识到建设情报体系能力的重要性，意识到单一分散的情报能力不足以应对前瞻预警的复杂决策需求，开始采取一些措施有目的、有针对性地培养情报能力，在情报体系能力静态构成方面取得了一定的成效，但在情报体系能力动力基础和运用表现方面还有待于完善和提高。针对上述问题，本研究尝试提出提升我国科技情报体系能力的对策建议，包括积聚科技情报体系能力静态构成要素，弥补科技情报体系能力动力基础不足,反思科技情报体系能力运用表现方式等具体措施。

第 8 章

国家科技情报体系能力的研究展望

8.1 信息迷雾的情报观察

无论是战略性情报研究还是领域信息分析，都需要解决由信息的量和质交织而成的“信息迷雾”问题。对于当前国际科技博弈中引人瞩目的技术迷雾问题，也需要通过检视信息迷雾来解决。如何在大数据环境下及时准确地感知、识别和刻画各种信息迷雾，是情报学界应该重视的研究议题。

8.1.1 信息迷雾概念溯源

从现代汉语词义来看，“雾”的基本义是自然界中常见的天气现象，其发生会给人们的视程造成一定的障碍，是气象学重要的研究对象。早在公元前 340 年亚里士多德所著的《天象论》（*Meteorologica*）中便有记载，并初步提及雾对天气预报的重要意义。随着词语含义的丰富，“雾”产生了相对固定的比喻义，构成了“迷雾”一词，《现代汉语词典》将其比喻为使人迷失方向的东西，《辞海》亦将“迷雾”解释为令人琢磨不透的事物。

从索绪尔结构语言学来看，随着社会科学的发展，“（迷）雾”作为一种语言符号（“能指”），在不同学科的研究中对应表示了不同的事物概念（“所指”），利用“（迷）雾”的基本义或比喻义可方便地在特定研究主题或场景下进行理解和交流。例如，继云计算之后，2011 年思科公司（Cisco）创造性地提出了雾计算（Fog Computing）的概念，这个因“云”而“雾”的命名源自“雾是更贴近地面的云”[①]，借用雾的基本义特征生动形象地表达了新兴计算范式的分布广泛、异构性、巨量性特征[②]，2018年，美国国家标准与技术研究院(NIST)发布了雾计算的概念模型，其可降低延迟提高安全，为美国军方在实时数据和情报方面提供了优势[③]。再如，西方近代军事理论鼻祖克劳塞维茨在其《战争论》中提出的“战争迷雾”（the Fog of War），便是借用了雾的比喻义特征来定义战争中诸多不稳定或难以明确的因素。

信息迷雾是影响正确决策的信息氛围[④]，以雾令人迷失难以琢磨的比喻义来定义信息不确定性造成的决策误导。1983年7月，美国国会图书馆馆长Daniel Boorstin在《纽约时报》上指出：“技术是如此有趣，但我们会淹没在技术中。信息迷雾（the Fog of Information）会驱散知识”[⑤]，以“信息迷雾”来表达对图书馆计算机化的技术发展不确定性影响和信息过载带来知识吸收障碍的隐忧。而今，随着信息社会的发展和大数据时代的到来，海量数据之间有价值的相关性得到了更加充分的挖掘利用，但个别信息的真伪难以辨别，因果关系的深入分析反而变得更加困难，影响了情报的准确性；再加之大国竞争博弈背景下内外部环境的不确定性增强，信息迷雾的含义更加丰富和复杂。根据魁北克学派隆多的术语学思想，学科范围越窄，其术语的专有性质越强，术语语汇覆盖的范围越小[⑥]，由此可见，信息迷雾术语概念的宽泛性是受到情报研究面对的不确定性和复杂性影响，也正是由于这种不确定性，使得该术语对情报科

① 方巍.从云计算到雾计算的范式转变[J].南京信息工程大学学报(自然科学版),2016,8(5): 404–414.

② Open fog Consortium. Definition of fog computing[EB/OL]. [2021–07–15]. http: //www.Openfogconsortium.org /resources/#definition–of–fog–computing.

③ Securing data, even in the fog[EB/OL]. (2020–01–31) [2021–07–15]. https: //gcn.com/articles/2020/01/31/fog–computing–secure–data.aspx.

④ 苏鹏，王延飞.对信息迷雾的情报观察：概念、形成与应对[J].情报理论与实践，2021,44(3): 6–12.

⑤ The fog of information can drive out knowledge[EB/OL]. [2021–07–16]. https: //www.groupdynamics.co.uk/blog/technology–is–so–much–fun–but–we–can–drown–in–our–technology/.

⑥ 隆多.术语学概论[M].北京：科学出版社，1985：26–38.

学发展和交流的促进意义在现阶段更加不可忽视。

8.1.2 信息迷雾相关概念

“信息迷雾”在不同的学科语境下有不同的术语表达，并随着时代的发展有着不同的表现。战争迷雾、数据迷雾、信息失序、虚伪信息等都与信息迷雾有着密切的关联。

8.1.2.1 战争迷雾

“战争迷雾”是 200 多年前克劳塞维茨对战争不确定性的情况说明，在当代军事活动中，高精尖技术尤其是信息技术在军事上的应用并未驱散这种不确定性的迷雾，反而使其与信息的搜集、理解和判断紧密联系在了一起，信息迷雾成为战争迷雾的主要表现，战场优势在一定程度上取决于信息优势，而情报则成为破解这一迷雾的最有力武器。

《孙子兵法》是我国利用情报达成全胜决策目标的经典之作，在其《虚实篇》中便论述了如何利用信息迷雾以达成“人皆知我所以胜之形，而莫知吾所以制胜之形”的策略方法。为了充分拥有战场上的主动地位，孙子提出了“避实而击虚”的著名原则，既要根据战场上瞬息万变的敌情准确判断敌人兵力部署的虚实，又要善于隐蔽我方实情以高明的伪装迷惑欺骗敌人。

克劳塞维茨对信息迷雾的认识主要在于揭露战争和情报本身的客观复杂性，所以其战争论更多地强调如何提高自身作战技能和情报能力；而《孙子兵法》主张“上兵伐谋”，对信息迷雾的认识侧重于战争中的谋略，识别竞争中的尔虞我诈，防备对手故布迷阵，让情报全面发挥“耳目、尖兵、参谋”的作用。上述中西方经典军事情报思想著作受限于不同时代背景下中西方军事较量的差异，对信息迷雾的关注重点不尽相同，但揭示了信息迷雾的两个重要客观方面，对当前信息迷雾研究具有重要的借鉴意义。

8.1.2.2 数据迷雾

数据迷雾（Data Fog），通常指阻碍正确高效获得数据价值的各类数据，一般而言，包括假数据（混淆判断）、毒数据（诱导犯错）、垃圾数据（毫无意义和价值，浪费算力和实践资源）[①]。数据迷雾是信息迷雾在数字语境下的表达，欧盟相继发布《应对信息迷雾：欧洲方法》《欧洲数字主权》《应对新冠肺炎疫情的信息迷雾》[②③④]等报告，反映在数字化进程不断加深的时代背景下治理信息迷雾的决心和方略。一方面，基于大数据的人工智能系统在可解释性和可信性上有先天的缺陷，使得数据迷雾问题防护难度增大；另一方面，对数据过度沉迷依赖，盲目强调数据分析的结果，而不关注其形成过程中的信号和状态，也是诱发数据迷雾的原因之一[⑤]。

8.1.2.3 信息失序

信息失序（Information Disorder）是信息迷雾在网络社交媒体环境下的表现，因信息质量低下或不准确而对公众的决策和行动造成误导性影响，甚至给公众带来了情感、人身、财务等方面的危害[⑥]，图书馆和其他信息服务机构也很可能在不知情状态下成为其传播渠道[⑦]。从操作手段来看，主要有以下 4 种类型。第一，混淆事实，在事实基础上进行讽刺或搞笑，加入自己的主观理解或二次创作，不以欺骗公众为目的，但由于公众不具备分辨原事实的能力，对其认知

---

① Fog data analytics for IoT applications: next generation process model with state of the art technologies[M]. Berlin: Springer Nature, 2020.

② European Commission. Tackling online disinformation: a European approach[EB/OL]. (2018-03-12) [2021-07-18]. https: //ec.europa.eu/digital-single-market/en/news/communication-tacklingonline-disinformation-european-approach.

③ Digital sovereignty for Europe[EB/OL]. (2020-07-02) [2021-07-19]. https: //www.europarl.europa.eu/RegData/etudes/BRIE/2020/651992/EPRS_BRI(2020)651992_EN.pdf.

④ European Commission. Tackling COVID-19 disinformation-getting the facts right[EB/OL]. (2020-06-10) [2021-07-18]. https: //eur-lex.europa.eu/legal-content/EN/TXT/PDF/?uri=CELEX:52020JC0008&rid=3.

⑤ LOUTH W. The data fog of observability[EB/OL]. (2019-12-30) [2021-07-20]. https: //www.instana.com/blog/the-data-fog-of-observability/.

⑥ FLORIDI L. Brave. Net. World: the Internet as a disinformation superhighway?[J]. The electronic library, 1996, 14(6): 509-514.

⑦ FALLIS D. A conceptual analysis of disinformation[EB/OL]. (2009-02-28) [2021-07-18]. http: //hdl.handle.net/2142/15205.

造成了不利影响[①]；第二，隐藏事实，有选择地隐去与事实相关的部分信息，如裁剪图片、引用部分数据信息等；第三，歪曲事实，歪曲信息来源，更改信息的作者，给出错误的链接，将真实的信息嫁接到其他的语境下而产生错误的理解；第四，伪造事实，凭空捏造不存在的信息，甚至有目的运作恶意账户或发表煽动性言论以操控公众意见导向，如 Trolls[②]（发表挑拨或煽动言论的人）、新闻造假（Fakenews）、传播谣言（Rumor）等。2019 年，红十字国际委员会在斯里兰卡和埃塞俄比亚进行实地调研，以了解错误信息、虚伪信息和仇恨言论（MDH）在人道主义领域造成的信息失序，指出数字信息技术的发展正在将 MDH 变成冲突动态、暴力和伤害加剧的驱动因素，“战争迷雾”正演变为受影响人群的“信息迷雾”（the Fog of Information）[③]。

8.1.2.4　虚伪信息

虚伪信息（Dis-information），也译作虚假信息，又可称为“欺敌性谋略”，通常被认为是政府行为或军事活动[④]，是信息迷雾重要的研究对象。虚伪信息具有 3 个重要的特征：第一，虚伪性，即从信息内容来看，信息是错误的或不准确的，如将需要保密的真实信息恶意发布造成伤害，可算作恶意信息（Mal-information），但不在虚伪信息范畴；第二，意图性，即信息是有目的地生产和传播，是故意为伤害个人、社会团体、组织或国家所创建[⑤]，是经过精心计划的技术欺骗手段，绝不是偶然或意外，不经意的错误信息（Mis-information）即便带来误导也不是

---

① DERAKHSHAN H, WARDLE C. Information disorder: definitions[J]. Understanding and addressing the disinformation ecosystem, 2017: 5–12.

② SHARMA K, FERRARA E, LIU Y. Identifying coordinated accounts in disinformation campaigns[J/OL]. (2020-08-25) [2021-07-12]. https: //arxiv.org/abs/2008.11308.

③ The fog of war and information[EB/OL]. (20210-03-30) [2021-07-13]. https: //blogs.icrc.org/law-and-policy/2021/03/30/fog-of-war-and-information/.

④ FALLIS D. A conceptual analysis of disinformation[EB/OL]. (2009-02-28) [2021-07-18]. http: //hdl.handle.net/2142/15205.

⑤ FALLIS D. What is disinformation?[J]. Library trends, 2015, 63(3): 401–426.

虚假信息[①]；第三，误导性，这是迷雾信息的共性，虚假信息必须具有容易误导他人的倾向，但需要注意的是，这里的误导指的是意图而不是结果，即未必所有虚假信息都能够真正带来误导的结果。

在大国博弈竞争中，虚假信息成为国家行为主体处理国际关系、应对国际信息战、舆论战、制造信息迷雾的锋利武器，试图压制对手、赢得公众[②]。以虚假信息为工具，增加竞争对手决策的不确定性进而提高其行动的成本，是在国家竞争中利用信息迷雾实施成本欺诈的基本逻辑[③]。

8.1.3 社交媒体中常见的信息迷雾

广义上说，信息迷雾是由信息不准确造成的现象与本质之间的信息障碍，破除信息迷雾是一个由表及里、去伪存真的探索过程。在互联网环境下，信息的创建和传播成本降低，公众容易从社交媒体上获取信息进而据此形成意见并采取行动[④]。准确性是衡量信息质量的一个关键维度，不正确或误导性的迷雾信息可能会对公众造成情感、人身、财务等方面的危害。

8.1.3.1 信息迷雾的表现

在社交媒体中，信息迷雾通常表现为信息失序（Information Disorder），主要呈现出以下 7 种具体表现形式[⑤]：讽刺或搞笑，虽无意伤害但可能造成大众误解；误导性内容，有选择的引用数据、裁剪图片，隐去相关信息等；冒名顶替内容，杜撰信息来源；伪造内容，如新闻造假；错误链接，如标题党，图文无

① WARDLE C, DERAKHSHAN H. Information disorder: toward an interdisciplinary framework for research and policy making[J]. Council of europe report, 2017, 27: 1–107.

② 劳春燕 . 当代战争中的舆论战和传媒角色：从利比亚战争看信息迷雾与客观报道 [J]. 新闻记者 , 2011(8): 39–44.

③ 王冰琪 , 吴晨生 . 信息迷雾 : 国家战略竞争中不可忽视的重要对象 [J]. 情报理论与实践 , 2021, 44(3): 13–18, 68.

④ FLORIDI L. Brave. Net. World: the Internet as a disinformation superhighway?[J]. The electronic library, 1996, 14(6): 509–514.

⑤ DERAKHSHAN H, WARDLE C. Information disorder: definitions[J]. Understanding and addressing the disinformation ecosystem, 2017: 5–12.

关；错误情境，将真实内容嫁接到其他语境下；内容操控，有目的地制造舆论，如在社交媒体上运作恶意账户或 Trolls（发表挑拨或煽动言论的人）以操控公众意见[①]。

C. Wardle 和 H. Derakhshan[②] 围绕信息一词采用不同的构词前缀，将上述信息失序表现抽象归纳为 3 种类型（图 8.1）：错误信息（Mis-information），信息是错误的，但不是为制造伤害而有意创建；虚假信息（Dis-information），信息是错误的，故意为伤害个人、社会团体、组织或国家所创建；恶意信息（Mal-information），可能基于真实信息，但被用来对个人、组织或国家造成伤害，特别是将私密的信息发布在公共领域。以 2017 年法国总统大选为例，选举前夕香榭丽舍大街发生袭击，事件在社交媒体上被个人不经意地误传，属于错误信息；根据 BBC 参与的《多方求证》（*Cross Check*）栏目对法国大选的信息迷雾进行揭露，一个在美国注册的假新闻网站克隆了正规的比利时报纸网站用以发出错误的主张，声称马克龙总统竞选受到了沙特阿拉伯的支持，该信息属于虚假信息[③]；候选人马克龙电子邮件被窃取泄露[④]，尽管该内容可能基于真实，但该信息属于恶意信息。

针对信息迷雾相关术语的差异，研究者们已基本达成共识[⑤⑥]。假新闻（Fake

---

① SHARMA K, FERRARA E, LIU Y. Identifying coordinated accounts in disinformation campaigns[J/OL].(2020-08-25)[2021-01-12]. https: //arxiv.org/abs/2008.11308.

② WARDLE C, DERAKHSHAN H. Information disorder: toward an interdisciplinary framework for research and policy making[J]. Council of Europe report, 2017, 27: 1-107.

③ Was Macron's campaign for the French presidency funded by Saudi Arabia? [EB/OL]. (2017-05-02) [2021-01-20]. https: //crosscheck.firstdraftnews.com/checked-french/macrons-campaign-french-presidencyfinanced-saudi-arabia/.

④ RACHEL D. Why the macron hacking attack landed with a thud in France[EB/OL]. (2017-05-08) [2021-01-20]. https: //www.nytimes.com/2017/05/08/world/europe/macron-hacking-attack-france.html.

⑤ IRETON C, POSETTI J. Journalism, fake news & disinformation: handbook for journalism education and training[M]. Paris: Unesco Publishing, 2018.

⑥ FETZER J. Disinformation: the use of false information[J]. Minds and machines, 2004, 14(2): 231-240.

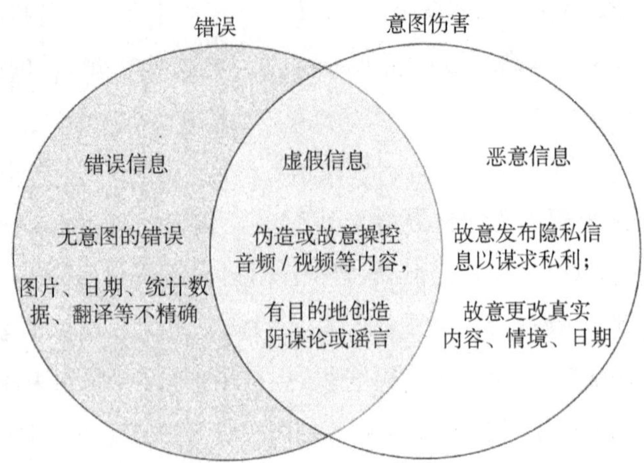

图 8.1　社交媒体中信息迷雾（信息失序）

News）是社交媒体环境下与信息迷雾相关的常见词语，Tandoc 等[①]在 2018 年发表论文，针对 2003—2017 年使用“Fake News”的 34 篇学术论文开展研究，发现该词语在这 15 年间曾被用来描述新闻讽刺、捏造、操纵、广告、宣传等多种不同现象，并未形成统一的含义。E. Zuckerman[②]认为，假新闻是一个含糊的词语，不足以描述错误信息和虚假信息的复杂现象。除此之外，骗局（Hoax）、谣言（Rumor）、阴谋论（Conspiracy Theory）等都是社交媒体中信息迷雾在具体情境下的词汇表达[③]，包含在上述 3 种信息失序抽象类型之中。

减少社交媒体环境下错误信息和虚假信息的传播，是一项重大的挑战。G.Pennycook 等[④]通过实验的方法让社交媒体平台通过优化算法进行内容排名，

① TANDOC, LIM Z, LING R. Defining “fake news” a typology of scholarly definitions[J]. Digital journalism, 2018, 6(2): 137–153.

② ZUCKERMAN E. Stop saying fake news, it’s not helping[EB/OL]. (2017–01–30) [2021–01–30]. http: //www.ethanzuckerman.com/blog/2017/01/30/stop–saying–fake–news–its–not–helping/.

③ SHU K, BHATTACHARJEE A, ALATAWI F, et al. Combating disinformation in a social media age[J]. Wiley interdisciplinary reviews: data mining and knowledge discovery, 2020, 10(6): e1385.

④ PENNYCOOK G, RAND D. Fighting misinformation on social media using crowdsourced judgments of news source quality[J]. Proceedings of the national academy of sciences, 2019, 116(7): 2521–2526.

即优先显示可信赖媒体来源内容，在一定程度上可以阻止社交媒体上错误信息的传播。2019 年，Google 在慕尼黑安全会议上提交白皮书，详细介绍了其对信息迷雾对抗的关注和努力，该公司采用了提高排名系统质量、抵制故布信息迷雾的恶意者行为、为用户提供更多的上下文信息、与新闻编辑和外部专家合作等策略，并将这些策略推广应用至 Google 搜索、Google 新闻、YouTube 和广告平台中[①]。2020 年，COVID-19 在全球范围内带来人身健康危机的同时也带来了信息健康危机[②]，E.Simpson 等[③]认为，疫情时代的信息迷雾所面对的不再是真假信息的二元分类问题，而是因媒体和政治格局变化而引发的社会认知危机。当零星偶然的新闻造假转变为有组织有目的的虚假信息活动时，有可能对整个国家的治理造成影响，管理部门、新闻行业、媒体平台、技术公司、教育机构都必须承担起相应的责任，共同抵制信息迷雾造成的多重风险[④⑤]。

8.1.3.2　信息迷雾的传播媒介

（1）Trolls

Trolls 这一词汇最初被翻译为“山精”“巨魔”“侏儒”等，是一个具有魔幻色彩的名词，在互联网兴起后，被用来形容那些在网络上发表挑拨和煽动言论的人，在中文语境下，可以译作“喷子”。Trolls 以互联网虚拟身份作为掩护，主动或被动地发表极端化言论，扭曲普通网民的认知，分化公众并制造对立面，

① How google fights disinformation[EB/OL]. (2019-02-26)[2021-01-12]. https: //kstatic.googleusercontent.com/files/388aa7d18189665e5f5579aef18e181c2d4283fb7b0d4691689dfd1bf92f7ac2ea6816e09c02eb98d5501b8e5705ead65af653cdf94071c47361821e362da55b.

② BAINES D, ELLIOTT R J. Defining misinformation, disinformation and malinformation: an urgent need for clarity during the COVID-19 infodemic[J]. Discussion papers, 2020, 20(6):1-23.

③ SIMPSON E, ADAM C. Fighting coronavirus misinformation and disinformation[EB/OL]. (2020-08-18) [2021-01-13]. https: //www.americanprogress.org/issues/technology-policy/reports/2020/08/18/488714/fighting-coronavirus-misinformation-disinformation/.

④ BLISS N, BRADLEY E, GARLAND J, et al. An agenda for disinformation research[J]. (2020-12-15) [2021-01-13]. https: //arxiv.org/abs/2012.08572a.

⑤ DARRELL M. How to combat fake news and disinformation[EB/OL]. (2017-12-18) [2021-01-12]. https: //www.brookings.edu/research/how-to-combat-fake-news-and-disinformation/.

使得意图被散播的信息迷雾在争执中不断升级和发酵，具有持续热度。

（2）Botnets

Botnets 指僵尸网络或者水军，其账号背后可能是真实的人，也可能是被控制的自动机器人，主要用途就是在网络上以极高频率散播重复言论，迫使普通公众被迫刷屏，在高频重复中达到对信息迷雾的传播。随着虚拟账号的成本不断压缩，自动机器人占的比例越来越大，《麻省理工科技评论》(*MIT Technical Review*) 的资深编辑 K.Hao 甚至提出一个骇人的推测，Twitter 上近半数的账号可能都是机器人账号①。

（3）社交媒体

以 Facebook 和 Twitter 为代表的社交媒体是滋生信息迷雾的温床。社交媒体平台广阔，信息源和用户构成复杂，如果不能得到有效管理，将会成为信息迷雾伪装、传播的庇护所。在 Web 3.0 时代，社交媒体已然成为信息迷雾的主要战场之一。

（4）传统媒体

除了新兴的社交媒体外，主流的传统媒体也是信息迷雾的重要传播途径，不可靠的传统媒体可能会在更大程度上蒙蔽公众，或者给情报工作带来误导。传统媒体往往扮演着权威、官方的角色，在公众信息获取和专业情报感知过程中，容易在潜意识中让人形成一种信赖感。在复杂的信息环境下，这种锚定心理有可能会是致命的。

（5）Deepfakes

Deepfakes 是深度学习环境下提出的新概念，指计算机通过人工智能、机器学习等方面的技术不断迭代，可以生成全新的信息迷雾工具，如人工智能换脸、社交媒体上真人账户模拟、基于数据的假消息制造等。但这类概念尚属于萌芽期，案例较少，讨论也不算多。

① HAO K.Nearly half of Twitter accounts pushing to reopen America may be bots [EB/OL]. (2020-05-21) [2020-12-02]. https: //www.technologyreview.com/2020/05/21/1002105/covid-bot-twitter-accounts-push-to-reopen-america/.

8.1.3.3　信息迷雾的利益相关者

（1）散播者

散播者是信息迷雾的制造者，为谋求自身利益或者特定需要，有意营造信息迷雾的环境，意图达到误导目标人群决策的目的。

（2）代理

代理是信息迷雾的传播媒介，是扩大信息迷雾传播范围的主要途径，处于散播者的控制之下，或者与散播者存在利益交换，帮助散播者达成其目的。

（3）受众（目标人群）

受众是信息迷雾的最终消费者，也是散播者的目标人群。受众包括普通民众、情报部门，以及其他在决策过程中面临信息不完备问题的信息需求者。

8.1.3.4　信息迷雾的形成

联合国教科文组织的 C.Ireton 和 J.Posetti 从新闻传播的角度出发，认为信息迷雾的形成需要 4 个步骤。①创造，由一个不确定身份的人撰写的，具有欺骗性的文章；②出版，将文章发布在“野鸡”网站或新闻媒体上；③扩散，通过社交媒体或其他渠道，使文章被分享和传递，令更多人能够读到这条假消息；④重造，迷惑不知真相的媒体或者公众，使之在不知情的情况下，参与到假消息的扩散工作中，从而达到假消息“再出版”的目的。C.Ireton 和 J.Posetti 是新闻媒体的研究人员，因此他们构造的形成步骤中，着重考虑了假消息的分发传递，将假消息的广泛传播视为信息迷雾形成的最终目的①。

兰德公司从国家间对抗视角出发，勾勒出包括 4 个重要成分的“信息迷雾链”。①领导决策，“信息迷雾链”开始于领导层的决策，只有当领导层想要有意制造某种局面时，信息迷雾的行动才会开始。②实体机构，指具体实施信息迷雾的机构，如情报业务部门、新闻媒体部门、国际机构及或明或暗的代理人，通过具体的操作，将假消息散播出去。③放大渠道，指能够有意或无意传播假

① IRETON C, POSETTI J.Journalism, “fake news” & disinformation [EB/OL]. (2018-09-13) [2020-12-02]. https: //en.unesco.org/sites/default/files/journalism_fake_news_disinformation_print_friendly_0.pdf.

消息的个人或者群体，这类群体不负责假消息的生产，只负责扩大传播，如某些广告、媒体、水军、僵尸网络及普通民众。④消费终端，指假消息的目标群体，该群体需要借助外来消息进行决策，一旦无法甄别消息真伪，就有可能做出对手所期待的决策。兰德公司的“信息迷雾链”，着重考虑了迷雾形成过程中的利益相关者，更像是对信息迷雾中各利益相关者的分类[①]。

《麻省理工科技评论》观察员 J.Pollockarchive 提出的信息迷雾形成过程相对简单，含有两个阶段：①诽谤，通过我方的官方公告、代理人或者匿名消息源，扭曲或者捏造事实，诋毁竞争对手；②扩散，借助水军或者僵尸网络不断扩大消息面，使得普通民众反复接受假消息的轰炸。在 J.Pollockarchive 的信息迷雾形成步骤中，明确树立了一个假想敌，具有比较尖锐的对抗性[②]。《麻省理工科技评论》的另一位观察员 A.Chen 认为，信息迷雾的形成需要 3 个动作：①伪造社交媒体账户，伪装“人设”，制造一种令人信赖的形象；②发布具有争议性的话题，话题越有争议性，就越可能被炒出热度，扩散的阻力相对较小；③与真实用户互动，指在社交媒体上自动转发消息的机器人，应该在转发时与真实的用户反复互动，这样既能推动真实用户的参与度，又能使机器人账户得到较好的伪装。A.Chen 所指的信息迷雾，集中于社交媒体上的假信息传播，提出的操作步骤更加具体[③]。

8.1.4 情报工作中常见的信息迷雾

狭义上说，信息迷雾指意图对情报工作和决策分析造成误导的信息障碍，是情报分析人员所面对的情报难题，是信息不完备情况的特殊表现。“迷雾”

① BODINE-BARON E, HELMUS T C, RADIN A, et al.Countering russian social media influence[M]. New York: RAND Corporation, 2018.

② POLLOCKARCHIVE J.Russian disinformation technology[EB/OL]. (2017-04-17) [2020-12-02]. https: //www.technologyreview.com/2017/04/13/152305/russian-disinformation-technology/.

③ CHEN A.A Russian troll farm may not have been very good at its job [EB/OL]. (2019-11-25) [2020-12-02]. https: //www.technologyreview.com/2019/11/25/131832/russia-disinformation-twitter-internet-research-agency-social-media-politics/.

使情报人员难以看清当前困难形势，无法准确分析问题的成因，不清楚这些困难是否能够解决，甚至不知道是否还有潜在困难未能显现，无法预估未来发展态势，难以及时找出有效的应对策略。甚至可以说，情报工作总是在信息迷雾中进行摸索。

在情报工作中，信息迷雾感知识别的重点难点主要体现在两个方面：难用信息和虚假信息（Disinformation）。甄别错误信息是情报工作开展的基础要求，而情报的竞争性和复杂性使得对信息不能简单以善意恶意揣测，因此，在情报语境下，无须对错误信息（Misinformation）和恶意信息（Malinformation）这两种社交媒体中常见的信息迷雾类型做特殊考量。

情报工作以信息获取和解决认知困难为己任，以利用信息支持决策为目的，“难”与“用”可谓是其特征属性。从信息真伪的角度来看，难用信息基于真实的信息，但信息质量较低，隐藏在故布的迷雾之中，如将关键情报要素分散传播，需要情报人员通过信息汇集和关联分析才能拼凑出可用内容；又如，将少量具有重大含义的信息隐藏在海量信息冗余中，需要经过情报挖掘才能发现端倪等。情报工作人员囿于情报意识和情报能力所限，极大可能造成情报失察或情报失误。

虚假信息（Disinformation）通常被认为是政府行为或军事活动，可以是书面信息或口头信息，分布较为广泛，预期受害者可能是个人、组织、机构。虚假信息并不总是直接来自有意欺骗的组织或个人，如有些新闻经常诱骗他人创建或传播不准确误导性信息，图书馆和其他信息服务机构也很可能在不知情状态下成为虚假信息的传播渠道①。根据美国亚利桑那大学信息资源学院 D. Fallis② 的长期研究总结，“意图性”和“误导性”是虚假信息最重要的两个特性。①意图性：虚假信息通常是经过精心计划的技术欺骗手段，绝不是偶然或意外，不经意的错误信息即便带来误导也不是虚假信息；②误导性：虚假信息必须具有容易误导他人的倾向，但需要注意的是，未必所有虚假信息都能够真正带来

① FALLIS D. A conceptual analysis of disinformation[EB/OL]. (2009-02-28) [2021-01-18]. http: // hdl.handlc.nct/2142/15205.

② FALLIS D. What is disinformation? [J]. Library trends, 2015, 63(3): 401-426.

误导的结果。因此，在实际情报工作中，不仅要做到甄别信息，对意图的研判亦是至关重要。

虚假信息和情报工作之间的密切关系亦可通过反情报（Counterintelligence）活动表现出来。CIA 官员 P.Redmond 将反情报定义为“旨在支持己方情报活动和挫败敌方情报活动的一系列活动”，包括：反间谍活动（对抗敌方对己方情报机构的渗透活动）、核实情报“资产”（确认人力情报资源的真实性）、假情报（发布假情报以支持渗透活动）和行动方面的谍报技巧。反情报远非一项防御活动，至少有 3 种类型。①情报搜集型反情报：搜集对手可能用于针对本国的情报；②防御型反情报：挫败敌对情报机构对本国情报机构的渗透活动；③进攻型反情报：识别对手针对本国情报系统采取的行动，将对手间谍变为双重间谍，或向他们输送虚假信息让其报告给国内，来操控其攻击活动[①]。虚假信息作为反情报活动的常见手段，可被译为“欺敌性谋略”。从英文构词来看，“Dis+Information”和“Counter+Intelligence”的组合可为 Information 和 Intelligence 的相关术语探讨提供思路。

8.1.5 国家科技创新治理中的信息迷雾

8.1.5.1 国家科技创新治理中的信息迷雾形成

信息迷雾的形成伴随着国家科技创新发展本身。科技进步和创新在经济发展、社会进步、民生改善和国家安全中的重要支撑引领作用是毋庸置疑的。简要地说，科技情报工作本身就是最大限度地满足科技进步和创新发展的需要，为科学技术决策提供信息依据，包括领导决策、科技管理、技术引进、生产部署、技术攻关、科研设计等方面，涉及的层次也较为广泛，可以说是上至国家安全发展大政方针，下至科研人员研发中的具体数据支持。国家科技创新治理是国家治理在创新领域的延伸，科技创新需要情报工作提供更高层次的支持，科技情报需要对国内外科技研发和应用能力进行系统研究与分析，其产品可预警科

① 洛文塔尔．情报：从秘密到政策 [M]. 北京：金城出版社，2015：217–218.

技发展和能力前沿，引导未来科技研发的发展方向[①]，所面对的困难和不确定性因素大大增加。

信息迷雾的形成离不开国家科技竞争博弈环境的催化。当科技水平存在相对差距时，落后者想要弥补劣势，便会尝试搜集、加工和分析与领先者相关的科技研发信息，这一过程被领先者有意或者无意地利用，就有可能营造出一个误导落后者的决策氛围，即科技领域的信息迷雾，亦可称为科技迷雾或技术迷雾[②]。在这一过程中，用于谣传、挑拨、诋毁等误导决策的数据、消息、资料，都可以被称为迷雾信息。

8.1.5.2　国家科技创新治理中的信息迷雾特征

（1）信息内容真假虚实皆有

情报工作以解决信息获取和认知困难为己任，以利用信息支持决策为目的，“难”与“用”可谓其特征属性，既要面对海量开源情报中的信息失序，又要面对竞争对手精心设计的虚伪信息。对于“难用信息”[③]来说，信息内容基于真实，但存在以下信息迷雾困境：第一，完整的信息被分散发布，需要从不同情境下收集信息并进行汇集，看似要素之间毫不相关，实则需要关联拼凑才能展现；第二，关键的线索被割裂隐藏，只透露出部分，需要依靠其他方法手段辅助推断；第三，少量价值淹没在海量数据中，这是大数据时代老生常谈的难题，需要对信息价值进行分析挖掘。对于虚伪信息而言，信息内容经过了精心伪造，其目的就是产生信息迷雾误导分析人员，正如 L. Carl 在 1990 年基于情报工作提出的观点，即信息迷雾是“由情报机构精心设计的错误信息”[④]，必须要对信息

---

① Report of the national commission for the review of the research and development programs of the US Intelligence Community[EB/OL]. [2021-07-30]. https: //www.intelligence.senate.gov/sites/default/files/commission_report.pdf.

② 苏鹏，王延飞．警惕科技误导　应对迷雾信息 [J/OL]. 情报杂志：1-7[2021-08-01]. http: //kns.cnki.net/kcms/detail/61.1167.g3.20210723.1118.026.html.

③ 王延飞．信息分析与决策 [M]. 北京：北京大学出版社，2010.

④ CARL L. The international directory of intelligence[M]. VA: International Defense Consultant Services，1990.

进行去伪存真。

（2）迷雾归因主观客观兼具

信息迷雾是信息不完备情况的特殊表现，是情报人员必须面对的难题，可以说情报工作总在信息迷雾中摸索。国家科技创新治理离不开大国之间的科技竞争博弈，关乎国家竞争优势的获得，实则是一场没有硝烟的较量。克劳塞维茨和《孙子兵法》从不同角度对信息迷雾进行了客观归因，即当前信息环境本身具有的复杂性和竞争对手的谋略性，如美国提出的星球大战计划、航母无用论，都是针对苏联释放的信息迷雾。除此之外，情报人员主观方面失察或研判失误也是受限于信息迷雾。

（3）迷雾影响挑战机遇并存

信息迷雾具有干扰性，可能会误导科技创新治理中的决策，毋庸置疑是科技情报工作面临的重大挑战。然而，信息迷雾的预示性作用亦为情报工作带来了极大的机遇。正如气象学中雾对天气的预报作用，信息迷雾是对信息环境和竞争对手意图的揭示，隐藏着更为关键的情报线索。情报人员廓清信息迷雾的同时，认清竞争对手的目的和手段，获得相应的信息优势，进而对其行动进行有效预测。

8.1.5.3 从迷雾到洞见——我国应对信息迷雾的对策建议

在创新驱动战略的指导下，我国开启了建设世界科技强国的征程，科技情报的主要工作也由对科技发展态势规律的跟踪报道转向对科技创新的支撑[①]。除了上述信息迷雾本身所具有的特征影响，我国的科技创新治理囿于以下两个方面的限制，在现阶段容易遭受信息迷雾的侵害：第一，对技术的认识理解有待深刻；第二，习惯性受到国外技术宣传的影响。这跟我国的科技发展历史和阶段有密切的联系，我国科技长期处于跟随阶段，逐步地转向更多领域中的并跑和领跑，决策难度增加，但在思维方式上尚未获得相应的转变，难以完全摆脱跟随型思路。加之国外在某些科技领域有意释放的虚假信息和恶意引导，对我国科技创新决策带来了不利的影响。

① 万劲波 . 完善国家科技创新治理体系的重点任务 [J]. 国家治理 , 2021(Z4): 40–45.

综上所述，为了廓清信息迷雾，切实发挥情报对国家科技创新治理决策的支持作用，以便在大国科技竞争博弈中获得信息优势，在此对科技情报工作提出以下建议。

第一，认清我国科技创新治理的情报需求，反思科技情报工作的价值定位。“知己知彼，百战不殆”，情报人员在廓清外部信息迷雾之前，必须保障对自身的清楚认识，才不会轻易受到外部信息迷雾的迷惑。我国科技创新治理所面对的内外部环境都在发生巨大的改变，已经进入并跑和领跑阶段，必须深入分析自身的需求和优势才能真正取得创新性、突破性成果，切忌对国外释放的信息迷雾的跟随和盲从。

第二，加强情报能力的培养，强化迷雾信息甄别能力和情报线索发现能力。迷雾信息甄别是识别虚假信息、提取有效信息或还原真实信息的过程。通过对迷雾信息的溯源和甄别，厘清对手缔造信息迷雾的意图和手段，尽可能去伪存真，由表及里地挖掘真实有用的信息。充分利用信息迷雾的预示性作用，有意识地利用信息迷雾发现有价值的情报线索，实现从迷雾到洞见的转变。

第三，建立长期技术监测扫描制度和队伍，以最大的确定性应对迷雾的不确定性。信息迷雾不是凭空创造的，而是有目的的误导，是有迹可循的。对已经生产传播的信息迷雾进行临时应急处理难免措手不及，通过对技术的长期监测稳扎稳打做好准备，才是应对信息迷雾的长久之计。另外，在国家科技创新治理中，诸如颠覆性技术之类的高端技术本身就具有不确定性，长期监测有利于加深对技术的认识理解，有利于做出正确的决策判断。

国家科技创新治理中的信息迷雾，其形成伴随着科技创新发展本身，离不开国家科技竞争博弈的催化，廓清信息迷雾对提升国家科技创新治理能力，强化国家科技战略力量具有重要意义。信息迷雾是影响正确决策的信息氛围，是信息环境复杂性和竞争对手谋略性的集中体现，既有误导性干扰，又为情报线索的发现提供了契机。完善的情报能力和坚实的情报基础，才是廓清信息迷雾的重要保障。

8.2 信息迷雾的情报感知

8.2.1 针对信息迷雾的情报感知意义

8.2.1.1 迷雾作用和感知应对同处“不知—未知”的情报任务场景

情报感知是情报专业人员在常规性信息采集、加工和分析处理过程中，综合运用各种知识工具完成对情报用户需求、情报对象内容和情报任务组织的认知、解读和表达。从知识主体的知识资产状态解读情报基本任务，可将情报任务主体对解决问题所需素材准备的“知”“不知”两种认知状况和对素材资源“已知”“未知”两种实际掌握状态进行组配，情报感知是情报任务主体在“不知—未知”状态下的探索路径，即情报任务主体不知自己在信息资源方面有何欠缺，所面对的问题价值重大但极具未知性和模糊性。信息迷雾问题实质上是在信息不完备情况下对未知问题进行的未知探索，二者同处于“不知—未知”的情报任务情境之下，信息迷雾问题需要通过情报感知来解决。

8.2.1.2 迷雾辨识和情报感知同具“减少意外”的使命关联

未来的高度不确定性和情报分析在特定条件下的局限性，决定了在国际科技博弈中有些“意外”难以避免，但并不是绝对的一无所知，情报工作的本质使命就是在信息不完备的情况下尽早做出有效的准备，减少意外带来的不利影响。

2018 年，美国战略与国际问题研究中心（Center for Strategic and International Studies, CSIS）发布名为《避免在大国冲突中应对意外》（*Avoiding Coping with Surprise in Great Power Conflicts*）[①] 的研究报告，报告中将“Surprise”归纳为 4 种类型。①战略意外：又称战略突袭，指冲突发生在意料之外的时间地点；②技术意外：未能预料或重视对手的相关能力，或自身技术未能达到预期要求；③教条意外：以未知的方式使用已知的功能或技术产生强大的新效果；④政治外交意外：国家政治外交策略转变带来的影响。总的来说，造成这些意外主要

① CANCIAN M. Avoiding coping with surprise in great power conflicts[M]. Lanhan: Rowman & Littlefield, 2018.

有两个原因：一是我方自身能力不足带来的认知缺陷；二是对手故布信息迷雾影响了决策判断。

对术语的译读与使用不能脱离所在的任务情境。就 Disinformation 一词的前缀 dis- 而言，亦有“意味深长”之解。人为而成的“意料之外”或“意味之外”的“意外”信息，恰是情报研究所要感知洞见的内容。将情报对象主体的“意外之举”纳入自身决策分析的“意料之中”，则是情报工作追求的理想境界。

8.2.2　信息迷雾辨识所需的情报感知框架

可靠性和准确性是对情报信息产品的基本要求，情报人员在长期工作中积累了大量信息识别判断的经验，信息技术工具也对信息甄别提供了有力的支持。然而，信息迷雾的特殊性决定了其识别难度远高于普通错误信息，传统的技术手段难以满足当前信息甄别的需求，需要采用相应的情报感知框架对信息迷雾进行辨识（图 8.2）。

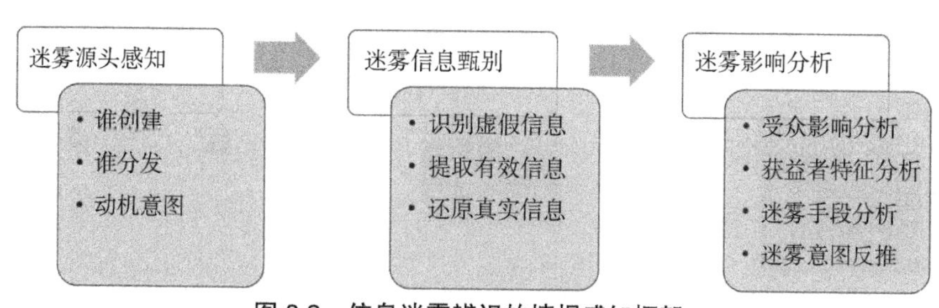

图 8.2　信息迷雾辨识的情报感知框架

8.2.2.1　迷雾源头感知

信息迷雾是有意图的误导，对其进行感知必须追溯到信息的真实源头，主要需要回答：该信息由谁创建，由谁分发传播，出于怎样的动机或者意图这 3 个问题。信息迷雾是由信息的创造者和传播者共同缔造的，如很多国家的政府机构会借用智库等第三方机构“出声音”的功能来发布信息进行政治博弈的预演，对其分析需要考察人员或机构的类型和组织。从类型上看，官方人员、情报机构、政党、新闻机构、非官方团体等都可能是信息的制造者和传播者；从组织上看，信息源头属于长期组织、严密组织还是即兴临时团体也值得推敲。通常情况下，权威机构和长期严密组织人员作为信息的源头更能保证信息的真实性，但在信息迷雾这种高度博弈活动的研判感知中，对权威来源也不能惯性松懈。

意图判断是迷雾源头感知乃至于信息迷雾感知全过程的重中之重，真正了解对手意图才能真正做到减少意外应对从容。首先，判断动机的类型：①经济动机——通过信息迷雾造成混乱获得经济利益；②政治动机——通过影响相关受众以达到某种政治目的，如在选举中操纵舆论抹黑候选人；③社会动机——虚构或模糊与相关利益人之间的联系；④心理动机——提高自身影响力或声望以实现特定目的；其次，深入分析实际意图，如针对哪些目标受众，采用什么技术途径，是否打算误导，是否打算伤害等都是需要考虑的要点，对这些要点进行综合分析判断，感知对手真实意图，及早安排应对策略以抢占战略先机。

8.2.2.2 迷雾信息甄别

迷雾信息甄别是识别虚假信息、提取有效信息或还原真实信息的过程。在网络环境下，事实、数据和分析在政治和公民话语及决策过程中的作用逐渐减弱[①]，观点和事实界限模糊，将准确的信息与低质量或虚假内容区分开来通常非常困难。在批量信息分析中，单条虚假数据信息可能会对整个数据集造成污染，影响信息分析结果的准确性。

兰德公司推出“在线对抗虚假信息”（Fighting Disinformation Online）系列工具数据库[②]，涵盖七大类型工具集合：①僵尸/垃圾邮件检测，识别社交媒体平台上的自动账户；②守则和标准，提高新闻质量，防止信息迷雾；③可信性评分，引入准确性、透明性、质量评估及其他可信赖的指标；④虚假信息跟踪，通过信息的流向和频率来监测跟踪虚假信息；⑤教育培养，推出系列课程和教育活动；⑥验证手段，对图像视频进行检测；⑦白名单，区分被信任用户和恶

---

① RICH M D. Truth decay: an initial exploration of the diminishing role of facts and analysis in American public life[M]. Santa Monica: Rand Corporation, 2018.

② Fighting disinformation online[EB/OL].(2019-12-19)[2021-01-13].https: //www.rand.org/research/projects/truth-decay/fighting-disinformation.html#learn-more-about-truth-decay-.

意虚假站点。在情报工作中，信息表达内容、信息类型、信息格式、信息特点都是进行甄别的判断依据。除此之外，还可以对以下要点进行判断。①信息的时效性：可分为长期信息、短期信息、事实信息（永久）；②信息的准确性：可区分误导性信息、操控性信息、捏造性信息；③信息的合法性；④冒充信息：冒充个人或机构；⑤信息的目标受众，包括个人、组织、社会团体、全社会等。

8.2.2.3　迷雾影响分析

迷雾影响分析是通过受众来分析迷雾信息带来的误导性影响和造成误导的手段。迷雾信息以误导为目的，但造成什么样的影响实际取决于信息的接收方。同样的信息会对不同的人造成不同的误导，接收方囿于自身情况和知识背景对信息进行解释，进而采取相应行动，信息迷雾实际影响才由此显现出来。信息迷雾的生成不仅是信息本身所具有的误导性，还取决于信息如何引起误导。在信息造成误导的手段中，暗含了信息迷雾缔造者对其受众的认知了解和竞争策略。一条信息具有误导性功能这一事实并不意味着它在创建或首次传播时即具有该功能，甚至现时的误导影响可能不是信息迷雾缔造者的最终目的。

分析迷雾信息的影响有助于反推迷雾源头的意图。不同类型的难用信息和虚假信息以不同的方式进行伪装从而对人们进行误导，这确实对信息迷雾的识别造成了困难。但是，情报人员可以从信息迷雾影响中寻找线索，通过受众影响证明误导意图确实存在，通过受益者特征追溯迷雾源头。

8.2.3　针对信息迷雾的情报感知应对策略

信息迷雾的生命周期包含迷雾生成阶段、迷雾传播阶段和迷雾影响阶段，针对信息迷雾不同的生命周期阶段，情报感知策略应对重点各不相同，形成了以情报能力为核心的情报感知应对策略（图 8.3）。

首先，信息迷雾生成阶段的感知预警。信息迷雾的创建过程当然不是显性展露于人前的，但并不意味着毫无端倪可寻。信息迷雾给情报工作带来了困难，但离不开情报工作的本质要求。破除信息迷雾是情报工作的重要内容，但最终目的还是为了在信息不完备的情况下减少决策中的意外。对相关对象的长期监

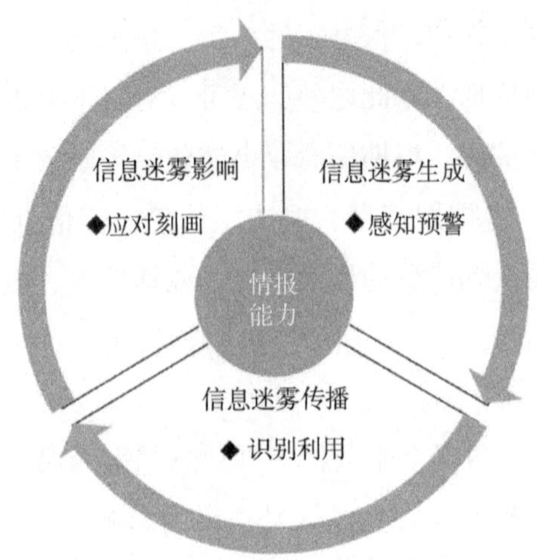

图 8.3 针对信息迷雾的情报感知应对策略

测和谱系扫描都是应对信息迷雾的重要积累，前瞻感知预警才是应对信息迷雾的最佳策略，既消除了信息迷雾可能的误导，亦有助于研判对手意图，尽早做出决策应对。

其次，信息迷雾传播阶段的识别利用。在信息迷雾的传播阶段，建立相应的信息源头感知机制、虚假信息甄别机制、虚假信息影响分析机制。厘清对手缔造信息迷雾的意图和手段，尽可能去伪存真、由表及里地挖掘真实有用的信息。在反情报谋略中，可以利用对手信息迷雾的传播进行反情报侦查，实施有利于我方的情报策略。

再次，信息迷雾影响阶段的应对刻画。如果信息迷雾已经对情报分析决策造成了误导，一方面要尽早应对矫正，转化虚假信息和情报误判带来的不利影响；另一方面要反省情报失误的原因，总结经验教训，将疏漏之处补足，对信息迷雾进行刻画积累，调整情报监控和扫描的策略，最终形成闭环。

最后，信息迷雾全生命周期的情报能力建设。信息迷雾带来的有意误导，实际是对情报能力的挑战、考验，特别是情报感知能力、识别能力和刻画能力，需要在信息数据基础条件保障、情报技术工具手段支持、情报人员队伍打造和情报意识谋略培养等方面进行加强。

8.3　情报融合的赋能分析

突然暴发的新型冠状病毒肺炎疫情再次提醒我们，大型突发事件的防控需要跨组织、跨部门、跨领域应对，表面上是对应急决策情报体系快速响应情况的考验，实际上是对情报工作“醒早眺远”“减少意外”本质使命的诘问。近年来，国际科技贸易博弈的严峻形势亦说明了同一个事实：对于国家与民族发展所遇到的困难和挑战，需要体系应对，而体系应对所考验的则是情报体系能力。对情报融合的过程和效果进行赋能分析，从融合的角度阐述情报赋能的新途径和新效用，对情报体系能力的建设、完善具有重要的价值。

8.3.1　情报融合赋能分析概念基础

8.3.1.1　情报融合

近年来，不同来源及不同类型情报、知识、信息、数据的集成整合及融汇统一成为情报界和学界的重要关切[①]。有关部门对该类研究的关注可以通过基金立项情况体现出来（表 8.1，查询时间为 2020 年 12 月 29 日）：从国家社会科学基金来看，早在 2005 年，南开大学“基于信息融合技术的 Web 检索模式研究”获得“图书馆、情报与文献学”科目下的资助，截至 2020 年 12 月，共获批相关课题 20 项，其中，“数据融合”课题 9 项，“信息融合”课题 5 项，“知识融合”课题和“情报融合”课题各 3 项，有 11 项位于“图书馆、情报与文献学”科目之下[②]。从国家自然科学基金来看，“信息融合”相关课题多达 508 项，“数据融合”相关课题 289 项，多集中在信息科学部[③]。

---

① BRANTLY A. When everything becomes intelligence: machine learning and the connected world[J]. Intelligence and national security, 2018, 33(4): 562–573.

② 国家社科基金项目数据库 [EB/OL]. [2020–12–29]. http: //fz.people.com.cn/skygb/sk/index.php/Index/index.

③ 国家自然科学基金查询 [EB/OL]. [2020–12–29]. https: //www.ceshigo.com/Nsfc/fund.

表 8.1　情报信息融合类研究基金立项

单位：项

项目类别		数据融合	信息融合	知识融合	情报融合
国家社会科学基金项目	青年项目	1	1	1	1
	一般项目	6	4	1	2
	重大项目	1	0	1	0
	西部项目	1	0	0	0
	小计	9	5	3	3
国家自然科学基金项目		289	508	26	0
	总计	298	513	29	3

相比于“信息融合”“数据融合”等概念基本达成共识，“情报融合”的术语概念在我国情报学界尚未明确建立，直接立项课题相对较少。众所周知，数据融合是多种来源的数据信息进行关联、组合和处理的多层次过程，以获得比任何单个数据源更加一致、准确和有用的信息[①]。信息融合主要利用来自各种输入源的数据，利用这些数据的技术、先验知识及各种输入源中不确定性的“已知”模型来产生有关对象和情况的估计值和知识[②]，简单来说，是从各种来源的完整或不确定的信息中提取真实知识的特定聚合过程[③]。情报融合无疑离不开上述两个术语的特征，有学者认为它们的不同主要在于抽象层次的高低，即数据融合发生在数字设备层，信息融合发生在信息系统层等[④]。笔者认为，有关信息和情报的术语探讨是学科发展的必然，其中的差异主要是由使用语境和概

① BOSTRÖM H, ANDLER S, BROHEDE M, et al. On the definition of information fusion as a field of research[EB/OL]. (2008-06-17) [2020-12-05]. https: //www.diva-portal.org/smash/record.jsf?pid=diva2%3A2391&dswid=-3312.

② WHITE F. Data fusion lexicon[R/OL]. (1991-10-01) [2020-12-08]. https: //apps.dtic.mil/dtic/tr/fulltext/u2/a529661.pdf.

③ DUBOIS D, LIU W, MA J, et al. The basic principles of uncertain information fusion: an organised review of merging rules in different representation frameworks[J]. Information fusion, 2016, 32: 12-39.

④ 罗立群，李广建．智慧情报服务与知识融合 [J]. 情报资料工作，2019, 40(2): 87-94.

念层次所造成的[①]，在实际工作中不宜过分纠结，可“以信息之名，行情报之实”。因而，在本研究的语境和层次下，情报融合的主体是参与情报融合的机构，情报融合的推进离不开情报体系的发展。

需要强调的是，情报融合依然离不开情报的本质，将多源情报、信息、数据汇集整合只是手段工具，更重要的是将这些多源信息转化为对决策和行动有价值的情报或知识，在信息不完备的情况下对形势和工作对象进行评估，实现精准定位和战略预警，拨开信息迷雾，减少意外发生。

8.3.1.2　情报体系能力

情报能力是实现情报事业发展目标所具备的条件和水平，直接影响着情报工作和情报活动的效率和效果。美国国防部（DOD）将“情报能力”[②]（Intelligence Capability）定义为在特定标准和条件下通过组合的手段方式执行任务以实现期望效果的本领，该定义强调了情报能力运用本身所具有的非单一性。情报能力问题是一个涉及情报收集、存储、加工、传递的复杂问题，情报资源、情报人员、情报机构、用户联系渠道、情报发展政策都是决定情报能力的重要因素。包昌火[③]认为，进入 21 世纪，面对国家安全和社会发展的新形势和新挑战，中国情报工作和情报学应树立总体国家情报观。随着互联网和信息技术的不断发展，中国的情报学与情报工作迎来了全新变革，“烟囱式”的孤立情报体系与单一分散的情报能力已然不能满足国内外复杂环境与全科学范式的要求。我国情报体系整体效能还不够理想，情报力量和资源分散、重复、低效的问题时有发生，难以契合科学技术及综合决策的发展形势。国家战略决策和国家安全发展需要“一体化的国家战略体系和能力”——情报体系能力，需要情报体系整体协调

① 赵柯然，王延飞．“情报”术语争议对学术交流与学科建设的影响反思 [J]. 图书情报工作，2018, 62(2): 35–39.

② Operation of the joint capabilities integration and development system[EB/OL]. (2007-05-01) [2020-12-11]. https: //www.dau.mil/cop/e3/_layouts/15/WopiFrame.aspx?sourcedoc=/cop/e3/DAU%20Sponsored%20Documents/CJCSM%203170.01C.pdf&action=default.

③ 包昌火，马德辉，李艳．Intelligence 视域下的中国情报学研究 [J]. 情报杂志，2015, 34(12): 1–6，47.

和综合能力同步提升，需要将体系的观念融入情报能力的建设发展进程中。

8.3.1.3 赋能分析

赋能（Empowerment）最初由伊利诺伊大学香槟分校社会心理学家 J. Rappaport① 于 1984 年提出，并将其定义为个人、组织或团体获得能力并提升竞争优势的过程，D. Perkins 将其理解为一个与相关对象的能力提升、自我完善、环境感知、预警应变等行为发生关联的概念②。在当前互联网环境下，赋能亦可被简要理解为使相关对象具有某种能力或获得某方面能力提升的过程——赋能过程，这种过程必然会带来相关对象能力上升性变化的结果——赋能结果。

赋能的理念被诸多评价领域的研究者关注，赋能分析评估的方法也逐渐在情报机构和科技评估机构的工作中得到了有效印证。美国净评估办公室以净评估分析作为其核心工作方法，强调根据评估发现关键能力和技能提升的领域和途径，进而把大型困难问题拆解转化为能力问题，通过能力和技能的提升解决总问题③。兰德公司战略评估中心的核心产品兰德战略评估系统④（RAND Strategy Assessment System）亦是一套通过分析和推演评估敌我双方能力变化来预测战略目标态势的赋能分析工具。在国家情报治理中谈赋能评估，即对特定价值取向下由情报活动引起的相关对象能力变化的评估，特别是在科技情报领域中，不仅局限于对已有或可能取得的成果进行量化评估，还应关注科学技术可持续发展的能力，采取多种评估方法和工具的组合，强调赋能创新，营造健康生态⑤。

---

① RAPPAPORT J. Studies in empowerment: introduction to the issue[J]. Prevention in human services, 1984, 3(2/3): 1–7.

② PERKINS D, ZIMMERMAN M. Empowerment theory, research, and application[J]. American journal of community psychology, 1995, 23(5): 569–579.

③ BRACKEN P. Net assessment: a practical guide[J]. Parameters, 2006, 36(1): 90–100.

④ DAVIS P K, WINNEFELD J A. The rand strategy assessment center: an overview and interim conclusions about utility and development options[EB/OL]. (1983-03) [2020-12-21]. http: //www.dtic.mil/dtic/tr/fulltext/u2/a127601.pdf.

⑤ 赵柯然，王延飞 . 国家科技情报治理中的赋能评估研究 [J]. 情报学报，2018, 37(8): 768–773.

情报融合、情报体系能力和赋能分析这 3 个关键词之间具有内在联系，构成了情报融合赋能分析的研究逻辑。

8.3.2　情报融合赋能分析研究逻辑

情报赋能通常指通过情报带来用户决策能力上的改善，本研究对情报融合进行赋能分析则着眼于由情报融合活动所引起的情报体系能力的变化。构建一般视角和融合视角下的情报赋能基本逻辑结构，梳理情报融合赋能分析整体逻辑链条，有助于厘清情报赋能和情报融合之间的关系，揭示融合视角下的情报赋能对于情报体系能力提升的重要意义。

8.3.2.1　情报融合赋能逻辑结构

通过对赋能活动主体（Subject）、客体（Object）和中介（Intermediary）的清楚定位，生成对“S→I→O”（S 通过 I 为 O 赋能）这一表达式的相应解释（图 8.4），有助于在传统情报赋能的认知基础上深化对情报融合赋能分析的理解。

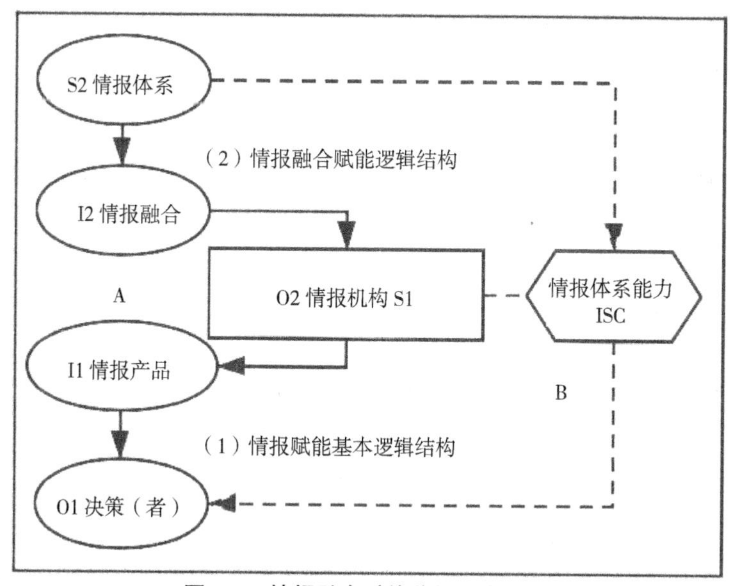

图 8.4　情报融合赋能分析研究逻辑

①情报赋能基本逻辑结构为情报机构通过情报产品为决策（者）赋能，其逻辑结构可简单表达为：

S1→I1→O1[S1：情报机构；I1：情报产品；O1：决策（者）]。

该逻辑结构是一般视角下对情报赋能的抽象解读。决策支持是情报工作的基本职能，情报工作的价值最终要以情报产品为载体呈现给决策者，帮助决策者在信息不完备的情况下减少意外，提高决策能力，这也是情报工作的本质使命所在。

②情报融合赋能逻辑结构为情报体系通过情报融合为情报机构赋能，其逻辑结构可简单表达为：

S2→I2→O2（S2：情报体系；I2：情报融合；O2：情报机构）。

该逻辑结构是融合视角下对情报赋能的重新审视。根据国外情报融合的建设发展情况，有学者将情报融合中心视为情报融合的主体[①]。情报融合中心是从事特定情报融合工作的实体或虚体机构，其本质是国家情报体系的一种表现形式，鉴于很多国家尚未建设专门的情报融合中心，本研究仍采用情报体系作为情报融合工作的主体。通过情报融合机制，单个的情报机构被赋予了整个情报体系的能力，弥补了个体在资源和能力方面的缺失或不足。

综上所述，一般视角下的情报赋能基本逻辑结构是情报领域对赋能的直接认识，体现了由情报到用户的最基本赋能活动。融合视角下的情报赋能利用情报融合机制来改善赋能效果，强调情报体系能力关切，二者统一在情报融合赋能分析整体逻辑链条之中。

8.3.2.2 情报融合赋能分析整体逻辑链条

情报融合赋能分析整体逻辑链条揭示了情报体系通过情报融合赋能决策的抽象过程和内在原因。如图 8.4 所示，黑色实线和虚线分别连成了显性和隐性两组情报赋能逻辑链条。

显性逻辑链条 A（S2→I2→O2/S1→I1→O1），以情报体系（S2）为起点，

① 谢晓专 . 美国融合中心的建设历程、演变逻辑与思想意蕴 [J]. 公安学研究 , 2018, 1(4): 91–122, 124.

经由情报机构（O2/S1），以决策（者）（O1）为终点。情报机构作为特殊的节点，既是前者情报融合赋能逻辑结构中的客体，又是后者情报赋能基本逻辑结构中的主体，将两个逻辑结构连接在一起，揭示出情报体系赋能决策的抽象过程。情报机构可以在保持原有运作机制的情况下，通过情报融合赋能情报体系以实现整个情报体系资源和能力的有序组配和调动，有针对性地通过为情报产品注入新的价值来为决策赋能。

隐性逻辑链条 B（S2 → ISC → O1），以情报体系（S2）为起点，通过情报体系能力（ISC），最终赋能决策（者）（O1），揭示出情报体系赋能决策的核心优势和内在原因——情报体系能力。上升到国家高度的战略情报问题，本身具有综合性和复杂性，涉及多个情报部门，且超越了任何一个情报部门的单独能力,需要各部门通过情报融合来实现体系应对,锻造形成合用的情报体系能力。逻辑链条 A 着眼于通过情报融合使得单个情报机构借助于情报体系的能力支持来完成本机构的常规工作任务，逻辑链条 B 则解决了任何单一情报机构都没有能力应对的国家顶层战略情报支持问题。两条逻辑链条的结合是对情报工作的全面覆盖，助力达成覆盖前瞻、引领预警的情报赋能效果。

8.3.3　情报融合的赋能过程分析框架

8.3.3.1　面向情报融合任务的赋能分析

从知识主体的知识资产状态解读情报基本任务，可将情报任务主体对解决问题所需素材准备的“知”“不知”两种认知状况和对素材资源“已知”“未知”两种实际掌握状态进行组配，进而将情报任务归纳为以下 4 种类型[①]：“知—已知”——信息服务、“不知—已知”——信息共享、“知—未知”——情报响应、“不知—未知”——情报感知。

①情报融合赋能信息服务。“知—已知”（信息服务）指的是情报任务主体清楚自己所拥有的信息资源，并可以有效利用信息资源提供服务，实现信息

① 赵柯然，朴婉莹，王延飞 . 论情报感知的赋意方法 [J]. 情报理论与实践，2019, 42(5): 23–28.

资源和用户需求的精准匹配，帮助用户解决问题。情报融合机制扩展了情报任务主体对解决问题所需素材准备的认知范围，由仅知自己所掌握的信息资源扩充至整个情报体系所掌握的信息资源。

②情报融合赋能信息共享。“不知—已知”（信息共享）指的是情报任务主体不了解自己可以获取使用哪些信息资源，可通过共享的方式尝试寻求已被其他机构所掌握的信息素材。情报融合机制增强了情报任务主体的认知能力，实现了由不知到知的进阶，简化了信息资源的寻求过程，为信息共享提供了制度保障，降低了信息共享的难度。

③情报融合赋能情报响应。“知—未知”（情报响应）是传统环境下情报工作的主要内容，情报任务主体知道自己在信息资源方面有何欠缺，但仍需要在当前信息不完备的情况下，根据任务要求生成情报产品递送给特定用户，尽可能满足用户的决策需求。情报融合机制提升了对多源数据信息的获取整合能力和高价值情报知识的转化效率，在一定程度上保障了情报响应的准确性，降低了情报响应的时滞。

④情报融合赋能情报感知。“不知—未知”（情报感知）是新时期情报工作的核心环节，情报任务主体不知自己在信息资源方面有何欠缺，所面对的问题极具模糊性和前瞻性，但价值重大。情报融合与情报感知相结合，借助多源信息、计算技术、先验知识和已知模型来对未知对象进行估值研判，强化了情报任务主体的洞见能力和感知能力。

8.3.3.2 面向情报融合循环的赋能分析

美国情报融合中心（Fusion Center）作为美国新一代情报机构的代表，近年来逐渐进入广大情报学者和情报工作者的研究视线范围。由 78 个情报融合中心组合而成的美国国家融合中心网络（US National Network of Fusion Centers，NNFC）成为继美国情报界（US IC）之后，研究其国家情报体系的重要案例。该中心将情报融合过程描述为一个连续闭合的循环（图 8.5a），共有 6 个重要步骤[①]：计划和需求开发；信息聚集 / 采集与迹象和预警识别；信息处理和整理；情报分析和生产；情报信息分发；重新评估。

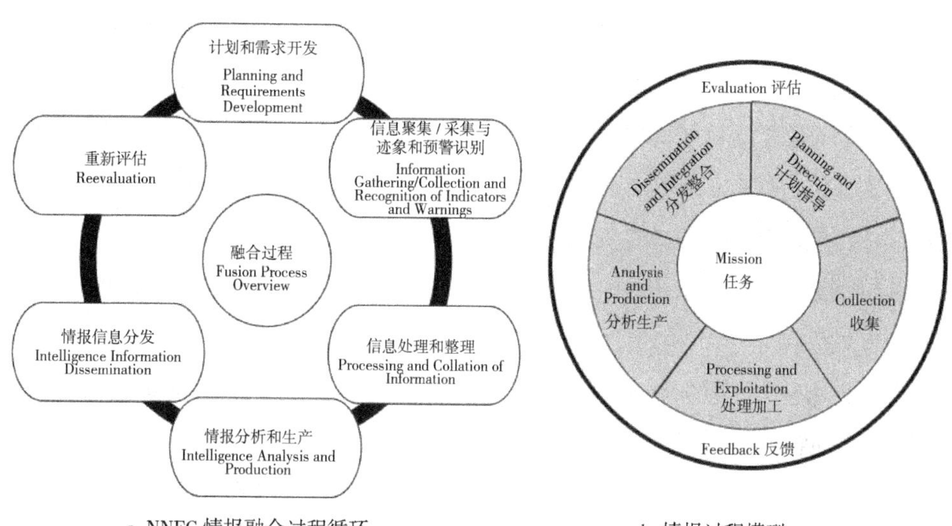

a NNFC 情报融合过程循环　　b 情报过程模型

图 8.5　NNFC 情报融合过程循环与情报过程模型

在美国针对情报工作流程的描述中，有两种情报循环占据主流位置：一种是美国情报界至今仍采用的五步骤经典情报循环（Intelligence Cycle）；另一种是美国参谋长联席会议情报部自 2004 年起使用的以行动为中心的情报过程（Intelligence Process）[②]（图 8.5b），后者同样包括 6 个部分：计划指导、收集、处理加工、分析生产、分发整合和评估与反馈。

情报融合过程循环和一般情报过程模型在步骤上大体一致，但正是其中微妙的差异反映出了情报融合赋能的特征，不考虑情报指挥官任务意图对一般情

① National network of fusion centers [EB/OL]. [2020-12-20]. https: //www.dni.gov/index.php/who-we-are/organizations/ise/ise-archive/ise-additional-resources/2119-national-network-of-fusion-centers.

② JP 2-01: joint and national intelligence support to military operations[EB/OL]. (2017-07-05) [2020-12-02]. http: //www.jcs.mil/Portals/36/Documents/Doctrine/pubs/jp2_01_20170705v2.pdf.

报过程的影响，将二者进行对比有如下发现。

①情报融合过程强调信息的聚集和整合能力。情报过程模型关注传统的情报响应能力，根据单次任务目标进行有针对性的信息收集和处理。情报融合过程以情报体系内的信息资源储备为依托，节省了收集信息的成本，更多地考验对多源信息资源的调用、聚集和整合能力。

②情报融合过程强调情报的感知和洞见能力。情报融合过程循环在信息聚集/采集这一常规步骤中，加入了对迹象和预警的识别，突显了新环境下的情报感知要求。该步骤正是在对情报对象长期监控和全面扫描的基础上对情报任务主体感知能力和洞见能力的考量，这是以单次任务行动为中心的情报过程无法承担的。

③情报融合过程强调由信息到情报的转化能力。与情报过程模型相比，情报融合过程循环在用语上对信息和情报做了明确的区分，在对信息进行聚集整合处理之后，是情报的分析和生产，在分发环节提供信息和情报两种类型的资源供其他情报机构调取利用。这种区分实质上是对情报转化能力的强调，情报融合过程最终以生成对决策和行动有价值的情报为目标。

8.3.4 情报融合的赋能效果评估方法

2010 年，NNFC 进入以能力建设为中心的新阶段，美国国土安全部（DHS）与情报融合中心联合开展基准能力评估工作（Baseline Capabilities Assessment）[①]，并以此为基础制定了可重复的年度评估流程，以监控 NNFC 的成熟度，该评估流程自 2011 年开始实施，截至 2020 年共发布 8 份年度评估报告。2015 年，NNFC 年度评估报告显示其能力已达到成熟水平，标志着能力建设阶段的完成，评估的中心也从能力建设效果转向绩效（Performance），关注 NNFC 的影响与价值。该系列报告一方面，展示了美国情报融合中心赋能评估

① 2010 Baseline capabilities assessment of fusion centers and critical operational capabilities gap mitigation strategy[EB/OL]. [2020-12-25]. https: //www.dhs.gov/2010-baseline-capabilities-assessment-fusion-centers.

和能力提升的完整过程，对我国情报体系能力建设有重要的借鉴意义；另一方面，美国情报融合中心先“能力”后“绩效”的评估理念引人深思。

8.3.4.1　情报融合的赋能评估指标

为了引导情报融合中心进行能力建设，美国政府和各情报融合中心共同确定了包含两大能力 8 项指标的 COCs-ECs 能力评估框架（表 8.2）。4 项关键操作能力（Critical Operational Capabilities，COCs）分别是：①接收能力，主要指接收涉密和非密信息的能力；②分析能力，使用正式风险评估程序评估威胁信息对本地影响的能力；③报送能力，向其他机构报送（威胁）信息的能力；④聚集能力，收集本地生成的信息，并汇总、分析、共享给其他合作伙伴的能力，有助于支持情报生产、信息收集管理、信息传播 / 分发 / 报送计划和识别信息缺口。4 项基础能力（Enabling Capabilities，ECs）分别是：①隐私 / 公民权利和自由保护能力；②可持续发展战略能力；③沟通和宣传能力；④安全保护能力，确保物理融合中心设施、信息、系统和人员安全的能力。

表 8.2　COCs-ECs 能力评估框架

一级指标	序号	二级指标
关键操作能力（COCs）	COC1	接收能力
	COC2	分析能力
	COC3	报送能力
	COC4	聚集能力
基础能力（ECs）	EC1	隐私 / 公民权利和自由保护能力
	EC2	可持续发展战略能力
	EC3	沟通和宣传能力
	EC4	安全保护能力

COCs 主要对情报工作流程中的关键业务操作能力进行评估，ECs 又可称为赋能能力，主要关注情报能力的长远发展建设。该评估框架的指标设置既考虑

到了短期业务能力，又考虑到了长期发展潜能的培养。

8.3.4.2 情报融合的赋能评估流程

情报融合赋能评估旨在衡量情报融合中心的能力，而不是其在融合过程中的表现。从美国《国家融合中心网络年度报告》[①]来看，情报融合赋能评估周期为 11 ~ 13 个月，分为两个阶段。第一阶段是自我评估阶段，该阶段由融合中心总监完成，包含 3 个要素：①用以抓取 COCs、ECs 等相关指标数据的在线自我评估工具；②用以获取融合中心相关人员和产品数据的表格；③抓取融合中心运营成本数据进行成本评估。第二阶段是验证阶段，由国土安全部和合作伙伴组建专家小组对所提交的数据进行详细审查，并通过对融合中心总监和员工进行访谈的方式进行信息补充。在赋能评估中，为每个 COCs 和 ECs 指标设置了多个属性并进行打分，首年评估共使用了 50 个评估属性，单项指标有 3 ~ 11 个属性。积分采用百分制，4 项 COCs 指标各占 20 分（共 80 分），4 项 ECs 指标各占 5 分（共 20 分）。

该赋能评估流程通过自评与验证相结合的方式，实现了从员工到总监、从领导到专家全面参与，参与人员的多样性是评估公正客观的重要保障。

8.3.4.3 情报能力成熟度评估模型

美国国土安全部（DHS）及其合作伙伴采用了四阶段的能力成熟度模型来描述 NNFC 离统一的情报体系还有多少差距，以及成功实现体系化还需要哪些能力和资源。NNFC 能力成熟度模型（Maturity Model）包括 4 个阶段[②]：①基础阶段（Fundamental Stage），批准制定相关能力指标的计划、政策或标准化操作程序；②新兴阶段（Emerging Stage）：实施上述计划、政策或标准化操作程序；③增强阶段（Enhanced Stage）：明确业务重点，具有生产情报产品提供情报服务的能力；④成熟阶段（Mature Stage）：可利用和调配各个融合中心的资源，并能够适应不断变化的威胁环境和需求。当 75% 的情报融合中心成功实现了与

① 2011 National network of fusion centers final report[EB/OL]. (2012-05)[2020-12-25]. https://www.dhs.gov/publication/2011-fusion-center-assessment.

② 2012 National network of fusion centers final report[EB/OL]. (2013-05)[2020-12-25]. https://www.dhs.gov/publication/2012-fusion-center-assessment.

该阶段相关联的属性时，即认为当前 NNFC 的成熟度达到了该阶段。NNFC 历年能力成熟度评估结果如表 8.3 所示①。

表 8.3　2011—2015 年 NNFC 能力成熟度

评估年份	评估周期	评估时长	成熟度	融合中心数 / 个
2011	2010 年 10 月—2011 年 8 月	11 个月	基础阶段	76
2012	2011 年 8 月—2012 年 7 月	12 个月	新兴阶段	77
2013	2012 年 8 月—2013 年 7 月	12 个月	增强阶段	78
2014	2013 年 8 月—2014 年 7 月	12 个月	增强阶段	78
2015	2014 年 8 月—2015 年 9 月	14 个月	成熟阶段	78

评估中所采用的能力成熟度模型（Capacity Maturity Model，CMM）最初是美国国防部为了评价软件供应商的能力，委托卡内基梅隆大学软件工程研究院（Carnegie Mellon Software Engineering Institute，SEI）进行研发，并于 1991 年正式推出首个版本②，后来逐渐引入管理学、信息科学等领域，借鉴 CMM 基本思想，根据各领域实际应用需求，研发出各种类型的成熟度模型，如知识管理能力成熟度模型、数据管理能力成熟度模型、创新管理成熟度模型等。采用成熟度进行赋能评价，可以有效揭示情报体系能力从无到有、从弱到强并逐渐走向成熟的进化与发展过程。

情报融合赋能效果评估离不开对单项能力变化情况的考量，在此基础上，更重视体系能力成熟度的提升。情报体系能力的成熟度是由情报体系内情报机构的单项能力发展情况决定的，通过情报融合实现各个情报机构单项能力的调配组合，最终达到“1+1 ＞ 2”的赋能效果。另外，情报融合赋能效果评估是一

① 2014 National network of fusion centers final report[EB/OL]. (2015-01)[2020-12-25]. https: //www.dhs.gov/publication/2014-fusion-center-assessment.

② Software Engineering Institute. Key practices of the capability maturity model[EB/OL]. (1993-02)[2020-12-20]. https: //resources.sei.cmu.edu/asset_files/TechnicalReport/1993_005_001_16214.pdf.

个长期的、渐进的过程，需要多类型指标的有效搭配和人员的广泛参与。

8.3.5 提升情报体系能力的启示建议

相关数据表明，情报融合能够带来应急决策情报体系响应能力的有效提升。以2013年为例，该评估期内美国政府共宣布91件灾难性事件，NNFC对其中39件（42.9%）提供了重要支持；在国土安全部指定的212件国家特殊安全事件（NSSE）中，NNFC对其中103件（48.6%）提供了直接支持，54件提供了间接支持[①]。与美国相比，我国的国家情报体系尚未完善，缺少专门的情报融合机构，虽然情报体系与能力双重建设的思路得到专家学者的普遍认可，但从整体成熟度来看，情报体系能力仍处在初级阶段。当然，建设何种情报体系结构、采用何种情报融合机制、发展何种情报体系能力、实现何种情报赋能效果，都需要根据我国实际情报需求和情报事业发展需要进行具体探索，但以下几点值得我国吸收借鉴。

第一，灵活情报评估理念，厘清情报能力和绩效的关系。纵观NNFC 8年的评估历程，非常明显地呈现出一种“先能力后绩效”的评估重心转移。与之相比，我国的科技情报评估正逐渐尝试克服传统操作中以刊评文、过度量化、行政主导的弊端，努力实现“由绩效到能力”的评估理念转变。“先能力后绩效”和“由绩效到能力”，二者看似矛盾，实则在对能力和绩效的关系认知中具有一致性：在评估中，能力和绩效不是互斥关系，能力是绩效的基础和保障，绩效则是对能力的运用表现，不可盲目以绩效为先，亦无法完全离开表现来谈能力。将能力指标和绩效指标相结合进行评估，根据当前业务的发展阶段灵活调整指标构成，实际是对短期业务操作表现和长期可持续发展的综合衡量。

第二，标识常设信息需求，刻画情报机构特色能力。常设信息需求（Standing Information Needs，SIN）是情报机构相对持久的情报服务主题或长期监控扫描对象。美国各情报融合中心的SIN标识情况被视为衡量其国家融合中心网络成

① 2013 National network of fusion centers final report[EB/OL]. (2014-06)[2020-12-25]. https://www.dhs.gov/publication/2013-fusion-center-assessment.

熟度的重要依据，2013 年和 2014 年分别有 23 个（29.5%）和 55 个（70.5%）情报融合中心达标[①]，2015 年实现 75% 的成熟度目标。我国的情报机构经常面临核心优势和价值难以凸显的困扰，为情报机构的资源或产品贴上 SIN 标签，实际是对情报机构特色能力的刻画（导视），有助于情报用户对情报工作的理解和认可，亦有助于情报信息在情报体系中更有针对性地流动，从而带来情报体系能力的优化。

第三，做好情报教育规划，落实教育对业务的支持作用。情报分析师是情报体系能力的重要决定因素，在处理和共享各情报机构收集和持有的情报方面起着至关重要的作用。以 2015 年数据为例[②]，美国融合中心网络具有 5 年以上从业经验的情报分析师占比达 32.5%，2 ~ 5 年的占比为 25.9%，1 ~ 2 年的占比为 19.2%，不足 1 年的占比为 22.4%，预设的 1113 个分析师职位仍存在 166 个空缺，可见无论是中国还是美国，经验丰富的情报分析师都非常紧缺。美国融合中心网络每年评出 10 项最有效或最重要的活动，情报教育名列榜首，其重视程度可见一斑。仍以 2015 年为例，前 10 项活动中有 8 项是培训或教育计划，包含情报和威胁分析课程（初级和中级）、批判性思维与分析方法课程、网络分析培训课程（一般和进阶）、国家融合中心安全联络讲习班、开源情报培训和融合中心领导者计划。情报教育实践活动应与情报业务实践紧密结合，将教育对业务的支持作用切实落在专业情报人员队伍的建设培养上。

8.4　本章小结

信息迷雾是情报感知的重要对象，信息迷雾的存在尽管增加了情报整序工作的难度，但也为研判情报对象行为主体的意图提供了重要线索。从长远来看，信息迷雾的产生与发展必将长期对情报能力的建设构成挑战，情报前瞻感知和

① 2014 National network of fusion centers final report[EB/OL]. (2015-01)[2020-12-25]. https://www.dhs.gov/publication/2014-fusion-center-assessment.

② 2015 National network of fusion centers final report[EB/OL]. (2016-04)[2020-12-25]. https://www.dhs.gov/publication/2015-fusion-center-assessment.

情报刻画积累必会成为破解信息迷雾问题的主要抓手。

情报融合的赋能分析不仅是对数据分析整合能力和信息资源共享能力发展的呈现，更关注通过情报人员、组织、制度和能力深度融合带来的情报体系能力提升，是对多源情报特色能力的谱系刻画导视，以整个情报体系之能力拨开信息迷雾，实现情报前瞻感知能力的巨大飞跃。

附录 A

美国公共获取计划进展概览

机构名称	完成时间	公共获取计划链接
Department of Agriculture	2014 年 11 月	http://www.usda.gov/documents/USDA-Public-Access-Implementation-Plan.pdf
Department of Defense	2015 年 2 月	http://www.dtic.mil/dtic/pdf/DoD_PublicAccessPlan_Feb2015.pdf
Department of Education	2016 年 10 月	https://ies.ed.gov/funding/pdf/EDPlanPolicyDevelopmentGuidanceforPublicAccess.pdf
Dcpartmcnt of Encrgy	2014 年 7 月	http://energy.gov/downloads/doe-public-access-plan
Department of Health and Human Services		http://www.hhs.gov/open/public-access/
Administration for Community Living (publication only)	2016 年 2 月	https://www.acl.gov/sites/default/files/about-acl/2017-05/ACL-PublicAcccessPlan-Jan2016.pdf
Agency for Healthcare Research and Quality	2015 年 2 月	http://www.ahrq.gov/funding/policies/publicaccess/index.html
Office of the Assistant Secretary for Preparedness and Response	2015 年 2 月	http://www.phe.gov/Preparedness/planning/science/Pages/AccessPlan.aspx
Centers for Disease control and Prevention	2015 年 1 月	http://www.cdc.gov/od/science/index.htm
Food and Drug Administration	2015 年 2 月	http://www.fda.gov/ScienceResearch/AboutScienceResearchatFDA/ucm433459.htm

续表

机构名称	完成时间	公共获取计划链接
National Institutes of Health	2015 年 2 月	http://grants.nih.gov/grants/NIH-Public-Access-Plan.pdf
Department of Transportation	2015 年 11 月	https://www.transportation.gov/open/official-dot-public-access-plan
Department of Veterans Affairs	2015 年 10 月	http://www.research.va.gov/resources/policies/public_access.cfm
Department of Homeland Security	2016 年 10 月	https://www.dhs.gov/publication/plan-support-increased-public-access-results-research-funded-federal-government
National Institute of Standards and Technology	2015 年 4 月	http://www.nist.gov/data/upload/NIST-Plan-for-Public-Access.pdf
NASA	2014 年 11 月	https://www.nasa.gov/sites/default/files/atoms/files/206985_2015_nasa_plan-for-web.pdf
National Oceanic and Atmospheric Administration	2015 年 2 月	ftp://ftp.library.noaa.gov/noaa_documents.lib/NOAA_Research_Council/NOAA_PARR_Plan_v5.04%20no%20title%20page.pdf
National Science Foundation	2015 年 3 月	http://www.nsf.gov/news/special_reports/public_access/
Smithsonian Institution	2015 年 8 月	https://www.si.edu/content/pdf/about/SmithsonianPublicAccessPlan.pdf
U.S. Geological Survey	2016 年 2 月	https://www2.usgs.gov/quality_integrity/open_access/downloads/USGS-PublicAccessPlan-APPROVED-v1.03.pdf
Agency for International Development	2016 年 10 月	https://www.usaid.gov/sites/default/files/documents/15396/USAID_PublicAccessPlan.pdf
Office of the Director of National Intelligence	2016 年 10 月	https://www.iarpa.gov/images/files/Documents/ODNI%20Public%20Access%20Plan_Sept%202016.pdf
Environmental Protection Agency	2016 年 11 月	https://www.epa.gov/sites/production/files/2016-12/documents/epascientificresearchtransperancyplan.pdf

附录 B

美国联邦机构科技信息开放门户 / 平台汇总表

机构名称	STI 部门 / 项目	PA 平台 / 工具	平台 / 工具访问链接
Department of Agriculture	USDA–National Agricultural Library	PubAg	https://pubag.nal.usda.gov
Department of Defense	Defense Technical Information Center（DTIC）	PubDefense（由 DTIC 运作，DoD、ODNI/IARPA PA Search）	https://publicaccess.dtic.mil/padf_public/#/home
Office of the Director of National Intelligence/ IARPA	—		
Department of Education	Institute of Education Science	ERIC（Education Resource Information Center）	https://eric.ed.gov
Department of Energy	Office of S&T Information（OSTI）	OSTI.GOV	https://www.osti.gov/
		DOE PAGES（PA Gateway for Energy & Science）	https://www.osti.gov/pages/
Department of Health and Human Services	US National Library of Medicine, National Institutes of Health	NCBI database 包括 PubMed、PubMed Central 等	https://www.ncbi.nlm.nih.gov/pubmed/
Department of Veterans Affairs			

续表

机构名称	STI 部门 / 项目	PA 平台 / 工具	平台 / 工具访问链接
National Institute of Standards and Technology（NIST）	—	NIST–PubMed Central（2015 年 10 月 1 日以后）	https://www.ncbi.nlm.nih.gov/pmc/funder/nist/
		NIST Publications（含 2015 年 10 月 1 日以前）	https://www.nist.gov/publications
Department of Transportation	National Transportation Library	—	https://ntl.bts.gov/public–access
	Office of the Assistant Secretary for Research and Technology (OST–R)	USDOT Research Hub	https://researchhub.bts.gov/about
Department of Homeland Security	—	Publications Library	https://www.dhs.gov/publications
NASA	NASA–STI Program	NTRS（NASA Technical Reports Server）	https://ntrs.nasa.gov
National Oceanic and Atmospheric Administration	National Centers for Environmental Information（NCEI）	NCEI–PARR（Public Access to Research Results）	https://www.ncei.noaa.gov/access
National Science Foundation	—	NSF–PAR（NSF Public Access Repository）	https://par.nsf.gov
Smithsonian Institution	—	Smithsonian Research Online	http://research.si.edu
U.S. Geological Survey	—	USGS Publications Warehouse	https://pubs.er.usgs.gov
Agency for International Development	The Knowledge Services Center (KSC)	DEC（Development Experience Clearinghouse）	https://dec.usaid.gov/dec/home/Default.aspx
Environmental Protection Agency	—	Environmental Dataset Gateway	https://edg.epa.gov/metadata/catalog/main/home.page

附录 C

国家科技情报体系能力成熟度评估问卷

国家科技情报体系能力成熟度评估问卷

尊敬的专家：

您好！久仰您在情报学界（业界）的学识和成就，诚挚邀请您对本研究给予指导。本次问卷目的是对影响国家科技情报体系能力成熟度各项因素的重要程度进行调查，仅作为研究之用，不作其他用途。

您的意见对我的研究工作极为重要，感谢您百忙之中对本次调研的支持。

调研人：　　　　联系电话：　　　　邮箱：

年　　月　　日

机构名称：　　　　填表人：　　　　研究方向：

职称 / 职务：　　　　从业时间：　　　　联系方式：

问卷调查内容

填写说明：

① 建立指标间的序关系：依照各指标的重要性进行排序，并将指标名称（或编号）填入横线中；（如 TOP1 __A11__ ）

②比较指标的相对重要性：依次比较步骤①，建立序列中相邻两项指标的

相对重要程度，在相应重要性级别下打"☑"；（同样重要 / 稍微重要 / 明显重要 / 非常重要 / 极端重要）

（1）第一层指标排序：

静态构成（A）：基础性指标，能力支撑要素。

动力基础（B）：过程性指标，科技情报治理能力。

运用表现（C）：结果性指标，包括情报工作表现和情报产品效果。

TOP1______比 TOP2（同样重要 / 稍微重要 / 明显重要 / 非常重要 / 极端重要）；

TOP2______比 TOP3（同样重要 / 稍微重要 / 明显重要 / 非常重要 / 极端重要）；

TOP3______。

（2）"运用表现"指标排序：情报工作表现（C1）、情报产品效果（C2）

TOP1______比 TOP2（同样重要 / 稍微重要 / 明显重要 / 非常重要 / 极端重要）；

TOP2______。

（3）"能力支撑要素"指标排序：

科技信息资源（A11）、情报技术手段（A12）

专业情报人员（A13）、情报工作规范（A14）

TOP1______比 TOP2（同样重要 / 稍微重要 / 明显重要 / 非常重要 / 极端重要）；

TOP2______比 TOP3（同样重要 / 稍微重要 / 明显重要 / 非常重要 / 极端重要）；

TOP3______比 TOP4（同样重要 / 稍微重要 / 明显重要 / 非常重要 / 极端重要）；

TOP4______。

（4）"科技情报治理能力"指标排序：

行为者参与度（B11）、治理机制合理性（B12）、治理过程有效性（B13）

TOP1______比 TOP2（同样重要 / 稍微重要 / 明显重要 / 非常重要 / 极端重要）；

TOP2______比 TOP3（同样重要 / 稍微重要 / 明显重要 / 非常重要 / 极端重要）；

TOP3______。

（5）"情报工作表现"指标排序：

情报体系响应能力（C11）、情报体系感知能力（C12）、情报体系刻画能力（C13）

TOP1______比 TOP2（同样重要 / 稍微重要 / 明显重要 / 非常重要 / 极端重要）；

TOP2______比 TOP3（同样重要 / 稍微重要 / 明显重要 / 非常重要 / 极端重要）；

TOP3______。

（6）“情报产品效果”指标排序：

追赶答疑（C21）、跨越选评（C22）、覆盖前瞻（C23）、引领预警（C24）

TOP1______比 TOP2（同样重要 / 稍微重要 / 明显重要 / 非常重要 / 极端重要）；

TOP2______比 TOP3（同样重要 / 稍微重要 / 明显重要 / 非常重要 / 极端重要）；

TOP3______比 TOP4（同样重要 / 稍微重要 / 明显重要 / 非常重要 / 极端重要）；

TOP4______。

附录D

中国科学技术信息研究所及各省(自治区、直辖市)科技情报机构发文情况

附表D.1　2015—2019年中国科学技术信息研究所及省(自治区、直辖市)级科技情报机构独著情况

单位：篇

科技情报机构	2015年	2016年	2017年	2018年	2019年	小计
中国科学技术信息研究所	161	166	147	156	9	639
北京市科学技术情报研究所	43	34	49	63	6	195
广东省科学技术情报研究所	24	35	60	45	3	167
上海科学技术情报研究所	35	36	45	38	4	158
辽宁省科学技术情报研究所	41	38	40	24	0	143
江苏省科学技术情报研究所	37	37	28	23	0	125
安徽省科学技术情报研究所	31	16	27	42	7	123
天津市科学技术信息研究所	31	32	24	31	1	119
黑龙江省科学技术情报研究院	27	30	22	36	1	116
贵州省科学技术情报研究所	29	36	25	19	2	111
吉林省科学技术信息研究所	13	32	22	34	2	103
甘肃省科学技术情报研究所	22	25	20	24	0	91
山西省科学技术情报研究院	31	18	23	17	2	91
陕西省科学技术情报研究院	31	18	15	15	0	79

续表

科技情报机构	2015 年	2016 年	2017 年	2018 年	2019 年	小计
云南省科学技术情报研究院	19	16	13	17	1	66
湖南省科学技术信息研究所	6	9	19	29	1	64
福建省科学技术信息研究所	13	16	20	11	0	60
广西科学技术情报研究所	13	15	11	9	1	49
河南省科学技术情报研究院	5	15	7	11	0	38
山东省科学技术情报研究院	8	13	5	2	0	28
江西省科学技术情报研究所	6	12	8	0	0	26
青海省科学技术情报研究所	0	6	5	7	1	19
四川省科学技术信息研究所	2	5	5	7	0	19
内蒙古自治区科学技术信息研究院	4	5	3	1	0	13
河北省科学技术情报研究院	4	1	2	4	1	12
总计	636	666	645	665	42	2654

附表 D.2　科技情报机构间合著矩阵

	中国科学技术信息研究所	吉林	甘肃	北京	江苏	山西	黑龙江	陕西	天津	安徽
中国科学技术信息研究所		7	1	13			1	3	1	2
中国科学院文献情报中心	8	1								
中国科学院兰州文献情报中心			1							
中国科学院成都文献情报中心	14									
湖南省科学技术信息研究所				6						

续表

	中国科学技术信息研究所	吉林	甘肃	北京	江苏	山西	黑龙江	陕西	天津	安徽
郑州市科学技术情报研究所				3						
新疆伊犁哈萨克自治州科技情报研究所					3					
西藏自治区科技信息研究所	1									
景德镇市科学技术情报研究所						1				
济宁市科学技术情报研究所	1									
广西科学技术情报研究所				1		1				
北海市科技信息研究所				3						

附表 D.3　科技情报机构与高校合著数量（科技情报机构）

科技情报机构	发文数量 / 篇
中国科学技术信息研究所	205
北京市科学技术情报研究所	49
吉林省科学技术信息研究所	34
河南省科学技术信息研究院	28
云南省科学技术情报研究院	27
甘肃省科学技术情报研究所	19
湖南省科学技术信息研究所	19
安徽省科学技术情报研究所	18
广东省科学技术情报研究所	18
天津市科学技术信息研究所	16
江苏省科学技术情报研究所	15

续表

科技情报机构	发文数量 / 篇
山西省科学技术情报研究所	13
广西科学技术情报研究所	12
江西省科学技术情报研究所	12
青海省科学技术信息研究所	12
河北省科学技术情报研究院	11
黑龙江省科学技术情报研究院	11
四川省科学技术信息研究所	9
上海科学技术情报研究所	8
福建省科学技术信息研究所	7
山东省科学技术情报研究院	6
陕西省科学技术情报研究院	6
辽宁省科学技术情报研究所	3
内蒙古自治区科学技术信息研究院	2
总计	560

附表 D.4　科技情报机构与高校合著数量（高频合作高校）

序号	合作高校	数量 / 篇	排名
1	武汉大学	23	1
2	吉林大学	20	2
3	湖北工业大学	16	3
4	北京大学	14	4
5	昆明理工大学	13	5
6	中国科学院大学	13	5
7	中国人民大学	13	5
8	北京工业大学	12	8

续表

序号	合作高校	数量 / 篇	排名
9	合肥工业大学	11	9
10	河北工业大学	10	10
11	郑州大学	10	10
12	南京大学	9	12
13	南京理工大学	9	12
14	中国农业大学	9	12
15	广西大学	8	15
16	湖南农业大学	7	16
17	吉林农业大学	7	16
18	北京理工大学	6	18
19	北京师范大学	6	18
20	大连理工大学	6	18
21	东北师范大学	6	18
22	甘肃农业大学	6	18
23	华南理工大学	6	18
24	云南农业大学	6	18
25	中国青年政治学院	6	18
26	中南大学	6	18

附表 D.5　科技情报机构与科研机构合著数量（科技情报机构）

科技情报机构	发文数量 / 篇
中国科学技术信息研究所	43
北京市科学技术情报研究所	36
广东省科学技术情报研究所	18
云南省科学技术情报研究院	15

续表

科技情报机构	发文数量 / 篇
上海科学技术情报研究所	12
甘肃省科学技术情报研究所	9
吉林省科学技术信息研究所	8
江苏省科学技术情报研究所	8
山西省科学技术情报研究所	6
广西科学技术情报研究所	5
山东省科学技术情报研究院	5
安徽省科学技术情报研究所	4
青海省科学技术信息研究所	4
贵州省科学技术情报研究所	3
湖南省科学技术信息研究所	2
河南省科学技术信息研究院	1
江西省科学技术信息研究所	1
内蒙古自治区科学技术信息研究院	1
陕西省科学技术情报研究院	1
四川省科学技术信息研究所	1
天津市科学技术信息研究所	1
总计	184

附表 D.6　科技情报机构与科研机构合著数量（高频合作科研机构）

序号	科研机构	发文数量 / 篇
1	中国科学院	23
2	中国科学技术发展战略研究院	17
3	广东省社科院	14
4	中国农业科学院	12
5	北京市科学技术研究院	10
6	中国医学科学院	9

续表

序号	科研机构	发文数量 / 篇
7	江苏省社会科学院	4
8	卡尔国际信息科学与竞争政策研究所	4
9	山西省农业科学院	4
10	北京城市系统工程研究中心	3
11	机械工业信息研究院	3
12	上海科技发展研究中心	3
13	云南省农业科学院	3
14	中国林业科学研究院	3

附表 D.7　科技情报机构与政府部门合著矩阵

单位：篇

政府部门	科技情报机构															总计
	安徽	北京	福建	广东	广西	河南	湖南	吉林	江苏	江西	内蒙古	山西	天津	云南	中信所	
科技部									1						14	15
水利部															1	1
工业和信息化部															2	2
发展改革委														1		1
国家新闻出版广电总局											1					1
国家知识产权局		1			1										2	4
广东省科学技术厅				7												7
广西科学技术厅					1											1
河南省科学技术厅						1										1

续表

政府部门	科技情报机构															总计
	安徽	北京	福建	广东	广西	河南	湖南	吉林	江苏	江西	内蒙古	山西	天津	云南	中信所	
湖南省科学技术厅							2									2
吉林省科学技术厅								2								2
江苏省科学技术厅									2							2
安徽省科学技术厅	9															9
福建省科学技术厅			2													2
山西省发展改革委												3				3
山西省农业厅												1				1
山西省统计局												1				1
潞城市交通运输局												1				1
苏州市科学技术局									1							1
天津市国家保密局													1			1
宜春市科学技术局										1						1
总计	9	1	2	7	2	1	2	2	4	1	1	6	1	1	19	59

附表 D.8　科技情报机构与企业合著数量（高频合作企业）

企业名称	发文数量 / 篇
北京万方数据股份有限公司	35
广州市韵馨食品有限公司	6
中国核工业建设集团公司	5
广西南宁深意知识产权代理有限公司	4
吉林亚泰（集团）股份有限公司	4
大唐电信科技股份有限公司	3
中国电子科技集团	3
中国南方航空股份有限公司	3

附表 D.9　科技情报机构与企业合著数量（科技情报机构）

科技情报机构	发文数量 / 篇
中国科学技术信息研究所	51
北京市科学技术情报研究所	13
广东省科学技术情报研究所	10
广西科学技术情报研究所	10
吉林省科学技术信息研究所	8
河南省科学技术信息研究院	6
甘肃省科学技术情报研究所	4
黑龙江省科学技术情报研究院	4
青海省科学技术信息研究所	4
山东省科学技术情报研究院	4
安徽省科学技术情报研究所	3
湖南省科学技术信息研究所	3
江苏省科学技术情报研究所	3
辽宁省科学技术情报研究所	3

续表

科技情报机构	发文数量 / 篇
天津市科学技术信息研究所	3
河北省科学技术情报研究院	2
内蒙古自治区科学技术信息研究院	2
上海科学技术情报研究所	2
四川省科学技术信息研究所	2
云南省科学技术情报研究院	2
福建省科学技术信息研究所	1
贵州省科学技术情报研究所	1
江西省科学技术情报研究所	1
山西省科学技术情报研究所	1
陕西省科学技术情报研究院	1
总计	144

参考文献

[1] 2010 Baseline Capabilities assessment of fusion centers and critical operational capabilities gap mitigation strategy[EB/OL]. [2020-12-25]. https: //www.dhs.gov/2010-baseline-capabilities-assessment-fusion-centers.

[2] 2011 National network of fusion centers final report[EB/OL]. (2012-05)[2020-12-25]. https: //www.dhs.gov/publication/2011-fusion-center-assessment.

[3] 2012 National network of fusion centers final report[EB/OL]. (2013-05)[2020-12-25]. https: //www.dhs.gov/publication/2012-fusion-center-assessment.

[4] 2013 National network of fusion centers final report[EB/OL]. (2014-06)[2020-12-25]. https: //www.dhs.gov/publication/2013-fusion-center-assessment.

[5] 2014 National network of fusion centers final report[EB/OL]. (2015-01)[2020-12-25]. https: //www.dhs.gov/publication/2014-fusion-center-assessment.

[6] 2015 National network of fusion centers final report[EB/OL]. (2016-04)[2020-12-25]. https: //www.dhs.gov/publication/2015-fusion-center-assessment.

[7] 2020 Global go to think tank index report[R/OL].(2021-01-28)[2021-05-09].https: //repository.upenn.edu/think_tanks/18/.

[8] ABELS G. Forms and functions of participatory technology assessment - or: why should we be more sceptical about public participation[C]//Participatory approaches in science & technology (PATH)' conference 4th - 7th june, Edinburgh, Scotland, 2006.

[9] ABOWD G D, DEY A K, BROWN P J, et al. Towards a better understanding of context and context-awareness[EB/OL]. (2001-11-09) [2022-08-29]. https://link.springer.com/chapter/10.1007/3-540-48157-5_29.

[10] Active interpretation of disparate alternatives[EB/OL]. [2018-04-09]. https: //www.darpa.mil/program/active-interpretation-of-disparate-alternatives.

[11] AKGÜN A, KESKIN H, BYRNE J, et al. Antecedents and consequences of organizations' technology sensemaking capability[J]. Technological forecasting and social change, 2014, 88:

216–231.

[12] American evaluation association[EB/OL].[2018–01–21]. http: //www.eval.org/p/cm/ld/fid=4.

[13] Artificial intelligence index: 2018 annual report[EB/OL]. [2018–09–12]. https://hai.stanford.edu/sites/default/files/2020–10/AI_Index_2018_Annual_Report.pdf.

[14] BAINES D, ELLIOTT R J. Defining misinformation, disinformation and malinformation: an urgent need for clarity during the COVID–19 infodemic[J]. Discussion papers, 2020, 20(6): 1–23.

[15] BAR–JOSEPH U, MCDERMOTT R. Change the analyst and not the system: a different approach to intelligence reform[J]. Foreign policy analysis, 2008, 4(2): 127–145.

[16] BARGER D. Toward a revolution in intelligence affairs[EB/OL]. [2018–10–21]. https: //apps.dtic.mil/dtic/tr/fulltext/u2/a448571.pdf.

[17] Big data initiative—white house[EB/OL]. [2018–08–10]. http: //www.whitehouse.gov/sites/default/files/microsites/ostp/big_data_press_release_final_2.pdf.

[18] BLISS N, BRADLEY E, GARLAND J, et al. An agenda for disinformation research[J]. (2020–12–15) [2021–01–13]. https: //arxiv.org/abs/2012.08572a.

[19] BODINE–BARON E, HELMUS T C, RADIN A, et al.Countering russian social media influence[M]. New York: RAND Corporation, 2018.

[20] BOOKCHIN M. Social ecology versus deep ecology[J]. Socialist review, 1988, 88(3): 11–29.

[21] BOSTRÖM H, ANDLER S, BROHEDE M, et al. On the definition of information fusion as a field of research[EB/OL]. (2008–06–17) [2020–12–05]. https: //www.diva–portal.org/smash/record.jsf?pid=diva2%3A2391&dswid=–3312.

[22] BOWLES S, GINTIS H. The evolution of strong reciprocity: cooperation in heterogeneous populations[J].Theoretical population biology, 2004, 65(1): 17–28.

[23] BRACKEN P. Net assessment: a practical guide[J]. Parameters, 2006, 36(1): 90–100.

[24] BRANTLY A. When everything becomes intelligence: machine learning and the connected world[J]. Intelligence and national security, 2018, 33(4): 562–573.

[25] BULGER N. The evolving role of intelligence: migrating from traditional competitive intelligence to integrated intelligence[J]. The international journal of intelligence, security, and public affairs, 2016, 18(1): 57–84.

[26] CANCIAN M. Avoiding coping with surprise in great power conflicts[M]. Lanhan: Rowman & littlefield, 2018.

[27] CARL L. The international directory of intelligence[M]. VA: International Defense Consultant

Services, 1990.

[28] CHAARI T, LAFOREST F, CELENTANO A. Design of context–aware applications based on web services[EB/OL]. [2022–08–29]. https://citeseerx.ist.psu.edu/viewdoc/download?doi=10.1.1.481.3523&rep=rep1&type=pdf.

[29] CHANG W, TETLOCK P. Rethinking the training of intelligence analysts[J]. Intelligence and national security, 2016, 31(6): 903–920.

[30] CHEN A.A Russian troll farm may not have been very good at its job [EB/OL]. (2019–11–25) [2020–12–02]. https: //www.technologyreview.com/2019/11/25/131832/russia–disinformation–twitter–internet–research–agency–social–media–politics/.

[31] CILLIERS P. Complexity and postmodernism: understanding complex systems[M]. Londoon: Routledge, 2002.

[32] Commission on Global Governance. Our global neighborhood: the report of the commission on global governance[M]. Oxford: Oxford University Press, 1995: 2–3.

[33] Computational cognitive models of sensemaking program[EB/OL]. [2018–10–21]. https: //www.iarpa.gov/index.php/working–with–iarpa/requests–for–information/computational–cognitive–models–of–sensemaking?highlight=WyJzZW5zZW1ha2luZyJd.

[34] COOPER J. Curing analytic pathologies: pathways to improved intelligence analysis[EB/OL]. [2018–10–23]. https: //apps.dtic.mil/dtic/tr/fulltext/u2/a500058.pdf.

[35] Cornell Empowerment Group. Empowerment and family support[J]. Networking bulletin, 1989, 1(2): 1–23.

[36] CULLEN P, COTTINGHAM P, DOOLAN J, et al. Knowledge seeking strategies of natural resource professionals[EB/OL]. (2001–04–01) [2022–08–13]. https://www.academia.edu/2578211/Knowledge_seeking_strategies_of_natural_resource_professionals.

[37] Cyber–hunting at scale[EB/OL]. [2018–04–07]. https: //www.darpa.mil/program/cyber–hunting–at–scale.

[38] DARPA. Information innovation office[EB/OL]. [2018–04–06]. https: //www.darpa.mil/about–us/offices/i2o/more.

[39] DARRELL M. How to combat fake news and disinformation[EB/OL]. (2017–12–18) [2021–01–12]. https: //www.brookings.edu/research/how–to–combat–fake–news–and–disinformation/.

[40] Data Governance Institute (DGI). Definitions of data governance[EB/OL]. [2018–01–13]. http: //www.datagovernance.com/adg_data_governance_definition/.

[41] Data–driven discovery of models[EB/OL]. [2018–04–07]. https: //www.darpa.mil/program/data–

driven-discovery-of-models.

[42] DAVID R. A critical evaluation of US national intelligence capabilities[J].International journal of intelligence and counter intelligence, 1993, 6(2): 173–193.

[43] DAVIS P K, WINNEFELD J A. The rand strategy assessment center: an overview and interim conclusions about utility and development options[EB/OL]. (1983–03) [2018–01–21]. http: //www.dtic.mil/dtic/tr/fulltext/u2/a127601.pdf.

[44] DEGAUT M. Spies and policymakers: intelligence in the information age[J].Intelligence and national security, 2016, 31(4): 509–531.

[45] Department of Defense. Director of net assessment (DoD Directive No.5111.11)[EB/OL]. (2009–12–23) [2018–01–23]. https: //fas.org/irp/doddir/dod/d5111_11.pdf.

[46] DERAKHSHAN H, WARDLE C. Information disorder: definitions[J]. Understanding and addressing the disinformation ecosystem, 2017: 5–12.

[47] DERVIN B. An overview of sense–making research: concepts, methods, and results to date [EB/OL]. [2018–10–12]. http: //communication.sbs.ohio–state.edu/sensemaking/art/artdervin83.html.

[48] DERVIN B. Sense–making theory and practice: an overview of user interests in knowledge seeking and use[J]. Journal of knowledge management, 1998, 2(2): 36–46.

[49] DEVLIN K. Goodbye, descartes: the end of logic and the search for a new cosmology of the mind[M]. New York: John wiley & Sons, 1997: 62–64.

[50] Digital sovereignty for Europe[EB/OL]. (2020–07–02) [2021–07–19]. https: //www.europarl.europa.eu/RegData/etudes/BRIE/2020/651992/EPRS_BRI(2020)651992_EN.pdf.

[51] DJAVANSHIR G, ALAVIZADEH A, TAROKH M. From system–of–systems to meta–systems: ambiguities and challenges[EB/OL]. (2012–03–02) [2022–08–13]. https://www.intechopen.com/chapters/30415.

[52] DONALDSON A, WALKER P. Information governance–a view from the NHS[J]. International journal of medical informatics, 2004, 73(3): 281–284.

[53] DUBOIS D, LIU W, MA J, et al. The basic principles of uncertain information fusion: an organised review of merging rules in different representation frameworks[J]. Information fusion, 2016, 32: 12–39.

[54] Economist Intelligence Unit. The future of enterprise information governance[R]. London: The Economist Intelligence Unit Limited, 2008.

[55] EDELENBOS J. Institutional implications of interactive governance: insights from dutch

practice[J].Governance, 2005, 18(1): 111–134.

[56] ENDSLEY M R. Design and evaluation for situation awareness enhancement[C]//Proceedings of the Human Factors Society annual meeting. Los Angeles: SAGE Publications, 1988, 32(2): 97–101.

[57] ENDSLEY M R. Toward a theory of situation awareness in dynamic systems[J]. Human factors, 1995, 37(1): 32–64.

[58] English oxford living dictionaries. sensemaking[EB/OL]. [2018–10–12]. https://en.oxforddictionaries.com/definition/sense–making.

[59] European Commission. Tackling COVID–19 disinformation–getting the facts right [EB/OL]. (2020–06–10) [2021–07–18]. https: //eur–lex.europa.eu/legal–content/EN/TXT/PDF/?uri=CELEX: 52020JC0008&rid=3.

[60] European Commission. Tackling online disinformation: a European approach[EB/OL]. (2018–03–12) [2021–07–18]. https: //ec.europa.eu/digital–single–market/en/news/communication–tacklingonline–disinformation–european–approach.

[61] Explainable artificial intelligence[EB/OL]. [2018–04–09]. https: //www.darpa.mil/program/explainable–artificial–intelligence.

[62] FALLIS D. A conceptual analysis of disinformation[EB/OL]. (2009–02–28) [2021–01–18]. http://hdl.handle.net/2142/15205.

[63] FALLIS D. What is disinformation?[J]. Library trends, 2015, 63(3): 401–426.

[64] FARRELL L. Principal–agency risk in project finance[J]. International journal of project management, 2003(21): 547–561.

[65] Federal cloud computing strategy[EB/OL]. (2011–02–14) [2018–04–06]. https://obamawhitehouse.archives.gov/sites/default/files/omb/assets/egov_docs/vivek–kundra–federal–cloud–computing–strategy–02142011.pdf.

[66] Federally funded research: examining public access and scholarly publication interests[EB/OL]. (2012–03–29)[2018–02–21]. https: //science.house.gov/sites/republicans.science.house.gov/files/documents/hearings/HHRG–112–SY21–TTF–FDylla–20120329.pdf.

[67] FETTERMAN D. Empowerment evaluation[J]. Evaluation practice, 1994, 15(1): 1–15.

[68] FETZER J. Disinformation: the use of false information[J]. Minds and machines, 2004, 14(2): 231–240.

[69] Fighting disinformation online[EB/OL].(2019–12–19)[2021–01–13].https: //www.rand.org/research/projects/truth–decay/fighting–disinformation.html#learn–more–about–truth–decay–.

[70] FISHBEIN W, TRAVERTON G. Making sense of transnational threats[R/OL]. [2018-10-15]. https: //www.cia.gov/library/kent-center-occasional-papers/vol3no1.htm.

[71] FISHBEIN W, TREVERTON G. Rethinking "alternative analysis" to address transnational threats [R/OL].[2018-10-15]. https: //www.cia.gov/library/kent-center-occasional-papers/vol3no2.htm.

[72] FLORIDI L. Brave. Net. World: the Internet as a disinformation superhighway?[J]. The electronic library, 1996, 14(6): 509-514.

[73] Fog data analytics for IoT applications: next generation process model with state of the art technologies[M]. Berlin: Springer Nature, 2020.

[74] From the lab bench to the marketplace: improving technology transfer[EB/OL]. (2010-06-10)[2018-02-20]. https: //www.gpo.gov/fdsys/pkg/CHRG-111hhrg57177/pdf/CHRG-111hhrg57177.pdf.

[75] GAO J, LEI L, YU S. Big data sensing and service: a tutorial[EB/OL]. (2015-08-13) [2022-08-29]. https://ieeexplore.ieee.org/document/7184867.

[76] Gartner. Context-aware security[EB/OL]. [2018-03-03]. https: //www.gartner.com/it-glossary/context-aware-security.

[77] GIAFFREDA R, KARMOUCH A, JONSSON A, et al. Context-aware communication in ambient networks[C]//Wireless world research forum. Berlin: Springer, 2005: 2-5.

[78] Global innovation index 2018：energizing the world with innovation[EB/OL]. [2018-05-13]. https: //www.wipo.int/publications/zh/details.jsp?id=4330.

[79] GOLEMAN D. The world questions of edge 2005 edge[EB/OL].[2018-10-23].https://www.edge.org/q2006/q06_5.html#goleman.

[80] GRDI 2020-a vision for global research data infrastructures[EB/OL]. [2018-11-29]. http://www.grdi2020.eu/Repository/FileScaricati/e2b03611-e58f-4242-946a-5b21f17d2947.pdf.

[81] GRIFFIN J. Data governance: the key to enterprise data management[J].Information management, 2008, 18(9): 27.

[82] GUETAT S, DAKHLI S. The architecture facet of information governance: the case of urbanized information systems[J]. Procedia computer science, 2015(64): 1088-1098.

[83] HAMMOND T. Why is the intelligence community so difficult to redesign? smart practices, conflicting goals, and the creation of purpose - based organizations[J]. Governance, 2007, 20(3): 401-422.

[84] HAO K.Nearly half of Twitter accounts pushing to reopen America may be bots [EB/OL].

(2020-05-21) [2020-12-02]. https: //www.technologyreview.com/2020/05/21/1002105/covid-bot-twitter-accounts-push-to-reopen-america/.

[85] The Defence Science and Technology Laboratory. Dstl S&T Horizon Scanning White Paper (compact version3) [R/OL]. (2008-03-19) [2019-07-29]. http: //www.samiconsulting.co.uk/training/documents/dstl_horizon_scanning.pdf.

[86] HENNEN L. Why do we still need participatory technology assessment? [J]. Poiesis & Praxis, 2012, 9(1-2): 27-41.

[87] HEUER R. Psychology of intelligence analysis[M]. Washington, D. C. : US Government Printing Office, 1999.

[88] HORIZON 2020：the EU framework programme for research and innovation[EB/OL]. [2018-01-30]. https: //ec.europa.eu/programmes/horizon2020/.

[89] Horizon scanning programme team[EB/OL]. [2019-07-29]. https://www.gov.uk/government/groups/horizon-scanning-programme-team.

[90] How google fights disinformation[EB/OL]. (2019-02-26)[2021-01-12]. https://kstatic.googleusercontent.com/files/388aa7d18189665e5f5579aef18e181c2d4283fb7b0d4691689dfd1bf92f7ac2ea6816e09c02eb98d5501b8e5705ead65af653cdf94071c47361821e362da55b.

[91] How to get your open data on data.gov[EB/OL]. [2018-10-10]. https://digital.gov/resources/how-to-get-your-open-data-on-data-gov/#federal-data-with-project-open-data.

[92] IARPA. Research Programs[EB/OL]. [2018-04-08]. https://www.iarpa.gov/index.php/research-programs.

[93] IBM. The IBM data governance council maturity model: building a roadmap for effective data governance[EB/OL].(2007-10-01)[2018-01-13]. https://www-935.ibm.com/services/uk/cio/pdf/leverage_wp_data_gov_council_maturity_model.pdf.

[94] ICArUS related publications[EB/OL]. [2018-12-21]. https://scholar.google.com/scholar?q=D10PC20021+OR+D10PC20022+OR+D10PC20023&btnG=&hl=en&as_sdt=0, 47.

[95] Increasing access to the results of federally funded scientific research[EB/OL]. [2018-09-24]. http: //www.whitehouse.gov/sites/default/files/microsites/ostp/ostp_public_access_memo_2013.pdf.

[96] Information: to share or not to share? the information governance review[EB/OL].[2018-02-19].https://www.ed.ac.uk/files/imports/fileManager/Caldicott%20Guardian_InfoGovernance_accv2%20pdf.pdf.

[97] Insight [EB/OL]. [2018-04-08]. https://www.darpa.mil/program/insight.

[98] Integrated cognitive-neuroscience architectures for understanding sensemaking (ICArUS) [EB/OL]. [2018-10-21]. https://www.iarpa.gov/index.php/research-programs/icarus.

[99] Intelligence capability assessment results[EB/OL].[2018-09-30]. https://www.dhs.gov/sites/default/files/publications/CBP%20-%20Intelligence%20Capability%20Assessment%20Results.pdf.

[100] Intelligence community directive number1: policy directive for intelligence community leadership[EB/OL]. (2006-05-01) [2018-10-13]. https://www.hsdl.org/?view&did=14988.

[101] IRETON C, POSETTI J. Journalism, fake news & disinformation: handbook for journalism education and training[M]. Paris: Unesco Publishing, 2018.

[102] JESSOP B. The rise of governance and the risks of failure: the case of economic development[J]. International social science journal, 1998, 50(155): 29-45.

[103] Joint Publication 2.0[EB/OL].(2013-10-22)[2018-04-01]. https://www.jcs.mil/Portals/36/Documents/Doctrine/pubs/jp2_0.pdf.

[104] JOSS S, BELLUCCI S. Participatory technology assessment—European Perspectives[M]. London: Center for the Study of Democracy, 2002: 5-6.

[105] JP 2-01: joint and national intelligence support to military operations[EB/OL]. (2017-07-05) [2020-12-02]. http://www.jcs.mil/Portals/36/Documents/Doctrine/pubs/jp2_01_20170705v2.pdf.

[106] KLEIN G, MOON B, HOFFMAN R. Making sense of sensemaking 1: alternative perspectives[J]. IEEE intelligent systems, 2006 (4): 70-73.

[107] KLEIN G, MOON B, HOFFMAN R. Making sense of sensemaking 2: a macrocognitive model[J]. IEEE intelligent systems, 2006, 21(5): 88-92.

[108] KLEIN G, PHILLIPS J, RALL E, et al. A data-frame theory of sensemaking[C]//Expertise out of context: proceedings of the sixth international conference on naturalistic decision making. New York, NY, USA: Lawrence Erlbaum, 2007: 113-155.

[109] KOOIMAN J, BAVINCK M, CHUENPAGDEE R, et al. Interactive governance and governability: an introduction[J]. The journal of transdisciplinary environmental studies, 2008, 7(1): 1-11.

[110] KOOIMAN J. Governing as governance[M].Sage, 2003.

[111] KUNDA Z. Social cognition: making sense of people[M]. Cambridge: MIT Press, 1999: 161-210.

[112] LOGAN D. What is information governance? and why is it so hard? [EB/OL]. [2018-02-19]. http://blogs.gartner.com/debra_logan/2010/01/11/what-is-information-governance-and-why-is-it-so-hard/.

[113] LOUTH W. The data fog of observability[EB/OL]. (2019-12-30) [2021-07-20]. https://www.instana.com/blog/the-data-fog-of-observability/.

[114] LOWENTHAL M. A disputation on intelligence reform and analysis: my 18 theses[J]. International journal of intelligence and counter intelligence, 2013, 26(1): 31-37.

[115] MACKAY R, PARKS R. The temporal dynamics of sensemaking: a hindsight - foresight analysis of public commission reporting into the past and future of the "new terrorism" [J]. Technological forecasting and social change, 2013, 80(2): 364-377.

[116] MACNEIL I. The many future of contracts [J]. Southern california law review, 1973, 47: 691.

[117] MADDRELL D O. Quiet transformation: the role of the office of net assessment[EB/OL]. (2003-05-02) [2018-01-22]. http://www.dtic.mil/dtic/tr/fulltext/u2/a441633.pdf.

[118] MAIER M. Architecting principles for systems-of-systems[J]. Systems engineering: the journal of the international council on systems engineering, 1998, 1(4): 267-284.

[119] MARRIN S. Improving intelligence analysis: Bridging the gap between scholarship and practice[M]. London: Routledge, 2012.

[120] MARSHALL A W. A program to improve analytic methods related to strategic forces[J]. Policy sciences, 1982(15): 47-50.

[121] MCNIE E. Reconciling the supply of scientific information with user demands: an analysis of the problem and review of the literature[J].Environmental science & policy, 2007, 10(1): 17-38.

[122] MILNE K. Can sense-making tools inform adaptation policy? a practitioner's perspective[J]. Ecology and society, 2015, 20(1).

[123] Mission-oriented resilient clouds[EB/OL]. [2018-04-06]. https://www.darpa.mil/program/mission-oriented-resilient-clouds.

[124] MOORE D, KRIZAN L, MOORE E. Evaluating intelligence: a competency-based model[J]. International journal of intelligence and counterIntelligence, 2005, 18(2): 204-220.

[125] MOORE D. Sensemaking: a structure for an Intelligence Revolution[M]. Washing ton, D. C. : us Government Printing Office, 2013.

[126] MOORE D. Species of competencies for intelligence analysis[J]. American intelligence journal, 2005(23): 29-43.

[127] MOORE M. Creating public value: strategic management in government[M]. Cambridge: Harvard university Press, 1995.

[128] NASA scientific and technical information program[EB/OL]. [2018-10-21]. https://www.sti.nasa.gov.

[129] NASA technical reports server[EB/OL]. [2018-10-21]. https://ntrs.nasa.gov/search.jsp.

[130] National information infrastructure: first iteration[EB/OL]. [2018-11-13]. https://www.gov.uk/government/publications/national-information-infrastructure/national-information-infrastructure.

[131] National intelligence strategy 2019 of the United State of American[EB/OL]. [2019-03-31]. https://www.dni.gov/files/ODNI/documents/National_Intelligence_Strategy_2019.pdf.

[132] National network of fusion centers [EB/OL]. [2020-12-20]. https://www.dni.gov/index.php/who-we-are/organizations/ise/ise-archive/ise-additional-resources/2119-national-network-of-fusion-centers.

[133] National security council intelligence directive 3 (NSCID3)[EB/OL].(1948-01)[2018-03-02]. https://history.state.gov/historicaldocuments/frus1945-50Intel/ch9.

[134] Neuroscience programs at IARPA[EB/OL].[2018-10-21]. https://www.iarpa.gov/index.php/research-programs/neuroscience-programs-at-iarpa?highlight=WyJpY2FydXMiXQ==.

[135] NSTL 国家重大战略信息服务平台 [EB/OL]. [2018-12-30]. http://strategyinfo.las.ac.cn/aboutUs/introduce.htm?type=introduce.

[136] ODNI: mission, vision and value[EB/OL]. [2018-07-13]. https://www.dni.gov/index.php/who-we-are/mission-vision.

[137] OECD principles and guidelines for access to research data from public funding[EB/OL]. [2018-11-24].http://www.oecd.org/sti/sci-tech/38500813.pdf.

[138] Office of the director of national intelligence: intelligence community policy memorandum [EB/OL]. [2018-10-13]. https://www.dni.gov/files/documents/IC%20Policy%20Memos/2006-01-06IntelCommunityPolicyMemorandum2005-800-1.pdf.

[139] Office of the Under Secretary of Defense for Acquisition, Technology and Logistics. memorandum on policy for systems engineering in DoD[R]. Washington DC: Pentagon, 2004.

[140] Open data policy—managing information as an Asset[EB/OL]. [2018-10-10]. http://www.nsf.gov/attachments/128229/public/OMBMemoOpenDataPolicy.pdf.

[141] Open fog Consortium. Definition of fog computing[EB/OL]. [2021-07-15]. http://www.Openfogconsortium.org /resources/#definition-of-fog-computing.

[142] Operation of the joint capabilities integration and development system[EB/OL]. (2007-05-01) [2020-12-11]. https://www.dau.mil/cop/e3/_layouts/15/WopiFrame.aspx?sourcedoc=/cop/e3/DAU%20Sponsored%20Documents/CJCSM%203170.01C.pdf&action=default.

[143] OSTP public access policy forum[EB/OL]. [2018-10-21]. https://obamawhitehouse.archives.

gov/administration/eop/ostp/library/publicaccesspolicy.

[144] PENNYCOOK G, RAND D. Fighting misinformation on social media using crowdsourced judgments of news source quality[J]. Proceedings of the national academy of sciences, 2019, 116(7): 2521–2526.

[145] PERKINS D, ZIMMERMAN M. Empowerment theory, research, and application[J]. American journal of community psychology, 1995, 23(5): 569–579.

[146] PHERSON K, PHERSON R. Critical thinking for strategic intelligence[M]. Washing ton, D. C. : C Q Press, 2016.

[147] PIROLLI P, CARD S. The sensemaking process and leverage points for analyst technology as identified through cognitive task analysis[EB/OL]. [2022–08–29]. https://www.e–education.psu.edu/geog885/sites/www.e–education.psu.edu.geog885/files/geog885q/file/Lesson_02/Sense_Making_206_Camera_Ready_Paper.pdf.

[148] POLLOCKARCHIVE J.Russian disinformation technology[EB/OL]. (2017–04–17) [2020–12–02]. https://www.technologyreview.com/2017/04/13/152305/russian–disinformation–technology/.

[149] POPPO L, ZENGER T. Do formal contracts and relational governance function as substitutes or complements?[J].Strategic management journal, 2002, 23(8): 707–725.

[150] PORTER M. The competitive advantage of nations[J]. Harvard business review, 1990, 68(2): 73–93.

[151] PRIETO I, EASTERBY–SMITH M. Dynamic capabilities and the role of organizational knowledge: an exploration[J]. European journal of information systems, 2006, 15(5): 500–510.

[152] RACHEL D. Why the macron hacking attack landed with a thud in France[EB/OL]. (2017–05–08) [2021–01–20]. https://www.nytimes.com/2017/05/08/world/europe/macron–hacking–attack–france.html.

[153] Rank–ordering and cognitive saliency schema–based selection[EB/OL].[2018–10–24]. https://patents.google.com/patent/US9646056B1/en.

[154] RAPPAPORT J. Studies in empowerment: Introduction to the issue[J]. Prevention in human services, 1984, 3(2–3): 1–7.

[155] RAPPAPORT J. Terms of empowerment/exemplars of prevention: toward a theory for community psychology[J]. American journal of community psychology, 1987, 15(2): 121–148.

[156] Report of the national commission for the review of the research and development programs of the US Intelligence Community[EB/OL]. [2021–07–30]. https://www.intelligence.senate.gov/

sites/default/files/commission_report.pdf.

[157] Report of the national commission for the review of the research and development programs of the US Intelligence Community[EB/OL].[2018-09-30].https://www.intelligence.senate.gov/sites/default/files/commission_report.pdf.

[158] RHODES R. The new governance: governing without government[J].Political studies, 1996, 44(4): 652-667.

[159] RHODES R. Understanding governance: policy networks, governance, reflexivity and accountability[M]. Berkshire: Open University Press, 1997.

[160] RHODES R. Understanding governance: ten years on[J].Organization studies, 2007, 28(8): 1243-1264.

[161] RICH M D. Truth decay: an initial exploration of the diminishing role of facts and analysis in American public life[M]. Santa Monila Rand Corporation, 2018.

[162] Riding the Wave. How Europe can gain from the rising tide of scientific data[EB/OL]. [2018-11-23]. https://www.fosteropenscience.eu/content/riding-wave-how-europe-can-gain-rising-tide-scientific-data.

[163] RITTEL H, WEBBER M. Dilemmas in a general theory of planning[J]. Policy sciences, 1973, 4(2): 155-169.

[164] ROSENAU J, CZEMPIEL E. Governance without government: order and change in world politics[M]. Cambridge: Cambridge University Press, 1992: 5.

[165] SABATIER P. The acquisition and utilization of technical information by administrative agencies[J].Administrative science quarterly, 1978, 23(3): 396-417.

[166] SANDBERG J, TSOUKAS H. Making sense of the sensemaking perspective: its constituents, limitations, and opportunities for further development[J]. Journal of organizational behavior, 2015, 36(S1): 6-32.

[167] SCHILIT B, ADAMS N, WANT R. Context-aware computing applications[EB/OL]. (2008-09-12) [2022-08-29]. https://ieeexplore.ieee.org/document/4624429.

[168] Science and technology horizon scanning: opening the pathways for innovation[EB/OL]. (2014-07-15) [2018-01-31]. https://www.researchgate.net/publication/252368405_Science_and_technology_horizon_scanning_opening_the_pathways_for_innovation.

[169] Science.gov—implementation of public access programs in Federal Agencies[EB/OL].[2018-12-03].https://www.science.gov/publicAccess.html.

[170] Scientific integrity and transparency[EB/OL].(2013-03-05)[2018-02-20].https://science.

house.gov/sites/republicans.science.house.gov/files/documents/HHRG-113-SY14-20130305-SD001.pdf.

[171] Securing data, even in the fog[EB/OL]. (2020-01-31) [2021-07-15]. https://gcn.com/articles/2020/01/31/fog-computing-secure-data.aspx.

[172] SELVARAJ N, ATTFIELD S, PASSMORE P, et al. How analysts think: think-steps as a tool for structuring sensemaking in criminal intelligence analysis[C]//Intelligence and Security Informatics Conference (EISIC), 2016 European. IEEE, 2016: 68-75.

[173] SHARMA K, FERRARA E, LIU Y. Identifying coordinated accounts in disinformation campaigns[J/OL]. (2020-08-25) [2021-07-12]. https://arxiv.org/abs/2008.11308.

[174] SHU K, BHATTACHARJEE A, ALATAWI F, et al. Combating disinformation in a social media age[J]. Wiley interdisciplinary reviews: data mining and knowledge discovery, 2020, 10(6): e1385.

[175] SIMPSON E, ADAM C. Fighting coronavirus misinformation and disinformation[EB/OL]. (2020-08-18) [2021-01-13]. https://www.americanprogress.org/issues/technology-policy/reports/2020/08/18/488714/fighting-coronavirus-misinformation-disinformation/.

[176] SNOWDEN D. Complex acts of knowing: paradox and descriptive self-awareness[J]. Journal of knowledge management, 2002, 6(2): 100-111.

[177] SO/IEC/IEEE 15288(2015): Systems and software engineering — System life cycle processes[EB/OL]. [2018-11-11]. https://www.iso.org/standard/63711.html.

[178] SOARES S. Big data governance: an emerging imperative[M]. Boise: Mc Press, 2012.

[179] Social media in Strategic Communication[EB/OL].[2018-11-25].https://www.darpa.mil/program/social-media-in-strategic-communication

[180] Software Engineering Institute. Key practices of the capability maturity model [EB/OL]. (1993-02)[2020-12-20]. https://resources.sei.cmu.edu/asset_files/TechnicalReport/1993_005_001_16214.pdf.

[181] SØRENSEN E. Democratic theory and network governance[J].Administrative theory & praxis, 2002, 24(4): 693-720.

[182] SOUSA-POZA A, KOVACIC S, KEATING C. System of systems engineering: an emerging multidiscipline[J]. International journal of system of systems engineering, 2008, 1(1-2): 1-17.

[183] STACEY R. Complexity and management[M]. London: Routledge, 2002.

[184] STANNARD T. A "fruitless obsession with accuracy" : the uses of sensemaking in public sector performance management[J]. Local government studies, 2011, 37(3): 335-353.

[185] SWIFT C, LEVIN G. Empowerment: an emerging mental health technology[J]. Journal of primary prevention, 1987, 8(1–2): 71–94.

[186] System and method for adaptive recall[EB/OL].[2018–10–24]. https://patents.google.com/patent/US9002762B1/en.

[187] System and method to discover and encode indirect associations in associative memory [EB/OL].[2018–10–24]. https://patents.google.com/patent/US9558825B1/en.

[188] Systems engineering guide for systems of systems (version 1.0) [EB/OL]. (2008–08–01) [2018–11–11]. https://www.acq.osd.mil/se/initiatives/init_sos–se.html.

[189] TANDOC, LIM Z, LING R. Defining "fake news" a typology of scholarly definitions[J]. Digital journalism, 2018, 6(2): 137–153.

[190] TANSLEY A. The use and abuse of vegetational concepts and terms[J]. Ecology, 1935, 16(3): 284–307.

[191] Technology watch and horizon scanning for the department of defense[EB/OL]. (2014–03–14) [2018–01–29]. http://www.acq.osd.mil/chieftechnologist/cto/cto_TWHS.html.

[192] TEECE D, PISANO G, SHUEN A. Dynamic capabilities and strategic management[J].Strategic management journal, 1997, 18(7): 509–533.

[193] TEECE D, PISANO G. The dynamic capabilities of firms: an introduction[J].Industrial and corporate change, 1994, 3(3): 537–556.

[194] TEECE D. Explicating dynamic capabilities: the nature and micro foundations of (sustainable) enterprise performance[J]. Strategic management journal, 2007, 28(13): 1319–1350.

[195] The changing landscape of disruptive technologies[EB/OL]. [2018–05–13]. https://assets.kpmg/content/dam/kpmg/pl/pdf/2018/06/pl–The–Changing–Landscape–of–Disruptive–Technologies–2018.pdf.

[196] The Defense Science Board. Technology and innovation enablers for superiority in 2030 [EB/OL]. (2013–10)[2018–01–29]. http://www.acq.osd.mil/dsb/reports/DSB2030.pdf.

[197] The fog of information can drive out knowledge[EB/OL]. [2021–07–16]. https://www.groupdynamics.co.uk/blog/technology–is–so–much–fun–but–we–can–drown–in–our–technology/.

[198] The fog of war and information[EB/OL]. (20210–03–30) [2021–07–13]. https://blogs.icrc.org/law–and–policy/2021/03/30/fog–of–war–and–information/.

[199] The impact of international technology transfer on American Research and Development [EB/OL].(2012–12–05)[2018–02–21].https://science.house.gov/sites/republicans.science.

house.gov/files/documents/HHRG-112-SY21-20121205-SD001.pdf.

[200] The national information infrastructure (N Ⅱ) implementation document[EB/OL]. (2015-03-25) [2018-12-02]. https://assets.publishing.service.gov.uk/government/uploads/system/uploads/attachment_data/file/416472/National_Infrastructure_Implementation.pdf.

[201] The world in 2050[EB/OL]. (2017-02-01) [2018-05-15]. https://www.pwc.com/gx/en/world-2050/assets/pwc-the-world-in-2050-full-report-feb-2017.pdf.

[202] Top ten needs for intelligence analysis tool development[EB/OL]. [2022-08-13]. https://www.academia.edu/4065594/Top_Ten_Needs_for_Intelligence_Analysis_Tool_Development.

[203] TRAVERS R. Waking up on another September 12th: implications for intelligence reform[J]. Intelligence and national security, 2016, 31(5): 746-761.

[204] U.S. National intelligence: an overview 2011[EB/OL]. [2018-11-25]. https://www.hsdl.org/?abstract&did=697740.

[205] Update on increasing access to the results of federally funded scientific research[EB/OL]. (2016-09-27) [2018-10-21]. https://www.arl.org/storage/documents/mm16fall APPC-Sheehan-Final.pdf.

[206] US Government Assessment Office. Technology assessment[EB/OL]. [2018-01-23]. https://www.gao.gov/technology_assessment/key_reports.

[207] US IC. Five categories of finished intelligence[EB/OL]. [2018-11-21]. https://www.intelligencecareers.gov/icintelligence.html.

[208] US Intelligence Community. Intelligence cycle[EB/OL].[2018-04-01].https://www.intelligencecareers.gov/icintelligence.html.

[209] US National Research Council. Intelligence analysis: behavioral and social scientific foundations[M]. Washington, D. C. National academies press, 2011: 24-25.

[210] WALSH P. Intelligence and intelligence analysis[M]. London: Routleclge, 2011.

[211] WALSH P. Making future leaders in the US intelligence community: challenges and opportunities[J].Intelligence and national security, 2017, 32(4): 441-459.

[212] WANG C, AHMED P. Dynamic capabilities: a review and research agenda[J]. International journal of management reviews, 2007, 9(1): 31-51.

[213] WARDLE C, DERAKHSHAN H. Information disorder: toward an interdisciplinary framework for research and policy making[J]. Council of europe report, 2017, 27: 1-107.

[214] was Macron's campaign for the French Presidency Funded by Saudi Arabia? [EB/OL]. (2017-05-02) [2021-01-20]. https://crosscheck.firstdraftnews.com/checked-french/macrons-

campaign-french-presidencyfinanced-saudi-arabia/.

[215] WEBER K, OTTO B, ÖSTERLE H. One size does not fit all: a contingency approach to data governance[J]. Journal of data and information quality (JDIQ), 2009, 1(1): 4.

[216] WEICK K E. Sensemaking in organizations[M]. New York: Sage Publications, 1995: 13-15.

[217] WEIDLICH W. Sociodynamics—a systematic approach to mathematical modelling in the social sciences[J].Fluctuation and noise letters, 2003, 3(2): 223-232.

[218] WENDE K. A model for data governance-organising accountabilities for data quality management[EB/OL]. (2007-12-05) [2022-08-13]. https://www.researchgate.net/publication/44939125_A_Model_for_Data_Governance_-_Organising_Accountabilities_for_Data_Quality_Management.

[219] WHITE F. Data fusion lexicon[R/OL]. (1991-10-01) [2020-12-08]. https://apps.dtic.mil/dtic/tr/fulltext/u2/a529661.pdf.

[220] WILLIAMS H, BLUM I. Defining second generation open source intelligence (OSINT) for the defense enterprise[EB/OL].[2018-12-25].https://www.rand.org/pubs/research_reports/RR1964.html.

[221] WOODROW Wilson International Center. Reinventing technology assessment: a 21st century model[EB/OL]. (2010-04-28) [2018-01-25]. https://www.wilsoncenter.org/article/reinventing-technology-assessment-for-the-21st-century.

[222] Work programme 2016-2017: horizon 2020[EB/OL]. [2018-11-13]. http://ec.europa.eu/research/participants/data/ref/h2020/wp/2016-2017/main/h2020-wp1617-intro_en.pdf.

[223] WYK E, ROUX D, DRACKNER M, et al. The impact of scientific information on ecosystem management: making sense of the contextual gap between information providers and decision makers[J].Environmental management, 2008, 41(5): 779-791.

[224] ZIMMERMAN M A. Empowerment theory[M]//Handbook of community psychology. New York: Springer US, 2000: 43-63.

[225] ZIMMERMAN M, ISRAEL B, SCHULZ A, et al. Further explorations in empowerment theory: an empirical analysis of psychological empowerment[J]. American journal of community psychology, 1992, 20(6): 707-727.

[226] ZUCKERMAN E. Stop saying fake news, it' s not helping[EB/OL]. (2017-01-30) [2021-01-30]. http://www.ethanzuckerman.com/blog/2017/01/30/stop-saying-fake-news-its-not-helping/.

[227] 2018 中国智库报告：影响力排名与政策建议 [R/OL].(2019-03-22)[2021-05-10]. https://

ctts.sass.org.cn/2020/0701/c1987a84693/page.htm.
[228] 安璐 , 吴燕珠 , 李纲 . 反恐情报信息工作能力的体系框架研究 [J]. 图书馆学研究 , 2018(17): 68–76.
[229] 安小米 , 郭明军 , 魏玮 , 等 . 大数据治理体系：核心概念、动议及其实现路径分析 [J]. 情报资料工作 , 2018(1): 6–11.
[230] 白春礼 . 发挥科研优势建设高端科技智库 [EB/OL]. (2015–01–29) [2018–07–09]. http://theory.people.com.cn/n/2015/0129/c40531–26469806.html.
[231] 包昌火 , 马德辉 , 李艳 . Intelligence 视域下的中国情报学研究 [J]. 情报杂志 , 2015, 34(12): 1–6, 47.
[232] 鲍曼 . 共同体 [M]. 南京 : 江苏人民出版社 , 2003: 1.
[233] 波特 . 国家竞争优势 [M]. 北京 : 华夏出版社 , 2002: 66–71.
[234] 曹红军 , 赵剑波 , 王以华 . 动态能力的维度：基于中国企业的实证研究 [J]. 科学学研究 , 2009, 27(1): 36–44.
[235] 车玉梅 . 对提升基层科技情报单位情报能力的思索 [J]. 现代情报 , 2009, 29(3): 162–164.
[236] 陈成鑫 , 曾庆华 . 情报研究视角下智库情报能力建设路径 [J]. 图书情报工作 , 2018, 62(21): 105–111.
[237] 陈钧 , 曹宽增 . 对情报研究人员的素质和能力要求以及情报研究人员的培养 [J]. 情报理论与实践 , 2005(1): 100–103.
[238] 程萍 . 从卢曼理论看科技人才评价 [J]. 评价与管理 , 2012, 10(2): 76–77.
[239] 程思瑶 , 蔡志鹏 , 李建中 . 感知大数据获取与计算的研究进展 [EB/OL].(2017–05–05) [2018–03–04].http://www2.paper.edu.cn/releasepaper/content/201705–445.
[240] 丁波涛 . 推进情报机构转型 , 加强战略情报服务：创新战略视角下的科技情报机构发展思考 [J]. 情报理论与实践 , 2017, 40(5): 15–18.
[241] 董秋云 . 基于 CMM 模型的图书馆知识管理能力探讨 [J]. 四川图书馆学报 , 2009(3): 6–9.
[242] 杜元清 . 情报分析的五个级别及其应用意义 [J]. 情报理论与实践 , 2014, 37(12): 20–22.
[243] 多西 , 蒂斯 , 查特里 . 技术、组织与竞争力：企业与产业变迁透视 [M]. 上海 : 上海人民出版社 , 2007: 156–157.
[244] 樊春良 . 科技决策咨询制度与智库建设 [J]. 科学与社会 , 2017, 7(3): 79–93.
[245] 范佳佳 . 论大数据时代的威胁情报 [J]. 图书情报工作 , 2016, 60(6): 15–20.
[246] 方巍 . 从云计算到雾计算的范式转变 [J]. 南京信息工程大学学报 (自然科学版), 2016, 8(5): 404–414.
[247] 高宣扬 . 当代社会理论 [M]. 北京 : 中国人民大学出版社 , 2017.

[248] 高宣扬 . 鲁曼社会系统理论与现代性 [M]. 北京 : 中国人民大学出版社 , 2015: 15–16.

[249] 格里 , 斯托克 , 华夏风 . 作为理论的治理 : 五个论点 [J]. 国际社会科学杂志 , 1999(1): 19–30.

[250] 龚俭 , 臧小东 , 苏琪 , 等 . 网络安全态势感知综述 [J]. 软件学报 , 2017, 28(4): 1010–1026.

[251] 顾君忠 . 情景感知计算 [J]. 华东师范大学学报 (自然科学版), 2009(5): 1–20,145.

[252] 广东省科学技术情报研究所 [EB/OL]. [2019–04–24]. http://www.gdinfo.net/KTOOLS/gdinfo/xxzy.jsp.

[253] 国家创新驱动发展战略纲要 [EB/OL]. (2016–05–20) [2018–10–21]. http://www.scio.gov.cn/xwfbh/xwbfbh/wqfbh/33978/34585/xgzc34591/Document/1478339/1478339.htm.

[254] 国家科技图书文献中心 [EB/OL]. [2018–12–30]. https://www.nstl.gov.cn/Portal/zzjg_jgjj.html.

[255] 国家社科基金项目数据库 [EB/OL]. [2020–12–29]. http://fz.people.com.cn/skygb/sk/index.php/Index/index.

[256] 国家自然科学基金查询 [EB/OL]. [2020–12–29]. https://www.ceshigo.com/Nsfc/fund.

[257] 国务院办公厅印发《科学数据管理办法》[EB/OL]. (2018–04–02) [2018–12–01]. http://baijiahao.baidu.com/s?id=1596631314561954920&wfr=spider&for=pc.

[258] 何传启 . 第六次科技革命的战略机遇 [M]. 北京 : 科学出版社 , 2012: 29–35.

[259] 贺德方 . 我国科技情报行业发展方向的探讨 [J]. 情报学报 , 2008, 27(4): 483–489.

[260] 胡冠宁 , 张邦成 , 周志杰 , 等 . 基于置信规则库的网络安全态势感知 [M] 北京 : 科学出版社 , 2017: 1–2.

[261] 胡荟 . 美国国家情报法制管理研究 [M]. 北京 : 时事出版社 , 2017: 34–39.

[262] 化柏林 , 李广建 . 智能情报分析系统的架构设计与关键技术研究 [J]. 图书与情报 , 2017(6): 74–83.

[263] 化柏林 . 科技信息大数据在情报研究服务中的应用 [J]. 图书情报工作 , 2017, 61(16): 150–156.

[264] 黄培伦 , 尚航标 , 王三木 , 等 . 企业能力: 静态能力与动态能力理论界定及关系辨析 [J]. 科学学与科学技术管理 , 2008(7): 165–169.

[265] 计宏亮 , 赵楠 , 缐珊珊 , 等 . 构建智库型国防科技情报研究能力体系的探索 [J]. 情报理论与实践 , 2017, 40(7): 6–10.

[266] 靖继鹏 , 马费成 , 张向先 . 情报科学理论 [M]. 北京 : 科学出版社 , 2009: 180.

[267] 靖继鹏 , 张向先 , 王晰巍 . 信息生态学的研究进展 [M]// 情报学进展 (第十一卷). 北京 : 国防工业出版社 , 2016: 1–26.

[268] 柯平 . 信息咨询概论 [M]. 北京 : 科学出版社 , 2008: 244–250.

[269] 科技部解读《关于深化项目评审、人才评价、机构评估改革的意见》[EB/OL]. (2018-07-06) [2018-11-05]. https://www.sohu.com/a/239720567_160309.

[270] 克拉克 . 情报分析：以目标为中心的情报方法 [M]. 北京 : 金城出版社 , 2013.

[271] 克兰 . 无形学院：知识在科学共同体的扩散 [M]. 北京 : 华夏出版社 , 1998.

[272] 肯特 . 战略情报：为美国世界政策服务 [M]. 北京 : 金城出版社 , 2012.

[273] 库恩 . 科学革命的结构 [M]. 北京 : 北京大学出版社 , 2003.

[274] 劳春燕 . 当代战争中的舆论战和传媒角色：从利比亚战争看信息迷雾与客观报道 [J]. 新闻记者 , 2011(8): 39–44.

[275] 李广建 , 化柏林 . 大数据分析与情报分析关系辨析 [J]. 中国图书馆学报 , 2014, 40(5): 14–22.

[276] 李辉 , 侯元元 , 张惠娜 , 等 . 情报 3.0 背景下科技情报服务能力评价指标体系构建 [J]. 情报理论与实践 , 2017, 40(6): 67–71.

[277] 李辉 , 张惠娜 , 侯元元 , 等 . 情报 3.0 时代科技情报服务能力研究 : 基于工程技术视角的服务能力四层结构模型 [J]. 情报理论与实践 , 2017, 40(3): 1–4.

[278] 李健 , 毛翔 . 兰德战略评估系统及其影响 [J]. 军事运筹与系统工程 , 2015, 29(1): 5–12.

[279] 李晓松 , 吕彬 . 科技情报人员成长过程模型研究 [J]. 情报理论与实践 , 2015, 38(1): 23,26,34.

[280] 李阳 , 孙建军 , 裴雷 . 科学大数据与社会计算 : 情报服务的现代转型与创新发展 [J]. 图书与情报 , 2017(5): 27–32.

[281] 李阳 , 孙建军 . 中国情报学与情报工作的本土演进 : 理论命题与话语建构 [J]. 情报学报 , 2018, 37(6): 631–641.

[282] 李重照 , 黄璜 . 英国政府数据治理的政策与治理结构 [J]. 电子政务 , 2019(1): 20–31.

[283] 梁春华 , 刘红霞 . Π 型情报专业人才能力素质的再探讨 [J/OL]. 情报理论与实践 : 1–6[2019-02-10].http://kns.cnki.net/kcms/detail/11.1762.G3.20181016.1054.008.html.

[284] 梁芷铭 . 大数据治理: 国家治理能力现代化的应有之义 [J]. 吉首大学学报 : 社会科学版 , 2015, 36(2): 34–41.

[285] 隆多 . 术语学概论 [M]. 北京：科学出版社 , 1985：26–38.

[286] 娄策群 . 信息生态系统理论及其应用研究 [M]. 北京 : 中国社会科学出版社 , 2014: 34–38.

[287] 卢泰宏 . 企业素质与情报能力 [J]. 企业经济 , 1983(11): 14–16.

[288] 卢泰宏 . 社会的情报意识和社会的情报能力 [J]. 情报科学 , 1983(6): 1–7.

[289] 罗立群 , 李广建 . 智慧情报服务与知识融合 [J]. 情报资料工作 , 2019, 40(2): 87–94.

[290] 洛文塔尔 . 情报：从秘密到政策 [M]. 北京：金城出版社 , 2015：217–218.

[291] 马德辉 , 黄紫斐 . 美国《国家情报战略》的演进与国家情报工作的新变化、新特点与新趋势 [J]. 情报杂志 , 2015, 34(6): 1–4, 11.

[292] 美国政府开放数据平台 DATA. GOV[EB/OL]. [2021–08–01]. https://www.data.gov.

[293] 米勒 . 管理困境：科层的政治经济学 [M]. 上海 : 上海人民出版社 , 2013: 188–189.

[294] 默顿 . 社会理论和社会结构 [M]. 南京 : 译林出版社 , 2006.

[295] 聂峰英 . 基于知识管理过程的图书馆动态能力模型构建 [J]. 图书情报导刊 , 2018, 3(10): 53–58.

[296] 牛新春 . 战略情报分析方法与实践 [M]. 北京 : 时事出版社 , 2016: 345–351.

[297] 潘教峰 , 刘益东 , 陈光华 , 等 . 世界科技中心转移的钻石模型：基于经济繁荣、思想解放、教育兴盛、政府支持、科技革命的历史分析与前瞻 [J]. 中国科学院院刊 , 2019, 34(1): 10–21.

[298] 彭辉 , 刘剑锋 , 王树根 , 等 . 情报信息服务发展现状及体系能力需求 [C]// 中国指挥与控制学会 . 第二届中国指挥控制大会论文集（上）. 北京：国防工业出版社 , 2014: 506–509.

[299] 彭靖里 , 可星 , 李建平 . 情报学视角下的守门人角色及技术情报能力建设 [J]. 情报理论与实践 , 2015, 38(8): 11–15.

[300] 情报学与情报工作发展南京共识 [J]. 情报理论与实践 , 2017, 40(11): 145–146.

[301] 任珩 , 王晓媛 , 王君兰 , 等 . 我国科技查新机构的发展态势及转型思考 [J/OL]. 情报理论与实践 : 1–9[2019–04–16].http://kns.cnki.net/kcms/detail/11.1762.G3.20190318.1636.002.html.

[302] 上海社会科学院智库研究中心 . 2013 年中国智库报告——影响力排名与政策建议 [J]. 中国科技信息 , 2014(12): 22–24.

[303] 施荣 . 基于网络环境的情报研究工作及其能力建设 [J]. 现代情报 , 2006(3): 133–135.

[304] 石颖 . 查新工作中的科技伦理问题研究 [J]. 现代情报 , 2014, 34(4): 125–128.

[305] 史敏 , 刘素华 , 李维思 , 等 . 面向技术创新的企业信息情报能力成熟度诊断模型研究 [J]. 图书情报工作 , 2013, 57(24): 106–111.

[306] 宋立荣 , 李思经 , 赵伟 . 我国科技信息资源共享中信息质量管理机制探讨 [J]. 科技管理研究 , 2011, 31(10): 174–179,196.

[307] 苏鹏 , 王延飞 . 对信息迷雾的情报观察 : 概念、形成与应对 [J]. 情报理论与实践 , 2021, 44(3): 6–12.

[308] 苏鹏 , 王延飞 . 警惕科技误导 应对迷雾信息 [J/OL]. 情报杂志 : 1–7[2021–08–01]. http://

kns.cnki.net/kcms/detail/61.1167.g3.20210723.1118.026.html.
[309] 汤珊红，由庆斌，李天阳．补充计量学的发展及应用 [M]// 中国国防科学技术信息学会．情报学进展 2014–2015. 北京：国防工业出版社，2016: 76–99.
[310] 滕尼斯．共同体与社会 [M]. 北京：北京大学出版社，2010.
[311] 天津市科学技术信息研究所 [EB/OL]. [2019–04–24]. http://www.tisti.ac.cn/bszy–kjwx.htm.
[312] 万劲波．智库的基本属性与范畴界定 [EB/OL]. (2015–12–11) [2018–07–09]. http://www.qstheory.cn/science/2015–12/11/c_1117433602.htm.
[313] 万劲波．完善国家科技创新治理体系的重点任务 [J]. 国家治理，2021(Z4): 40–45.
[314] 王冰琪，吴晨生．信息迷雾：国家战略竞争中不可忽视的重要对象 [J]. 情报理论与实践，2021, 44(3): 13–18, 68.
[315] 王菁娜，冯素杰．知识管理视角下的动态能力构成维度研究 [J]. 科学管理研究，2009, 27(6): 71–75.
[316] 王琳．网络技术背景下科技情报人员的专业能力培养研究 [J]. 江苏科技信息，2019, 36(3): 19–21.
[317] 王雪，褚鑫，宋瑶瑶，等．中国科技智库建设发展现状及对策建议 [J]. 科技导报，2018, 36(16): 53–61.
[318] 王延飞，刘记，陈美华，等．情报治理的生态观 [J]. 情报理论与实践，2018(1): 5–8.
[319] 王延飞，赵柯然，陈美华，等．情报感知的研究解析 [J]. 情报理论与实践，2018, 41(8): 1–4.
[320] 王延飞．信息分析与决策 [M]. 北京：北京大学出版社，2010.
[321] 王益成，王萍．基于用户动态画像的科技情报服务推荐模型构建研究 [J/OL]. 情报理论与实践 [2019–03–17]. http://kns.cnki.net/kcms/detail/11.1762.G3.20181219.1124.004.html.
[322] 王忠军，于伟，杨晴．科技情报机构实践创新发展专家访谈 [J]. 情报理论与实践，2017, 40(12): 145.
[323] 温芳芳．国外科学数据开放共享政策研究 [J]. 图书馆学研究，2017(9): 91–101.
[324] 温新瑞．系统理论：一个现代性的图书馆纲要 [J]. 情报资料工作，2007(4): 22–25.
[325] 吴晨生，张惠娜，刘如，等．追本溯源：情报 3.0 时代对情报定义的思考 [J]. 情报学报，2017, 36(1): 1–4.
[326] 吴琼，吴晨生，刘如，等．情报 3.0 思路下的情报工作体系建设研究 [J]. 情报理论与实践，2018, 41(11): 34–37.
[327] 习近平指出科技创新的三大方向 [EB/OL].(2016–06–07)[2018–04–13].http://www.most.gov.cn/yw/201606/t20160607_126000.htm.

[328] 谢晓专 . 美国融合中心的建设历程、演变逻辑与思想意蕴 [J]. 公安学研究 , 2018, 1(4): 91–122, 124.

[329] 徐峰 , 姚长青 . 新时期我国科技创新情报需求转变的分析与思考 [J]. 情报工程 , 2016, 2(3): 8–13.

[330] 杨春静 , 程刚 . 科技情报机构知识服务能力评价体系研究 [J]. 情报理论与实践 , 2017, 40(7): 43–49.

[331] 杨冠琼 . 国家治理体系与能力现代化研究 [M]. 北京 : 经济管理出版社 , 2018: 49.

[332] 杨国立 , 李品 . 总体国家安全观背景下情报工作的深化 [J]. 情报杂志 , 2018, 37(5): 52–58,122.

[333] 杨宁 , 文奕 , 张鑫 , 等 . 面向情报分析的普适知识计算平台研究与实现 [J/OL]. 情报理论与实践 , 2019, 42(4):41–44,30.

[334] 杨维永 , 郭靓 , 廖鹏 , 等 . 基于情景感知的信息安全主动防御体系建设 [J]. 电力信息与通信技术 , 2016, 14(1): 28–32

[335] 杨云 . 大数据环境下科技智库战略情报研究 [J]. 数字图书馆论坛 , 2018(4): 35–39.

[336] 姚维范 . 论强化情报能力 [J]. 情报学报 , 1986, 5(Z1): 231–237.

[337] 叶兰 . 研究数据管理能力成熟度模型评析 [J]. 图书情报知识 , 2015(2): 115–123.

[338] 于正伟 . 契约治理：现代政府的治理变革 [J]. 西南交通大学学报 (社会科学版), 2009, 10(6): 103–108.

[339] 余学林 . 科技情报人员业务能力考核定量化初探 [J]. 情报学刊 , 1985(6). 4–6.

[340] 俞可平 . 国家治理评估：中国与世界 [M]. 北京 : 中央编译出版社 , 2009: 6–7.

[341] 俞可平 . 治理和善治 : 一种新的政治分析框架 [J]. 南京社会科学 , 2001(9): 40–44.

[342] 俞可平 . 治理与善治 [M]. 北京 : 社会科学文献出版社 , 2000: 14.

[343] 臧雷振 . 国家治理：研究方法与理论建构 [M]. 北京 : 社会科学文献出版社 , 2016.

[344] 曾建勋 . “中兴断芯事件”的启示 [J]. 数字图书馆论坛 , 2018(5): 1.

[345] 曾建勋 . 花甲之年的惆怅：科技情报事业 60 年历程反思 [J]. 情报理论与实践 , 2017, 40(11): 1–4.

[346] 曾建勋 . 基于国家科技管理平台的科技情报事业发展思考 [J]. 情报学报 , 2019(3): 227–238.

[347] 张发明 . 综合评价基础方法及应用 [M]. 北京：科学出版社 , 2018：29–30.

[348] 张福学 . 信息生态学的初步研究 [J]. 情报科学 , 2002, (1): 31–34.

[349] 张昊元 . 日本公布科技战略草案集中建设可共享型数据库 [EB/OL].[2018–11–23]. http://world.huanqiu.com/exclusive/201604/8809375.html.

[350] 张家年, 马费成. 国家科技安全情报体系及建设 [J]. 情报学报, 2016, 35(5): 483-491.
[351] 张家年. 大数据环境下情报工程师的素质结构与培养模式 [J]. 图书情报工作, 2016, 60(1): 12-18,25.
[352] 张家年. 情报视角下我国智库能力体系建设的研究 [J]. 情报资料工作, 2016(1): 92-98.
[353] 张维迎. 博弈与社会 [M]. 北京: 北京大学出版社, 2013: 36-37.
[354] 张晓军. 情报、情报学与国家安全：包昌火先生访谈录 [J]. 情报杂志, 2017, 36(5): 1-5.
[355] 张宇杰, 安小米, 张国庆. 政府大数据治理的成熟度评测指标体系构建 [J]. 情报资料工作, 2018(1): 28-32.
[356] 赵冰峰. 我国情报事业面临的环境变革、战略转型与方法论革命 [J]. 情报杂志, 2016, 35(12): 1-5.
[357] 赵冰峰. 迎接我国科技情报事业的第二个春天 [J]. 情报工程, 2016, 2(4): 8-13.
[358] 赵柯然, 杜婉莹, 王延飞. 论情报感知的赋意方法 [J]. 情报理论与实践, 2019, 42(5): 23-28.
[359] 赵柯然, 王延飞. “情报”术语争议对学术交流与学科建设的影响反思 [J]. 图书情报工作, 2018, 62(2): 35-39.
[360] 赵柯然, 王延飞. 国家科技情报治理中的赋能评估研究 [J]. 情报学报, 2018, 37(8): 768-773.
[361] 赵林捷, 汤书昆. 一种新的技术创新管理工具——创新管理成熟度模型研究 (IMMM)[J]. 科学学与科学技术管理, 2007(10): 81-87.
[362] 浙江省科技信息研究院“十二五”及中长期发展规划 [EB/OL]. (2015-12-20) [2019-04-24]. http://www.istiz.org.cn/portal/Detail.aspx?id=8854.
[363] 郑大庆, 范颖捷, 潘蓉, 等. 大数据治理的概念与要素探析 [J]. 科技管理研究, 2017, 37(15): 200-205.
[364]《中国科学院科学数据管理与开放共享办法（试行）》印发 [EB/OL]. (2019-02-01) [2019-04-02]. http://m.cas.cn/gfzjz/201902/t20190221_4679910.html.
[365] 中国化工信息中心. 企业科技情报精准获取能力建设——竞争情报 [EB/OL]. [2018-07-07]. https://max.book118.com/html/2018/0825/8041112061001121.shtm.
[366] 中国科技创新由跟跑为主, 逐步转向并跑、跟跑 [EB/OL].(2018-03-10)[2018-05-13]. https://www.ithome.com/html/it/350488.htm.
[367] 中国科学技术信息研究所. 甲子辉煌：中国科学技术信息研究所成立 60 周年纪念 [M]. 北京：科学技术文献出版社.

[368] 朱雪平 . 科技情报工作人员业务能力的定量评价 [J]. 情报科学 , 1987(2): 65–70.

[369] 朱永海 . 信息系统演进述评及其发展趋势：兼论信息生态论的内涵演变 [J]. 情报理论与实践 , 2008(4): 631–636.